D1917817

DBV

Meiner Mutter

Bruno Kleinheyer

Heil erfahren in Zeichen

Dreißig Kapitel über Zeichen im Gottesdienst

DON BOSCO VERLAG · MÜNCHEN

Mit kirchlicher Druckerlaubnis
München, 28. XI. 79 / GV Nr. 8907/79/1a
Dr. Gerhard Gruber, Generalvikar

Mitglied der »verlagsgruppe engagement«

CIP-Kurztitelaufnahme der Deutschen Bibliothek

Kleinheyer, Bruno:
Heil erfahren in Zeichen: 30 Kap. über Zeichen im Gottesdienst /
Bruno Kleinheyer. – 2., verb. Aufl. – München: Don Bosco Verlag, 1987.
ISBN 3-7698-0577-1

2., verbesserte Auflage 1987 / ISBN 3-7698-0577-1
© by Don Bosco Verlag, München
Umschlaggestaltung: Christoph Albrecht, Rotthalmünster
Gesamtherstellung: Druckerei Manz AG, Dillingen/Do.

Inhalt

Abkürzungen

AEM = Römisches Meßbuch. Allgemeine Einführung. In: Meßbuch. Für die Bistümer des deutschen Sprachgebietes. Authentische Ausgabe für den liturgischen Gebrauch. Kleinausgabe ... 23*–73*.

FB = Die Feier der Buße nach dem neuen Rituale Romanum. Studienausgabe ... Einsiedeln u. a. 1974.

FEE = Die Feier der Eingliederung Erwachsener in die Kirche – nach dem neuen Rituale Romanum. Studienausgabe ... Einsiedeln u. a. 1975.

*FF = Die Feier der Firmung. In den katholischen Bistümern des deutschen Sprachgebietes ... Einsiedeln u. a. 1973.

FKS = Die Feier der Krankensakramente. Die Krankensalbung ... in den katholischen Bistümern des deutschen Sprachgebietes ... Einsiedeln u. a. 1975.

*FKT = Die Feier der Kindertaufe. In den katholischen Bistümern des deutschen Sprachgebietes. Einsiedeln u. a. 1971.

*FT = Die Feier der Trauung. In den katholischen Bistümern des deutschen Sprachgebietes. Einsiedeln u. a. 1975.

GL = Gotteslob. Katholisches Gebet- und Gesangbuch. Stammausgabe. Hg. von den Bischöfen Deutschlands und Österreichs und der Bistümer Bozen-Brixen und Lüttich. Stuttgart 1974.

LG = Lumen gentium: Dogmatische Konstitution über die Kirche: LThK, Das Zweite Vatikanische Konzil I. Freiburg u. a. 1966.

SC = Sacrosanctum Concilium: Konstitution über die heilige Liturgie: ebd.

Die Liturgiebücher werden nach den fortlaufenden Nummern zitiert; in den mit * gekennzeichneten Büchern sind die Vorbemerkungen (= V) und Riten (= R) je eigens numeriert.

Über alle Kapitel geschrieben

Was von Anfang an war,
was wir gehört haben,
was wir mit unseren Augen gesehen,
was wir geschaut
und was unsere Hände angefaßt haben,
das verkünden wir:
das Wort des Lebens.
Denn das Leben wurde offenbart;
wir haben gesehen
und bezeugen
und verkünden euch das ewige Leben,
das beim Vater war
und uns offenbart wurde.
Was wir gesehen und gehört haben,
das verkünden wir auch euch,
damit auch ihr Gemeinschaft mit uns habt.
Wir aber haben Gemeinschaft mit dem Vater
und mit seinem Sohn Jesus Christus.
Wir schreiben dies, damit unsere Freude vollkommen ist.

1 Joh 1,1–4

Was an unserem Erlöser sichtbar war ...

Eine Art Vorwort

„Was an unserem Erlöser sichtbar war, ist in die Sakramente eingegangen." Dieses kostbare Wort verdanken wir Leo I. d. Gr. (440 bis 461); er hat es in einer seiner Predigten zu Christi Himmelfahrt gesagt. Wer dem Erlöser begegnen will, muß in seiner Kirche und mit seiner Kirche die Mysterien, die Sakramente feiern. Das Heil Jesu Christi ist erfahrbar in Zeichen.

Ist es nur für Eingeweihte erfahrbar? Ja und nein! Das Zweite Vatikanische Konzil lehrt, daß die Sakramente den Glauben voraussetzen. Ohne den Glauben ist das Heil in den Heilszeichen nicht erfahrbar. Allerdings – so das Konzil – nähren die Sakramente den Glauben auch. In Worten und Zeichen (verbis et rebus) nähren und stärken sie ihn; in Worten und Zeichen bringen sie ihn zum Ausdruck – sagt das Konzil im dritten Kapitel der Liturgiekonstitution einleitend (SC 59) zum Thema Sakramente. Für den, der anfanghaft glaubt, ist die Feier der Sakramente die Einweihung in das Heil.

Was den Glauben sowohl nähren und stärken als auch ihn künden soll, den Glauben all derer, die zur Kirche Jesu Christi gehören oder zu ihr berufen sind, das muß einfach und zugleich kraftvoll sein. So sind die Zeichen, von denen wir sprechen. Es fehlt nicht an Büchern für „Eingeweihte", nicht an fleißig sammelnden, auch geschickt systematisierenden Werken über Symbole, nichtchristliche und genuin christliche Symbole. Mit solchen Arbeiten will dieses Buch nicht konkurrieren. Es ist kein Lehrbuch, auch kein Nachschlagewerk für Leute vom Fach, für die in den wissenschaftlichen Betrieb „Eingeweihten".

Diese dreißig Kapitel sind in einer Zeit geschrieben, in der manche (zunehmend eindringlicher oder nur lautstärker?) klagen, in der jüngsten Erneuerung sei die Liturgie unserer Kirche verarmt. Die nachfolgenden Überlegungen sind wider solche Klagen geschrieben. Allerdings werden hier – manchmal ausdrücklich, manchmal indirekt – offenkundige Mängel und deren Ursachen beim Namen genannt. Ein Grundmangel ist anscheinend die Unausgewogenheit zwischen „Worten und Zeichen" in vielen Gottesdiensten. Dieses Buch ist parteiisch insofern, als es diese Unausgewogenheit zumeist nicht den Modellen anlastet, nach denen der Gottesdienst unserer Kirche erneuert werden soll, den Büchern und sonstigen Anweisungen für die liturgischen Feiern. Die Mängel sind weit häufiger in den konkreten Feiern zu suchen.

„Verbalisierung" ist ein anderer Ausdruck für diese Unausgewogenheit. Gewiß ist zuerst das Wort. Im Ersten Johannesbrief ist an erster Stelle vom „Hören" die Rede und vom „Verkünden des Wortes". Denn es ist der Logos, das *Wort*, das Fleisch geworden ist. Aber das Wort ist eben auch wahrhaft *Fleisch* geworden. Die Menschen, die mit Jesus von Nazaret gelebt haben, haben es „geschaut und mit ihren Händen angefaßt", wie im Ersten Johannesbrief gleich darauf gesagt ist. Der Erlöser ist sichtbar geworden — um an das Wort Leos d. Gr. zu erinnern. Jesus ist das leibhaftige Zeichen Gottes unter uns und für uns, in den Zeichen der Sakramente für uns erfahrbar. Dieses Buch will dazu helfen, daß Zeichen in der Liturgie wieder ausdrücklicher vollzogen und eindringlicher erfahren werden.

Aus der Fülle der möglichen Themen mußte ausgewählt werden. Der Aufbau sollte überschaubar sein. Von Grundhaltungen, Voraussetzungen, von im Sinn des Wortes elementaren Zeichen ist zunächst die Rede. Dann von Zeichen im Kernbereich des Kirchenjahres, der Osterfeier und ihrer Vorbereitung. Die Eingliederung in die Kirche hat hier ihren „Sitz im Leben"; daher folgen jetzt Zeichen aus den Initiationsfeiern. Ziel der Eingliederung ist die Vollgliedschaft in der Kirche, für die die Eucharistie das Zeichen ist; also schließen sich wichtige Zeichen aus der Eucharistie an. Im Schlußabschnitt werden einige zentrale Zeichenhandlungen aus anderen sakramentlichen Feiern dargestellt.

Dieses Buch ist also kein Lehrbuch, eher ein Lesebuch – wie auch die Abschnittsüberschriften andeuten. Ein Buch, das zur Meditation anregen könnte, jedenfalls möchte. Ein Buch, das helfen könnte, auf jegliche Art von Verkündigung und Unterweisung vorzubereiten. Daher die Eigenart des Registers der Schriftstellen, in dem durchaus nicht jedes Zitat dokumentiert ist. Die Auswahl und Anordnung entsprechend der Perikopenordnung der Messe will der Homilie – gemäß AEM 41 – dienen. In das Abkürzungsverzeichnis sind diejenigen Quellen aufgenommen, aus denen mehrfach zitiert wird.

Ohne einige Worte des Dankes kann dies Vorwort nicht schließen. Ich danke den wissenschaftlichen Mitarbeitern und etlichen Studenten, die im Wintersemester 1978/79 mit mir im Kolloquium ‚Symbole im Gottesdienst' zusammengearbeitet haben; ich danke herzlich Frau Christa Beck, die sich in Geduld des Manuskriptes angenommen hat. In Dankbarkeit widme ich dieses Buch meiner Mutter zur Vollendung des siebenundachtzigsten Lebensjahres. Sie hat mich als erste eingeführt in die Zeichen, die uns das Heil erfahren lassen.

Sinzing/Regensburg, am 1. September 1979

Bruno Kleinheyer

Brannte uns nicht das Herz?

Zur Einführung

Die Gegenüberstellung einiger Texte zum Thema „Sonntag" und „Feiern der Christen am Sonntag" will nicht mehr sein — aber auch nicht weniger — als ein Hinweis darauf, daß diejenigen, die als Christen feiern, in einer pluralen Gesellschaft leben und daß in dieser pluralen Gesellschaft festliche Freude und Hoffnungslosigkeit gleichsam Tür an Tür wohnen.

Der Salzburger Schriftsteller Thomas Bernhard, 1931 geboren, hat sich mit sechzehn Jahren entschlossen, ein „nützliches Leben" zu führen. Er beginnt 1947 eine Lehre als Lebensmitteleinzelhändler. Was er in dieser Zeit erfährt, hat er fast drei Jahrzehnte später aufgeschrieben. 1976 ist dieser Teil seiner Autobiographie unter dem Titel erschienen: „Der Keller. Eine Entziehung" (© 1976 Residenz Verlag, Salzburg).

Am 20. November 1947 hat Pius XII. seine Liturgieenzyklika „Mediator Dei et hominum" (Der Mittler zwischen Gott und den Menschen: 1 Tim 2,5) unterzeichnet. Der Papst schließt das Rundschreiben mit folgenden Sätzen (Herder-Ausgabe n. 207):

„Gott, den wir anbeten, ‚ist nicht ein Gott der Zwietracht, sondern des Friedens' (1 Kor 14,33). Möge er in seiner Güte uns allen gewähren, in dieser irdischen Verbannung eines Sinnes und eines Herzens teilzuhaben an der heiligen Liturgie, die gleichsam die Vorbereitung und das Unterpfand der himmlischen Liturgie ist, wo wir einst, wie wir hoffen, im Verein mit der erhabensten Mutter Gottes und unserer liebreichsten Mutter aufjubeln werden: ‚Dem, der auf dem Throne sitzt, und dem Lamme gebührt Lob, Ehre, Ruhm und Macht von Ewigkeit zu Ewigkeit' (Offb 5,13)."

Zu der Zeit, in der Bernhards Buch „Der Keller" entsteht, berät die Gemeinsame Synode der Bundesrepublik Deutschland u. a. über die Feier der Liturgie in unserer Zeit. Fast auf den Tag genau achtundzwanzig Jahre nach Veröffentlichung der Liturgieenzyklika, die man oft die ‚Magna Charta der Liturgischen Erneuerung' genannt hat, am

21. November 1975, verabschiedet die Synode den Beschluß „Gottesdienst". In der Einleitung ‚Feier der Glaubenden — Feier des Glaubens' heißt es:

„Deshalb verstehen Christen ihre gottesdienstliche Versammlung — auch bei schlichten äußeren Formen — als Feier. Gottes Einsatz für den Menschen macht ihr Mühen keineswegs überflüssig, übersteigt es aber in einer Weise, die sich nur ahnen läßt. Sie feiern nicht ihre Taten, sondern sein Erbarmen. Sie sind überzeugt, daß Gott in Jesus Christus das Entscheidende getan hat. Erlösung erwarten sie nicht durch ihre eigenen Leistungen, sondern durch ihn, der gerettet hat und rettet. Darum kommen die Christen zusammen, um in den wechselnden Situationen des Lebens diese Botschaft immer besser zu begreifen und von ihr durch den Geist Christi ergriffen zu werden. Sie versammeln sich, um ihre Dankbarkeit gemeinsam auszudrücken, aber auch ihre Schuld und ihr Versagen zu bekennen. Sie können nicht aufhören, von ihrer Hoffnung zu singen und zu träumen, und sehen darin einen unersetzlichen Dienst an der Menschheit. Sie feiern nicht, um dem Alltag zu entfliehen, sondern um ihn in der Kraft Gottes zu bestehen im Dienst am Nächsten. Durch ihre gottesdienstlichen Feiern und durch das, was darin geschieht, bekennen sie ihren Glauben, der sich vollendet, wenn er in der Liebe wirksam wird."

„Der Keller", der Kolonialwarenladen des Thomas Bernhard, gehörte zur Scherzhauserfeldsiedlung. Irgendwo am Rand Salzburgs liegt oder lag dieses „triste Wohnghetto der Besitzlosen, der Abgeschriebenen, der Asozialen und Kriminellen". Dorther stammen die Erfahrungen, die der Junge vor dreißig Jahren gemacht, die der Mann vor einigen Jahren niedergeschrieben hat:

„Die Samstage führten mich aus dem Geschäft und aus der Scherzhauserfeldsiedlung immer gerade in die Melancholie hinein. ... Die Samstagnachmittage habe ich immer als eine für alle sehr gefährliche Zeit empfunden, die Unzufriedenheit mit sich selbst und mit allem und jedem und das plötzliche Bewußtsein, tatsächlich das ganze Leben lang ausgenützt und sinnlos zu sein, erzeugten diese Stimmung, der die meisten mit erschreckender Gründlichkeit ausgeliefert waren. Die meisten Menschen sind an irgendeine regelmäßige Arbeit, Beschäftigung gewöhnt, setzt sie aus, verlieren sie augenblicklich den Inhalt und das Bewußtsein und sind nichts weiter mehr als ein krankhafter

Verzweiflungszustand. Dem einzelnen geht es so wie den vielen, sie denken, sie regenerieren sich, aber in Wirklichkeit ist es ein Vakuum, in welchem sie halb verrückt werden. So kommen sie alle an den Samstagnachmittagen auf die verrücktesten Ideen, und alles endet immer nur unbefriedigend ... Ganze Familien glauben, Ordnung machen zu müssen und stürzen sich auf den Inhalt ihrer Behausung und verrücken ihn und werden dadurch verrückt. Oder sie legen sich hin und geben sich mit ihren Gebrechen ab, flüchten und fliehen in ihre Krankheiten, die permanente Krankheiten sind, derer sie sich nach Arbeitsschluß an den Samstagnachmittagen erinnern ... Die ganze Woche werden die Krankheiten von der Arbeit und auch nur Beschäftigung niedergehalten, beschwichtigt, am Samstagnachmittag machen sie sich bemerkbar, und der Mensch kommt sofort aus dem Gleichgewicht ... Die wenigen Glücklichen, die der Samstag nicht umwirft, bestätigen nur die Regel. Im Grunde ist der Samstag ein gefürchteter Tag, noch viel gefürchteter als der Sonntag, denn am Samstag weiß jeder, daß noch der Sonntag bevorsteht, und der Sonntag ist der furchtbarste Tag, aber auf den Sonntag folgt der Montag, und der ist der Arbeitstag, und das macht den Sonntag erträglich. Der Samstag ist fürchterlich, der Sonntag furchtbar, der Montag bringt die Erleichterung. Alles andere ist eine böswillige, dumme Behauptung. Am Samstag zieht sich das Gewitter zusammen, am Sonntag entlädt es sich, am Montag ist die Beruhigung eingetreten ... Am Samstag, nach Arbeitsschluß, ist der einzelne und also jeder urplötzlich vollkommen allein, denn die Menschen leben in Wahrheit und in Wirklichkeit lebenslänglich nur mit ihrer Arbeit zusammen, sie haben in Wahrheit und Wirklichkeit nur ihre Beschäftigung, sonst nichts. Kein Mensch kann einem anderen die Beschäftigung ersetzen, nicht wenn er einen Menschen, und sei es der für ihn entscheidende, der ihm wichtigste, geliebteste, verliert, geht er zugrunde, wenn man ihm Arbeit und Beschäftigung nimmt, geht er ein und ist in kurzer Zeit tot."

Wer die Gegenüberstellung dieser Texte als provokativ empfindet, der sei an einige Wendungen aus den beiden ersten Zitaten erinnert. Pius XII. hatte 1947 handfeste Gründe, die Kirche mit Worten des Ersten Korintherbriefes zur Einheit zu mahnen. Von der Differenz zwischen himmlischer und irdischer Liturgie spricht er umschreibend, mit dem Bibelwort von der Verbannung – nicht ganz drei Jahre nach Kriegsende, mitten im bösen Nachkrieg nur zu verständlich. Die Synode sagt unumwunden, daß auch die Schuld der Christen, das Versagen der Kirche ein Thema der Liturgiefeier ist. „Nicht um dem Alltag zu entfliehen, sondern um ihn in der Kraft Gottes zu bestehen im Dienst am Nächsten", feiern die Christen den Sonntag. Freilich, aus der Perspektive der Salzburger Scherzhauserfeldsiedlung gibt es am Sonntag keine Feiern; rund um den Keller des Thomas Bernhard kommen Christen nicht vor.

Könnte es sein, daß jener Kleopas damals und sein Freund, die zwei, von denen Lukas berichtet (Lk 24,13–35), auf dem Weg sind zurück in ihr Abseits, in ihr Getto? Was sie erlebt haben, war für ihre Träume und Lieder der Hoffnung das „Aus". Dem Dritten, dem Fremden, den sie unterwegs treffen, sagen sie es so: „Das mit Jesus aus Nazaret; er war ein Prophet und hat vor Gott und allem Volk Großes getan und gesagt. Doch unsere Hohenpriester und Führer haben ihn zum Tod verurteilt und ans Kreuz schlagen lassen. Wir aber hofften, daß er es sei, der Israel retten werde" (vv 19–21). Aus der Traum. Da bringen auch Gerüchte nichts mehr. Gerede von Frauen. Ein Engel sei ihnen erschienen! Kleopas und sein Gefährte halten es mit denen, die in „unserem Kreis" (vgl. v 22) eine Rolle spielen: „Die Apostel hielten das alles für Geschwätz und glaubten den Frauen nicht" (v 11). Den beiden, die nach Emmaus unterwegs sind, ist Reif auf ihre Träume gefallen. Wenn sie noch weinen können, sind ihre Augen tränenblind. Was sie noch sehen und finden, ist der Weg zurück in ihr „Aus".

Das lukanische Osterevangelium enthält alle Elemente für eine Theologie der Feier am Sonntag. Die zwei Wanderer sind am Ersten Tag unterwegs. Weil sie die Last ihres Lebens ehrlich miteinander teilen, sind sie fähig, einen Dritten teilhaben zu lassen. Zwei genügen, damit ein Dritter, dieser Dritte kommen kann. „Wo zwei oder drei in meinem Namen versammelt sind, da bin ich mitten unter ihnen." In der Liturgiekonstitution ist dieses Wort nach Mt 18,20 an einer entscheidenden Stelle zitiert (vgl. SC 7): Immer ist Christus gegenwärtig, wenn die Kirche betet und singt, wenn sie sich zum Gottesdienst versammelt.

Was „von Mose und allen Propheten, was in der ganzen Schrift über ihn geschrieben steht", das ist das Thema; damit beginnt jede Feier der Christen. Wortgottesdienst als Orientierung an Christus, an der Treue Gottes, der, was er zugesagt hat, in Jesus von Nazaret erfüllt! Wenn durch das Zeugnis des Wortes der Glaube geweckt, das Herz zum Brennen gebracht ist, dann ist es Zeit, sich um den Tisch zu versammeln, an dem Jesus das Brot nimmt, den Segen spricht, das Brot teilt und sich den Seinen im Brot verschenkt.

Was dann geschieht, ist für alle Jünger Jesu unabdingbar. Den Kleopas und seinen Begleiter hält es nicht mehr in Emmaus, obwohl sie doch ihren unbekannten Dritten gedrängt hatten: Bleib, geht jetzt nicht noch weiter; denn die Nacht bricht ja an. „Noch in derselben Stunde brachen sie auf und kehrten nach Jerusalem zurück; sie fanden die Elf und die anderen Jünger versammelt" (v 33). Wer zum Glauben an den Auferstandenen gekommen ist, den drängt es zur Versammlung der Brüder. Wer im Glauben zu sich findet, der kann nicht „für sich" bleiben, der kann seinen Glauben nicht „für sich" behalten. Mit denen, die denselben Herrn als den Lebendigen erkannt haben, muß er sein Zeugnis austauschen, denen muß er sein Herz ausschütten, das Herz, das zu brennen begonnen hat. Wenn dann die Glaubenden miteinander das Brot brechen, immer neu die Wunder Gottes feiern, dann führt der Herr sie von Einsicht zu Einsicht.

Wo es um Zeichen des Heils, um in den christlichen Feiern erfahrbare Zeichen geht, da muß von diesem Grundzeichen zuallererst die Rede sein: Der Herr selbst führt durch das Wort die Glaubenden zum Brotbrechen zusammen. Die versammelte Gemeinde, die dem Kyrios gehörende Kirche, die „am Tag des Herrn" (Offb 1,10) zusammenkommt, ist das erste und grundlegende Zeichen. Daß es der Herr ist, der die Seinen zusammenführt, davon ist die Urkirche ohne jeden Abstrich überzeugt. In Philippi predigt Paulus, und Lukas, der dabei ist, hat es aufgeschrieben: „Eine Frau mit Namen Lydia ... hörte zu; sie war eine Gottesfürchtige, und der Herr öffnete ihr das Herz, so daß sie aufmerksam den Worten des Paulus lauschte" (Apg 16,14). Im Briefkopf an die Gemeinde, die sich dann in Philippi gebildet hatte, bekennt sich Paulus selbst zu dieser Überzeugung des Lukas: „Ich danke meinem Gott jedesmal, wenn ich an euch denke; immer, in jedem meiner Gebete, bitte ich mit Freude für euch alle; ich danke, weil ihr euch gemeinsam für das Evangelium eingesetzt habt vom ersten Tag an bis jetzt. Ich vertraue darauf, daß er, der bei euch das gute Werk begonnen hat, es auch vollenden wird bis zum Tag Christi Jesu" (Phil 1,3–6).

Die zur Feier versammelte Kirche ist selbst das Zeichen Gottes in dieser Welt. Dieses grundlegende Zeichen mag manchmal kümmerlich scheinen — ganz abgesehen davon, daß jedes Zeichen des Heils ärgerlich einfach ist. Wo Christen nicht zuerst aus Eigenem zusammenkommen, aus barer Pflichterfüllung, aus gedankenloser Gewohnheit oder gar unter sozialem Druck, sondern wo Christen sich aus Glauben um ihren Herrn versammeln, wo sie sich zur Kirche zusammenrufen lassen, da wird dies erste und grundlegende Zeichen sichtbar. Mit allem Nachdruck hat das Konzil gelehrt, daß die Liturgie für die Kirche „die Quelle (ist), aus der all ihre Kraft strömt" (SC 10; vgl. n. 9). Diese Kraft befähigt sie, trotz aller Schwäche die missionarische und diakonische Gemeinschaft zu sein, auf die alle warten — auch jene, für die „der Sonntag der furchtbarste Tag ist". Alle warten auf Kleopas und seine Brüder, denen der Herr das Herz brennen macht, wenn er ihnen die Schrift erschließt und das Brot bricht.

Daher beuge ich meine Knie

Sich vor Gott verneigen, die Knie beugen, sich niederwerfen

Jeden Tag beginnt die Kirche ihr Stundengebet mit dem Aufruf zum Lob, herkömmlich mit dem Ps 95 (94). Darin singt sie:

„Kommt, laßt uns jubeln vor dem Herrn
und zujauchzen dem Fels unseres Heils.
...
Denn der Herr ist ein großer Gott,
ein großer König über allen Göttern.
...
Kommt, laßt uns niederfallen, uns vor ihm verneigen,
laßt uns niederknien vor dem Herrn, unserem Schöpfer!
Denn er ist unser Gott, wir sind das Volk seiner Weide,
die Herde, von seiner Hand geführt" (vv 1.3.6f).

Damit ist eigentlich alles gesagt. Weil Gott Gott ist, der Große, der Allmächtige, der Schöpfer, weil er unser Gott ist, unser Fels, unser Hirt, unser Retter, weil wir sein Volk sind, darum beten wir ihn an. Wir singen ihm das Lied. Unser Leib betet mit. Wir verneigen uns, knien nieder, fallen vor ihm auf unser Antlitz.
Von den Anfängen her ist Anbetung Gottes ein zentrales Thema der Schrift: „Als Abram neunundneuzig Jahre alt war, erschien ihm der Herr und sprach zu ihm: Ich bin der Allmächtige. Geh deinen Weg vor mir und sei rechtschaffen! Ich will einen Bund stiften zwischen mir und dir und dich sehr zahlreich machen. Abram fiel auf sein Gesicht nieder, Gott redete mit ihm und sprach: Das ist mein Bund mit dir: Du wirst Stammvater einer Menge von Völkern" (Gen 17,1–4).
Wer Gott allein die Ehre erweist, wird gesegnet wie Abraham. Wer Gott verwirft, wird von Gott verworfen. Am Horeb begegnet Gott seinem Propheten Elija. Elija klagt: „Mit Leidenschaft bin ich für den Herrn, den Gott der Heere, eingetreten, weil die Israeliten deinen Bund verlassen, deine Altäre zerstört und deine Propheten mit dem Schwert getötet haben." Gottes Antwort ist der Gerichtsspruch über das treulose Volk: „Ich werde in Israel siebentausend übrig lassen, alle, deren Knie sich vor dem Baal nicht gebeugt und deren Mund ihn nicht geküßt hat" (vgl. 1 Kön 19,14.18).

Jedem ist die Frage gestellt, vor wem er das Knie beugen will. Nicht einmal der ist ausgenommen, den Gott in der Fülle der Zeit sendet. Der Widersacher verlangt von Jesus, daß er niederfalle und ihn anbete: „... alle Reiche der Welt mit ihrer Pracht ... Das alles will ich dir geben." Mit einem Wort aus dem Gesetz (Dtn 32,43 G) weist Jesus den Satan zurück: „Den Herrn, deinen Gott, sollst du anbeten und ihm allein dienen." Damit ist für ihn alles entschieden. Im Pascha offenbart sich, daß damit über Tod und Leben entschieden ist.
In dieser Weltzeit bleibt diese Entscheidung für den Menschen je neu aktuell: Vor wem beugst du das Knie? Unter den Schriften des Neuen Testamentes ist besonders die Offenbarung des Johannes von dieser Fragestellung geprägt. „Die ... Menschen ... hörten nicht auf, sich niederzuwerfen vor ihren Dämonen" (9,20). „Die Menschen warfen sich vor dem Drachen nieder" (13,4). Zum Gericht ruft ein Engel: „Wer das Tier und sein Standbild anbetet ..., der trinkt vom Zornwein Gottes ..." (14,9). Im Endgericht wird „das Tier ergriffen und mit ihm der falsche Prophet; er hatte ... alle verführt, die den Stempel des Tieres empfangen und sein Bild angebetet hatten" (19,20). Den Seher der Offenbarung schickt man aus: „Geh, miß den Tempel Gottes und den Altar und alle, die dort anbeten" (11,1). Er sieht im Endgericht „die Seelen von allen, die enthauptet worden waren ... Sie hatten das Tier und sein Bild nicht angebetet. Sie kamen zum Leben und zur Herrschaft mit Christus tausend Jahre" (20,4).
Alle Liturgie im Himmel ist Anbetung: „Wenn die Wesen dem, der auf dem Thron sitzt und in Ewigkeit lebt, Herrlichkeit und Ehre und Dank darbringen, dann werfen sich die vierundzwanzig Ältesten vor dem Thronenden nieder und beten ihn an, der in Ewigkeit lebt" (4,9f; vgl. 11,16). Erst nach dieser großen Eröffnungsvision beginnt in Offb das christologische Thema: „Und ich sah: Zwischen dem Thron und den vier Wesen und mitten unter den Ältesten steht ein Lamm ... Als es das Buch empfangen hat, fallen die vier Wesen und die vierundzwanzig Ältesten vor dem Lamm nieder" (5,6.8). Christus gebührt Anbetung wie Gott selbst; er ist der Herr, er ist der Sohn, er selbst ist Gott.
Dieses Thema, daß Christus die Huldigung zukommt, ist besonders im Evangelium des Matthäus ausgefaltet. Weil er den Tod überwindet und in der Auferstehung erhöht ist, gebührt ihm die Anbetung. Der Auferstandene begegnet den Frauen beim Grab; „sie gingen auf ihn zu, warfen sich vor ihm nieder und umfaßten seine Füße" (28,9); in Galiläa auf dem Berg treffen ihn die Elf, „und als sie Jesus sahen,

fielen sie vor ihm nieder" (28,17). Es ist nur konsequent, daß schon in der Kindheitsgeschichte die Huldigung ein zentrales Motiv ist: Die Magier „sind gekommen, um ihm zu huldigen" (2,2); Herodes: „... damit auch ich hingehe und ihm huldige" (2,8); „Sie gingen in das Haus ...; da fielen sie nieder und huldigten ihm" (2,11). Immer wieder arbeitet Matthäus das heraus: „Ein Aussätziger fiel vor ihm nieder" (8,2); „ein Synagogenvorsteher fiel vor ihm nieder" (9,18); die Kanaanäerin „fiel vor ihm nieder und sagte: Herr, hilf mir" (15,25). Die Schlüsselstelle ist 14,33, die Szene nach dem Gang über den See; denn hier ist der Grund genannt, weswegen dem Meister gehuldigt wird: „Die Jünger im Boot aber fielen vor Jesus nieder und sagten: Wahrhaftig, du bist Gottes Sohn."
Was in der Kirche verkündet wird, davon singt die Kirche. Die Lieder, die in die Offenbarung des Johannes aufgenommen wurden, sind Hymnen aus der Zeit der Urkirche. „Sie sangen das Lied des Mose, des Knechtes Gottes, und das Lied zu Ehren des Lammes", heißt es in Offb 15,3 von der himmlischen Liturgie. Das eben tun die Christen: Sie singen gemäß der Schrift. Und was sie singen, schreiben sie in die Schriften des Neuen Bundes. Der bekannteste urkirchliche Hymnus ist das Lied im Philipperbrief, der wichtigste Text zum Thema Anbetung:

> „Darum hat ihn Gott über alle erhöht und ihm den Namen verliehen, der jeden Namen übertrifft, damit vor dem Namen Jesu alle Mächte im Himmel, auf der Erde und unter der Erde ihre Knie beugen und jede Zunge bekennt: HERR IST JESUS CHRISTUS zur Ehre Gottes, des Vaters" (2,9–11).

Die Kirche verkündet, was sie singt; sie singt, was sie verkündet. Und daß sie tut, was sie verkündet und singt, daß die Christen ihre Knie beugen zur Ehre Gottes, des Vaters, und vor dem Namen ihres Herrn Jesus Christus, daran sollte niemand zweifeln. Zwei direkte Zeugnisse aus der ersten Generation sind Eph 3,14 und Apg 20,36. In der Apostelgeschichte heißt es – nach Ende der Abschiedsrede des Paulus an die Ältesten der ephesinischen Kirche in Milet: „Nach diesen Worten kniete er nieder und betete mit ihnen allen." Im Brief an eben diese Gemeinde von Ephesus lesen wir das hymnische Gebet des Apostels, das so beginnt und endet: „Daher beuge ich meine Knie vor dem Vater, nach dessen Namen jedes Geschlecht im Himmel und auf Erden benannt wird ... er werde verherrlicht durch die Kirche und durch Christus Jesus in allen Generationen" (Eph 3,14f.21).

Im Gottesdienst heute erfahren wir das Zeichen der Huldigung besonders deutlich am Karfreitag: „Der Priester und seine Assistenz ... ziehen zum Altar, verneigen sich vor ihm und werfen sich nieder oder knien" („oder knien": für die Gebrechlichen soll das eine Hilfe sein, keine Aufweichung der normalen Praxis). Im Gemeindegottesdienst hat sich die Intensivform dieses Zeichens allein am Karfreitag erhalten. Manchen gilt sie daher als Ausdruck tiefer Trauer. Das aber ist nicht gemeint. Wir haben genügend Zeugnisse dafür, daß in der Spätantike jeder Gottesdienst so begonnen hat. Ähnlich wie die altkirchlichen Fürbitten am Karfreitag alle Entwicklungen überdauert haben, hat sich auch das Zeichen der Anbetung des allheiligen Gottes an diesem Tag in seiner ganzen Intensität erhalten. Auch die Feiern der Ordination zeigen ja an, daß dieser Gestus kein Zeichen der Trauer ist. Wenn die zum Amt des Bischofs oder der Presbyter oder Diakone Erwählten sich zum Großen Litanei vor Gott niederwerfen, dann bekunden sie ihre rückhaltlose Bereitschaft zum Dienst vor Gott, zum Dienst in der Kirche.
Tief verneigen sollen sich die Liturgen in der Messe beim Einzug und Auszug, es sei denn, der Tabernakel mit dem Heiligsten Sakrament stehe im Altarraum; dann schreibt AEM die Kniebeuge vor (233f). Tief verneigen sollen sich Diakon oder Priester, wenn sie sich zur Verkündigung des Evangeliums bereiten (AEM 93. 131). Der Zelebrant verneigt sich tief beim Gebet der Selbsthingabe gegen Ende der Gabenbereitung und zur Strophe des Römischen Kanons (= Hochgebet I), die mit den Worten beginnt: Supplices te rogamus — und zu übersetzen wäre: ‚Tiefgebeugt/inständig/flehentlich bitten wir dich.' Schließlich sieht unsere Ordnung vor, daß alle sich zum Credo beim Bekenntnis der Menschwerdung Christi tief verneigen, an Weihnachten und am Hochfest der Verkündigung des Herrn (25. März) dazu knien. Auch in GL 356 ist es so festgehalten. Leider haben wir uns dieses Zeichen noch nicht wieder erworben, wohl auch deswegen nicht, weil meist das Apostolische Glaubensbekenntnis (GL 2,5) gebetet oder ein Credolied gesungen wird. Wenn der Zelebrant zum Credo am Ambo steht, hindert ihn natürlich das Pult, sich tief zu verneigen.
Sowohl der Hinweis zum Einzug am Karfreitag wie der zum Credo an Weihnachten deuten an: Die mittlere Form der Huldigung ist die Kniebeuge, ausdrücklicher als die tiefe Verneigung, zurückhaltender als die Proskynese, das volle Sichniederwerfen. Seit im zweiten Jahrtausend die Eucharistie intensiver verehrt wird, sind Eucharistieverehrung und Kniebeuge regelmäßig einander zugeordnet. Bei der

Messe gelten daher folgende Regeln: Die Gruppe um den Zelebranten macht die Kniebeuge zum Einzug und zum Auszug, wenn der Tabernakel im Presbyterium seine Stätte hat. Außerdem verehrt der Zelebrant die Eucharistie durch eine Kniebeuge dann, wenn er den Leib Christi und Christi Blut der Gemeinde zur Anbetung gezeigt hat, auch vor der Einladung zur Kommunion (AEM 233). Etwa konzelebrierende Priester treten zur Kommunion des Leibes Christi „nacheinander in die Mitte des Altares, machen eine Kniebeuge und nehmen ehrfürchtig vom Altar den Leib des Herrn" (AEM 197). Nicht ganz harmonisiert sind die Gesten des Hauptzelebranten und der Konzelebranten zur Wandlung; für die Konzelebranten ist hier eine tiefe Verneigung vorgesehen (vgl. AEM 174c u. a.), wohl weil die eine wirklich gemeinsame Kniebeuge hier zu sehr als gedrillt empfunden werden könnte. Es wäre daher sinnvoll, wenn sich hier auch der Hauptzelebrant tief verneigte. Der Unterschied im Gestus ist hier eher störend.

Für die Gemeinde gibt es im Meßbuch außerordentlich wenige Regeln — verständlich, wenn man bedenkt, daß die Ordnung für die Kirche in aller Welt entworfen wurde. Was dem Meßbuch zu entnehmen ist, ist daher in den einzelnen Regionen dem Herkommen gemäß zu ergänzen. Schon die Ausstattung des Gemeinderaums ist bekanntlich regional sehr unterschiedlich. Fast nirgendwo gibt es so konsequent die Kombination von Sitzplatz und Kniegelegenheit wie bei uns. Daher kann über das hinaus, was in AEM gesagt ist, in unserem Sprachgebiet leicht mehr gefordert werden. In AEM 20 ist nur gesagt: „Wenn die Platzverhältnisse oder eine große Teilnehmerzahl oder andere vernünftige Gründe nicht daran hindern, soll man zum Einsetzungsbericht knien." Ausdrücklich wird im Meßbuch die Kniebeuge der Gläubigen auch bei den besonderen Segensformen gefordert, dem sog. feierlichen Schlußsegen und dem sog. Segensgebet über das Volk. Unter unseren Bedingungen ist es für alle, die einen entsprechenden Platz haben, durchaus angemessen, während des Hochgebetes zu knien, nach dem Brotbrechen, nach der Rückkehr vom Kommunionempfang (für einige Zeit) und immer zum Segen. Beim Kommunionempfang wünschte man sich von allen, die stehend die Eucharistie empfangen, eine tiefe Verneigung als Zeichen der Verehrung. Selbstverständlich ist (oder sollte sein) die Kniebeuge — oder die tiefe Verneigung für ältere oder behinderte Menschen — beim Betreten und Verlassen der Kirche.

Wenigstens andeutungsweise soll hier noch von der Haltung derer gesprochen werden, die eines der anderen Sakramente empfangen. Die

Kandidaten der Ordinationen knien, wenn ihnen die Hände aufgelegt werden und der Bischof über sie betet. Die Brautleute knien zur Segnung nach der Vermählung. Selbstverständlich ist nichts dergleichen zur Krankensalbung zu sagen. Vom Knien ist bei der Taufvorbereitung der Erwachsenen, bei den sog. Bußfeiern (Skrutinien) die Rede. Bei der Firmung ist gewünscht, daß zur Handausstreckung und zum Gebet möglichst alle knien. Auch zur Salbung kniet der Firmling in den meisten Fällen; allerdings kann hier der Wunsch bzw. die Belastbarkeit des Firmspenders eine Rolle spielen. Und schließlich sollte sich auch dann, wenn das Bußsakrament in einem „Beichtzimmer" gespendet wird und Bekenntnis und seelsorgliche Weisung zu einem „Beichtgespräch" werden, der Empfänger zur Handausstreckung und zum Wort der Lossprechung niederknien.

Es ist wohl gut, daß wir aus den manchmal nur korrekten Vollzügen früherer Generationen – nicht selten war auch die Praxis weniger als korrekt – seit einigen Jahren ausgewandert sind. Aber es ist keineswegs gut, daß wir auf manche Gesten ganz oder fast ganz verzichtet haben. Es ist nicht gut – nicht für uns selbst, nicht für andere. Wir brauchen alle, und jeder einzelne braucht die Erfahrung, daß Gott der Große ist, der Allheilige, der Allherrscher. Daß unser Gott „der Vater des Erbarmens und der Gott allen Trostes ist" (2 Kor 1,3), der rettende Gott, der Gott unseres Heils, unsere einzige Zuflucht, diese Erfahrung machen wir eher, wenn wir auch leibhaft, auch mit unserem Leib danach suchen. Wenn wir – auch beim Gebet in der Kammer – uns vor Gott verneigen, vor ihm die Knie beugen, vor ihm uns niederwerfen, dann wird unser Gott dieses leibhafte Gebet um so weniger ohne Antwort lassen.

Wir brauchen das Zeugnis der Huldigung aber auch in der Gemeinde. Jeder hilft durch seine Zeichen nicht nur sich, sondern auch dem anderen, das Bekenntnis des Glaubens zu vertiefen: HERR IST JESUS CHRISTUS (vgl. Phil 2,11). Schließlich braucht die Welt dieses unser Bekenntnis leibhaftig – wie in den ersten Generationen: Was wir verkündigen, wovon wir singen, das bezeugen wir in unseren Gesten. Dem wird am ehesten die Kraft zuteil, unbeugsam zu sein gegenüber widerchristlichen Mächten in dieser Zeit, der leibhaft gelernt hat, seine Knie zu beugen „vor dem Vater ... im Himmel, der durch die Macht, die in uns wirkt, viel mehr tun kann, als wir erbitten und uns ausdenken, er werde verherrlicht durch die Kirche und durch Christus Jesus in allen Generationen" (Eph 3,14. 20f).

Ich trage die Zeichen Jesu an meinem Leib

Sich mit dem Kreuz bezeichnen und die Hände falten

Auf fast jede nur denkbare Weise hat man in den letzten Jahrzehnten hierzulande Albrecht Dürers Zeichnung ‚Die betenden Hände' vermarktet. Wo immer man Devotionalien kaufen kann, sind ‚Die betenden Hände' in dieser oder jener Form dabei. Da es auch im Kosmos des Geistlichen so etwas wie ein Gesetz der kommunizierenden Röhren gibt, sollte die Frage erlaubt sein, ob wir dieses Phänomen der Profanierung nicht mit übergroßer Zurückhaltung haben bezahlen müssen. Was man heutzutage bei jungen Menschen beobachten kann, ist nicht immer nur unkontrollierte Formlosigkeit, die mehr oder weniger typisch ist für diese Wachstumsphase. Nicht gar so selten vermischt sich damit auch der Protest gegen gedankenlos vollzogene Gesten.

Was sagen betende Hände, gefaltete Hände? Der Mensch ist ein zweihändiges Wesen. Linkshändig gilt als linkisch. Aber auch der absolute Rechtshänder ist nicht besonders geschickt. Optimal ist, wenn beide Hände annähernd gleich beweglich sind. Im Zusammenspiel kommen die Hände zu ihrer vollen Wirkung, nacheinander, nebeneinander, miteinander, einmal weit auseinander, einmal eng beieinander. Das Spiel der in Fläche und Finger gegliederten Hände potenziert deren Wirkung.

Wer seine Hände zusammenlegt, die Handflächen gegeneinander und die Daumen übereinanderlegt, wer die Finger ineinander verschränkt, der kommt zur Ruhe. Sei es, daß er die Ruhe sucht und so zu finden hofft, sei es, daß er zur Ruhe gedrängt, ja gezwungen wird. Der Verzicht auf Aktivität kann ja auch durch Bindung, durch Fesselung der Hände erzwungen werden.

Im Gebet sucht der Mensch Kontakt zu der Macht, die jegliche menschliche Macht übersteigt. Der Mensch sucht den allmächtigen Gott. Dazu faltet er seine Hände. Er bekennt seine Ohnmacht. Er zeigt es, indem er seine Hände für die Zeit des Gebetes zur Ruhe bringt, indem er für diese Zeit auf ihre Wirkung verzichtet. Meine Hände, so kraftvoll und geschickt sie auch sein mögen, sind nur begrenzt fähig, das Leben zu meistern. Was ich jetzt zu sagen habe, was ich hier zu erbitten wage, kannst nur du geben, an den ich mich in diesem Gebet wende.

Ist Gott der Lückenbüßer? Ist er der, der helfen muß, wenn der Mensch nicht mehr weiter kann? Sind gefaltete Hände, sind betende Hände das Zeichen des alternden Menschen; Zeichen dafür, daß des Menschen Kraft schwindet? Lehren wir Kinderhände, sich zu falten, weil die Händchen nicht Kraft noch Geschicklichkeit haben, jetzt schon das Leben zu meistern? Brauchen wir Gott nur, wenn wir mit unserer Kunst am Ende sind? Die wie zur Fesselung gefalteten Hände sagen mehr. Sie sind nicht nur Bitte an den allmächtigen Gott. Sie sind zuerst Anerkenntnis seiner absoluten Überlegenheit, seiner Größe, seiner Heiligkeit, seiner Herrlichkeit. Dir gebe ich mich hin. Dir übergebe ich mich. Dein eigen will ich sein. Verfüge du über mich. Nimm mich ganz in deinen Dienst.

Die Hände aneinanderlegen, sich in den Dienst Gottes binden lassen, Gott sich ganz in die Hand geben, ist eine Gebetshaltung, die sich in der römischen Liturgie in einer zweiten Entwicklungsphase durchgesetzt hat. Sehen wir in der Messe den Zelebranten mit gefalteten Händen beten, können wir mit einiger Sicherheit sagen, daß dieses Gebet nicht zum Grundbestand der Amtsgebete gehört, sondern erst im frühen Mittelalter oder später hinzugekommen ist. Zum Tagesgebet, zum Gabengebet, zum Schlußgebet, erst recht zum Hochgebet wendet sich der Priester mit ausgebreiteten und erhobenen Händen Gott zu.

Mit ausgebreiteten und erhobenen Händen haben in der Antike allenthalben Menschen gebetet. Auch die Heiden haben sich so ihren Göttern zugewandt. Diese Gebetshaltung war so selbstverständlich, daß man Darstellungen dieser Gebetshaltung als die Orante, den Orans bezeichnet (von orare = beten), als den betenden Menschen schlechthin.

Altkirchliche Darstellungen zeigen uns Noe, Abraham, Isaak, Susanna, Daniel, die mit ausgebreiteten Armen, mit zu Gott erhobenen Händen beten. Noe, Abraham, Isaak, Susanna und Daniel sind Gestalten, die einzig Gott ihre Rettung verdanken. Sie sind alttestamentliche Vorbilder dessen, was die Christen im Glauben erfahren haben: Unser Gott ist ein rettender Gott. Wer mit ausgebreiteten und erhobenen Armen betet, der vertraut sich dem rettenden Gott an. Ihm gibt er sich anheim. Der Mensch mit erhobenen Armen und geöffneten Händen ist wehrlos. Seine Hände halten keine Waffen mehr. Seinen Leib, sein Herz, das Zentrum seines Lebens bietet er ungeschützt dar. Sein Gegenüber kann ganz über ihn verfügen. Nur so ist noch Rettung möglich, wenn alle Selbstbehauptung an ihr Ende gekommen ist. Der

Mensch, der mit ausgebreiteten, mit zu Gott erhobenen Händen betet, gibt sich ganz und gar Gott preis. Er liefert sich aus. Gott mag über Leib und Leben verfügen. Er mag über Leben und Tod entscheiden. Ihm stellt der Mensch alles anheim. „In deine Hände lege ich voll Vertrauen meinen Geist“ (Ps 31 [30],6).

So betet die Kirche am Abend zur Nacht. Bevor sich der Christ zum Schlaf niederlegt, vertraut er sich so der Hand Gottes an (vgl. GL 699). „Herr, auf dich vertraue ich, in deine Hände lege ich mein Leben“, heißt es im Responsorium der Komplet. So hat der gebetet, nach dem wir Christen uns nennen. Dieser Psalmvers ist das Stoßgebet, im wahrsten Sinne das Nachtgebet Jesu am Kreuz. „Und Jesus rief laut: Vater, in deine Hände lege ich meinen Geist“ (Lk 23,46). Vor dir habe ich in äußerster Wehrlosigkeit meine Arme ausgebreitet. Mein Herz ist dem Tod preisgegeben. Mein ganzer Leib schreit zu dir im Gebet. Du allein kannst mich retten.

„Der Gott Abrahams, Isaaks und Jakobs, der Gott unserer Väter, hat seinen Knecht Jesus verherrlicht, den ihr ausgeliefert habt ... Den Urheber des Lebens habt ihr getötet, Gott aber hat ihn von den Toten erweckt: dafür sind wir Zeugen“ (Apg 3,13.15). Nach der Heilung des Gelähmten verkündet Petrus diesen Glauben der Kirche. Gott hat das Gebet des Gekreuzigten erhört. Gott hat den Hohn der Hohenpriester, Schriftgelehrten und Ältesten beim Wort genommen: „Er hat auf Gott vertraut: der soll ihn retten, wenn er ihn liebt“ (vgl. Mt 27,41–43). Ja, Gott hat seinen Knecht, seinen Messias, seinen Sohn, den geliebten Sohn, der sich ganz in seine Hände ausgeliefert hat, mit offenen Armen angenommen.

Wenn wir unsere Hand das Zeichen des Kreuzes zeichnen lassen, dann ist dieses Zeichen das Bekenntnis zur Rettungstat Gottes im Kreuz unseres Herrn Jesus Christus. „Wir rühmen uns des Kreuzes unseres Herrn Jesus Christus. In ihm ist uns Heil geworden und Auferstehung und Leben. Durch ihn sind wir erlöst und befreit.“ So singt die Kirche zur Eröffnung der Messe vom Letzten Abendmahl am Gründonnerstagabend, zum ersten Gottesdienst der dreitägigen Osterfeier. Die Kirche nimmt hier das Wort des Apostels für die Heiden auf: „Ich aber will mich allein des Kreuzes unseres Herrn Jesus Christus rühmen, durch das mir die Welt gekreuzigt ist und ich der Welt ... Denn ich trage die Zeichen Jesu an meinem Leib“ (Gal 6,14.17).

So lasse ich meine Hand beten, wenn ich mich mit eben dem Zeichen bezeichne, in dem unser Herr sich ganz dem rettenden Gott anvertraut hat und wahrhaft Rettung erfahren hat. Weil Jesus sich am Kreuz von der Erde hat erhöhen lassen, hat ihn der Vater erhöht und verherrlicht. Das ist unser Glaube. Das Kreuz, mit dem wir uns bezeichnen, ist das Bekenntnis dieses Glaubens.

Mit dem Zeichen des Kreuzes verbinden wir die Anrufung des dreifaltigen Gottes: im Namen des Vaters und des Sohnes und des Heiligen Geistes. Diese Verbindung des trinitarischen Bekenntnisses mit dem Bekenntnis zum gekreuzigt-auferstandenen Herrn ist auch durch die Glaubensgeschichte der Kirche bedingt. Die Häresie des Arius, die vielleicht schwerste Erschütterung der Kirche, hatte zu bestreiten versucht, daß Jesus Christus ist „Gott von Gott, Licht vom Licht, wahrer Gott vom wahren Gott ... eines Wesens mit dem Vater". Durch die Betonung der trinitarischen Formel wendet sich die Kirche gegen die Irrlehre des Arianismus.

Wir können diese Anrufung der Dreifaltigkeit durch die Geschichte der Heilszeichen, der Sakramente hindurch verfolgen. Die Kirche tauft im Namen des dreifaltigen Gottes. „Im Namen des Vaters und des Sohnes und des Heiligen Geistes" spricht die Kirche von den Sünden los. Unter Anrufung der Dreifaltigkeit stecken die Brautleute einander die Trauringe an. Auf dem Höhepunkt sakramentlicher Feiern, aber auch sonst bei ihren Gottesdiensten ruft die Kirche den dreifaltigen Gott an. Uns am geläufigsten ist, daß die Kirche so die Eucharistiefeier eröffnet und schließt, indem sie das Kreuz zeichnet „im Namen des Vaters und des Sohnes und des Heiligen Geistes".

So geläufig, so sinnvoll und so wichtig diese Verbindung ist — das Zeichen des Kreuzes und die Anrufung des dreieinigen Gottes —, so wichtig ist aber auch, daß wir das Kreuz als Zeichen des heilbringenden Durchbruchs durch den Tod zur Auferstehung ansehen und annehmen. Das ist lebensentscheidend für uns. Über unserem Grab wird einmal das Wort gesprochen: „Im Kreuz unseres Herrn Jesus Christus ist Auferstehung und Heil." Und: „Das Zeichen unserer Hoffnung, das Kreuz unseres Herrn Jesus Christus, sei aufgerichtet über deinem Grab." So wird über uns gebetet, wenn unsere Hände von anderen zusammengelegt worden sind für immer, wenn sie ganz kraftlos geworden sind, wenn sie endgültig ausruhen von ihren Werken.

Darauf sollten wir uns einüben. Auch und gerade dann, wenn wir für uns allein beten. Wenn wir in der Stille der Kammer beten, sollten wir unseren Leib mit dem Zeichen bezeichnen, das für uns deshalb zum Heilszeichen geworden ist, weil sich einer an unserer Statt wehr-

los mit offenen Armen dem blutigen Tod und der Liebe des Vaters anheimgegeben hat. Über das Wort des Paulus am Schluß des Galaterbriefes ist viel gerätselt worden: „Ich trage die Zeichen Jesu an meinem Leib“ (Gal 6,17). Ist Paulus stigmatisiert gewesen, wie es von Franz von Assisi überliefert wird? Die Antwort ist wohl einfacher und wohl auch tiefer. Fortan „kommt es nicht darauf an, ob einer beschnitten oder unbeschnitten ist“, schreibt Paulus in Gal 6,15. Das Bundeszeichen, das jetzt gilt, das Zeichen des neuen Bundes, des ewigen Bundes ist das Kreuz Jesu Christi.
Mit diesem Zeichen ist mein Leib gezeichnet. Auf dieses Zeichen bin ich jetzt und für immer festgelegt. Der Herr Jesus Christus hat seine Hände ausgebreitet und sie auf das Kreuz festlegen lassen. Wenn ich zu Anfang und Ende meines Betens mich mit dem Kreuz bezeichne, dann lege ich mich mit Jesus fest. Meine wehrlosen Hände beten mit ihm: „Herr, auf dich vertraue ich, in deine Hände lege ich mein Leben.“

Dies Haus, in dem du die Kirche versammelst

Der Raum und seine Orte

„Das Volk Gottes, das sich zur Meßfeier versammelt, hat eine gemeinschaftliche und hierarchische Ordnung, die sich in den verschiedenen Aufgaben und Handlungen in den einzelnen Teilen der Feier zeigt. Der Kirchenraum soll deshalb so gestaltet sein, daß er den Aufbau der versammelten Gemeinde gleichsam widerspiegelt, ihre richtige Gliederung ermöglicht und jedem die Ausübung seines Dienstes erleichtert." Das sind etwas sehr korrekte, umständliche, weil nach verschiedenen Seiten hin sich absichernde Sätze. Sie gehören zur Einleitung des wichtigen Kap. V der AEM (aus 257): „Gestaltung und Ausstattung des Kirchenraumes für die Meßfeier".
Was gemeint ist, kann man auch auf die Kurzformel bringen: Die Kirche ist Abbild der Kirche — oder sollte es sein. Die Synonyme verdeutlichen hier einen wichtigen Sachverhalt. Mit Kirche meinen wir einerseits das Volk, das Gott sich aus allen Völkern und Sprachen erwählt und in und durch Jesus Christus zu seinem Eigentum versammelt hat, und andererseits das Haus, die Halle, den Raum, den Bau, in dem diese Versammlung sich je neu verwirklicht. Damit sichtbar wird, was diese Gemeinschaft des Volkes Gottes ihrem Wesen nach ist, handelt sie in Zeichen. Die Gestaltung des Raumes soll diese Selbstdarstellung der Kirche in ihren Feiern ermöglichen.
Anders als im oben erwähnten Kap. V der AEM geht es uns hier nicht nur um die Eucharistie, sondern auch um andere Feiern. Auch geht es nicht primär um Normen für die Gestaltung des Raumes; es geht vor allem um den Vollzug, um Bewegungen, Ortswechsel, um Prozessionen. Wie Gesten, Körperhaltungen sind auch Handlungsabläufe, Schauplatzwechsel ein Grundelement der Liturgie, können es mindestens sein. Einerseits sollen die Bewegungen von einem Handlungsort zum anderen praktisch, andererseits sollen sie transparent sein, sollen sie helfen, den Aufbau und Inhalt der einzelnen Feiern darzustellen.
Beginnen wir am Portal. Wir könnten bei der Taufe beginnen. Noch durchsichtiger ist die Begegnung am Portal bei der Trauung. „In der Regel begibt sich der (Zelebrant) . . . zum Eingang der Kirche und empfängt dort das Brautpaar, die Trauzeugen und die Hochzeitsgäste . . . Unter festlichem Orgelspiel oder einem Eröffnungsgesang ge-

leitet er den Hochzeitszug zu den vorgesehenen Plätzen" (FT R 2.4). Dies ist eine Feier, die unsere Sprache treffend als Hoch-Zeit kennzeichnet und auszeichnet. Etwas von der Mitfreude an der hochzeitlichen Freude zweier Menschen und deren Angehörigen bringt die Kirche am Portal zum Ausdruck; von Anfang an kommt sie den Hochzeitern entgegen, bis an die Schwelle, bis ans Portal. Wer will, kann den Empfang des Brautpaares mit anderen festlichen Empfängen am Kirchenportal vergleichen, dem Empfang des ernannten Pfarrers zur Feier der Einführung, des Neupriesters zur Primiz oder des Bischofs etwa zur Feier der Firmung. Mehr am Rand sei bemerkt, daß sich diese Empfänge nach dem Herkommen richten; im einzigen offiziellen Buch, das man hier mit der „Feier der Trauung" vergleichen könnte, im Buch zur „Feier der Firmung" ist vom festlichen Empfang des Bischofs am Portal nicht ausdrücklich die Rede.

Auch die Taufe ist ein Fest. Aber hier hat die Begegnung am Portal einen etwas anderen Charakter. Das wird auch für die Kindertaufe dann deutlicher, wenn man bedenkt, daß die Eingliederung Erwachsener in die Kirche ursprünglich und folglich für immer ihr Modell ist. Die erste Feier der Kirche mit den erwachsenen Bewerbern kann Monate, unter Umständen etliche Jahre vor dem Hauptfest stattfinden. Auch diese erste „Feier der Annahme" als Taufbewerber beginnt am Portal. Das Portal ist der Ort, an dem der jetzt noch bestehende Unterschied im Zeichen deutlich wird. Noch sind die Bewerber draußen, noch gehören sie nicht zum Volk Gottes. Erstmals durchschreiten sie heute offiziell das Portal – ein Ausblick auf die künftige Aufnahme in die Kirche.

Diese zwischen Drinnen und Draußen vermittelnde und unterscheidende Funktion des Portals kann auch bei anderen Vorfeiern zur Eingliederung Erwachsener dargestellt werden. Sind die Bewerber einmal angenommen, dürfen und sollen sie in der Kirche immer das Wort Gottes hören. Die Kirche betet für sie; sie streckt über sie die Hände aus. Aber wenn dann die Kirche ihr Eigentliches tut, wenn sie das Opfermahl feiert, schließt sie die Katechumenen noch aus. Das Portal schließt sich wieder hinter den Bewerbern, weil sie das Portal der Eingliederungssakramente Taufe und Firmung noch nicht durchschritten haben. Erst wenn sie durch diese Heilszeichen aufgenommen sind, gehören sie zum Volk Gottes und haben mit allen, die die Kirche sind, Gemeinschaft am Leib und Blut Christi.

In demselben Sinn muß auch bei der Kindertaufe die Begegnung am Portal verstanden werden. Sie ist durchaus auch festlicher Empfang,

sie ist aber auch Darstellung des Anfangs. Die Eltern und Paten bitten für ihre Kinder, die bis jetzt noch „draußen" sind, um Aufnahme in die Gemeinschaft der Kirche. Wenn es das Klima, wenn es die Witterung erlaubt, sollte man auf dieses Zeichenelement, auf den Empfang am Portal, auf das Durchschreiten des Portals nie verzichten.
Daß die Taufe erst der Anfang, die Firmung dann der zweite Schritt und die Teilhabe am Altar das Ziel ist, stellt die Kirche auch bei der Kindertaufe im Zeichen dar. Nach dem Wortgottesdienst ist selbstverständlich der Taufbrunnen der Mittelpunkt der Handlung. Hier vollzieht sich die Sakramentsfeier; die ausdeutenden Riten schließen sich an. Aber hier bleibt die Handlung nicht stehen, hier kommt sie noch nicht zum Abschluß. Die Kirche schließt eine Prozession an. Mit den Neugetauften ziehen alle zum Altar. Das Zeichen zeigt schon an, was dann der Zelebrant der Feiergemeinde auch ausdrücklich sagt, daß nämlich der Weg von der Taufe über die Firmung weitergeht und die volle Teilnahme an der Eucharistie das Ziel ist:

> „Diesen Kindern wurde in der Taufe das neue Leben geschenkt, und so heißen und sind sie Kinder Gottes. In der Firmung werden sie die Fülle des Heiligen Geistes empfangen. Sie werden inmitten der Gemeinde zum Altar treten, Gott ihren Vater nennen und teilhaben am Tisch des heiligen Opfers."

Dann beten alle Getauften „stellvertretend für diese Kinder, wie der Herr sie gelehrt hat" (FKT R 33–35).
Auch bei den Ordinationen zeigt eine Ortsveränderung, ein Platzwechsel an, daß sich etwas und was sich durch das sakramentliche Geschehen ereignet hat. Alle Ordinationen sind zwischen Wortgottesdienst und eucharistischer Liturgie eingeordnet; der „Spielraum" für die Erteilung der Weihen ist meist der Bereich zwischen dem Kirchenschiff, dem Raum der Gemeinde, und dem Sitz des Bischofs, der bei den Ordinationen fast immer vor dem Altar aufgestellt ist.
In der Eucharistie, die der Weihe der Priester folgt, wird dann sichtbar, wozu die Priester berufen und in der Ordination bestellt sind. Mit dem Bischof und unter seiner Leitung — an diesem Tag als neue Mitglieder des Presbyteriums an den ersten Plätzen — umstehen sie den Altar und leiten in Konzelebration mit dem Bischof diese Eucharistie. Künftig wird ihr erster Auftrag sein, unter dem Bischof und in Gemeinschaft mit ihm dort die Kirche zu leiten und dort ihrer vornehmsten Feier, der Eucharistie zu präsidieren, wo der Bischof selbst nicht unmittelbar diesen Dienst leisten kann.

Bei der Bischofsweihe ist der letzte ausdeutende Ritus der Gang zur Kathedra des Bischofs. Durch diesen Platz ist ja ausgewiesen, wer mit der Leitung einer Feier – und damit der Leitung einer Gemeinde oder einer Ortskirche – betraut ist, wer in ihr beauftragt ist, als „Vorsitzender" das Wort Gottes auszulegen, die Kirche zu lehren. Der Bischof, der in seinem Bistum die Bischofsweihe empfängt, wird vom Hauptkonsekrator zu diesem Platz, seiner Kathedra, geführt, zu dem Sitz, den er als Zeichen seines Amtes und Dienstes künftig innehat. In der Ordnung der Bischofsweihe ist dem Hauptkonsekrator nahegelegt, auch noch in anderer Form die Bestellung des neuen Bischofs zeichenhaft deutlich zu machen. Der Hauptkonsekrator, der bis zu diesem Augenblick der Feier präsidiert hatte, kann und sollte nun seinen Platz für den Neugeweihten freigeben und selbst an die zweite Stelle rücken. Denn durch das Sakrament der Bischofsweihe ist jetzt der bestellt, der für diese Ortskirche die Verantwortung vor Gott und vor der gesamten Weltkirche trägt. Der Platz an dieser Kathedra und der erste Platz an diesem Altar schon in dieser Eucharistiefeier weisen es aus.

Was bei den Ordinationen, auch bei der Taufe und Trauung meist unmittelbar einleuchtet, wird bei der Messe oft nicht wahrgenommen, vielfach wohl auch nicht oder nicht ausreichend deutlich realisiert. Vielleicht deshalb, weil die Eucharistie die regelmäßige und daher allen vertraute Feier ist? An sich ist gerade die Eucharistie an Aktionen, Bewegungen, Veränderungen, Ortswechseln reich, reicher als andere Feiern. Mindestens könnte sie es sein. Einige Beispiele können das zeigen.

Vom Konzil selbst ist der Reform folgendes Prinzip mit auf den Weg gegeben: „Bei den liturgischen Feiern soll jeder ... in der Ausübung seiner Aufgabe nur das und all das tun, was ihm aus der Natur der Sache und gemäß den liturgischen Regeln zukommt" (SC 28). Der Hintergrund dieser Forderung war die damalige Praxis, den Zelebranten auch dann wie im Ein-Mann-Betrieb agieren zu lassen, wenn er von zahlreichen Helfern umgeben war. Ob auch der Chor den Einzugsgesang und das Kyrie sang, ob der Diakon das Evangelium verkündete, der Zelebrant hatte zu tun, als sei er allein; er las oder betete den Introitus, das Kyrie, das Evangelium.

Es scheint, als sei der durch SC 28 initiierte Lernprozeß noch nicht überall abgeschlossen. Beispiel Gabenbereitung: „Nach den Fürbitten ... bringen Altardiener Korporale, Purifikatorium, Kelch und Meßbuch zum Altar" (AEM 100); „... danach hilft er [der Akolyth] dem Priester bei der Entgegennahme etwaiger Opfergaben der Gemeinde, bringt gegebenenfalls Brot und Wein zum Altar und übergibt sie dem Priester" (AEM 145). „Zur Gabenbereitung bleibt der Priester zunächst am Sitz. Der Diakon bereitet den Altar unter Mithilfe anderer Altardiener . . ., gießt Wein und etwas Wasser in den Kelch . . . Er kann jedoch den Kelch auch am Kredenztisch bereiten" (AEM 133). Sicher gibt es bei weitem nicht in jeder Gemeinde Diakone und erst recht nicht Akolythen im Sinne der AEM. Aber ganz abgesehen davon ist es oft genug so, daß entweder der Zelebrant sich hier allein zuständig fühlt oder alles schon vor Beginn der Feier so geregelt ist, daß es der Dienste, von denen die Ordnung hier spricht, in Wirklichkeit überhaupt nicht bedarf. Das ist letztlich eine Beeinträchtigung der Zeichenkraft. Würde der Zelebrant am Priestersitz bleiben und zunächst seine Helfer agieren lassen, dann würde etwas mehr von der Vielfalt der Dienste in der Kirche sichtbar.

Eine andere Chance, etwas ins Zeichen zu bringen, bietet sich bei der Eröffnung. Die Gruppe um den Zelebranten zieht zum Presbyterium. Im Meßbuch ist nur geregelt, was wichtig ist: Daß die Leuchter, eventuell das Kreuz um den Altar gestellt werden, eventuell das Evangeliar auf den Altar gelegt wird. Vorher haben alle den Altar verehrt; die besonderen Zeichen der Ehrung des Altars folgen noch: der Altarkuß und gegebenenfalls die Altarinzens. Nichts ist gesagt darüber, auf welchem Weg die Gruppe des Zelebranten zum Presbyterium zieht. Es wäre wahrhaft ein gutes Zeichen, wenn das erste Wegstück bis vor den Altar auf der Ebene der Gemeinde läge; auf dieser Ebene würde dann die Gruppe um den Zelebranten ihre erste Reverenz vollziehen; dort könnte dann die Gruppe einige Augenblicke verharren. Das ist zwar nicht vorgeschrieben, aber ebensowenig ist vorgeschrieben, daß alle Akteure sich spornstreichs zu ihren Plätzen zu begeben haben. Der Gesang könnte so ausgewählt sein, daß der Einzug wirklich ausgespielt werden kann. Dann könnten der Zelebrant und die Gruppe um ihn durch die Augenblicke der Ruhe vor den Stufen auf der Ebene der Gemeinde sich und allen anderen andeuten: Wir gehören zu euch; wenn wir jetzt gleich in der Feier agieren, dann ist das Dienst für euch, Dienst in den Ämtern, die uns um euretwillen zugewiesen sind.

Schließlich sei noch — wieder ein anderer Aspekt — auf folgendes hingewiesen. Charakteristisch für den rechten Vollzug ist, daß jeder Teil der Feier seinen Funktionsort hat. Die Eröffnung leitet der Zelebrant normalerweise vom Priestersitz aus. Wesentliche Teile des Wortgottesdienstes, wenn nicht alle, spielen sich am Ambo ab. Erst zur Eucharistie

verlagert sich das Geschehen ganz an den Altar. Aber es ist bemerkenswert, daß von Anfang an der Altar als das eigentliche Ziel, das Geschehen am Altar als der eigentliche Höhepunkt der Feier in Zeichen angedeutet ist. Die Reverenz wird mitten vor dem Altar vollzogen; alle Kleriker verehren den Altar durch den Kuß; bei festlichen Gelegenheiten wird der Altar inzensiert. Auf dieser Linie liegt auch, daß derjenige, der das Evangelium verkündet, das Buch vom Altar holt oder sich zum vorbereitenden Gebet zum Altar hin verneigt, sich also gewissermaßen von dort zur Verkündigung senden läßt.
Was in AEM 257 über „Gestaltung und Ausstattung des Kirchenraumes ..." etwas umständlich und prinzipiell gesagt ist, was wir hier an einigen Beispielen aufgezeigt haben, davon spricht die Kirche auch in ihren Gebeten. Bei der Weihe der Kirche und am Jahrtag dieser Feier preist sie den allmächtigen Gott:

> „Zu deiner Ehre wurde dieses Haus errichtet, in dem du deine pilgernde Kirche versammelst, um ihr darin ein Bild deiner Gegenwart zu zeigen und ihr die Gnade deiner Gemeinschaft zu schenken. Denn du selbst erbaust dir einen Tempel aus lebendigen Steinen. Von allen Orten rufst du deine Kinder zusammen und fügst sie ein in den geheimnisvollen Leib deines Sohnes. Hier lenkst du unseren Blick auf das himmlische Jerusalem und gibst uns die Hoffnung, dort deinen Frieden zu schauen. Darum preisen wir dich in deiner Kirche ..."

Was die Kirche in dieser Präfation betet, sollen alle immer wieder in Zeichen erfahren: Dies ist das Haus, in dem du uns, deine Kirche, versammelst; dies ist das Haus, in dem wir das feiern dürfen, was wir uns jetzt schon für immer erhoffen.

Jetzt ist er da, der Tag des Heils

Aschenkreuz zu Beginn der Bußzeit

Was eigentlich hat das Zeichen zum Beginn der Bußzeit so in Mißkredit gebracht? Fast möchte man sagen, das Aschenkreuz sei in manchen Kreisen der Kirche in Magieverdacht geraten. Sind das noch Nachwirkungen der vorkonziliaren Praxis? Versuchen wir, uns an das Ritual vor der Reform zu erinnern. Den Regeln entsprach, daß die Asche in aller Herrgottsfrühe, vor der ersten Messe, faktisch fast unter Ausschluß der Öffentlichkeit, gesegnet wurde. Alle, die sich im Lauf des Vormittags anläßlich einer anderen Messe „das Aschenkreuz holten", erfuhren von dieser Segnung nichts. Sie wußten lediglich, daß die Asche gesegnet war. Also standen die Gebete zur Segnung der Asche für die meisten Empfänger des Zeichens in keinerlei Bezug zur Austeilung.

Weitere Mängel kamen hinzu. Die Spendeformel in lateinischer Sprache war noch das geringere Übel. Auch dadurch — und zwar sehr erheblich — war das Zeichen beeinträchtigt, daß die Austeilung der Asche mit einer Feier ganz und gar nichts zu tun hatte. Wer wollte, der konnte „mal eben auf einen Sprung" in die Kirche kommen, sich anstellen, das Aschenkreuz mitnehmen — keine Spur also von einer Feier. Womit selbstverständlich nicht gesagt ist, daß früher alle, die nicht mehr als ein paar Minuten Zeit hatten für den Ritus, es mit dem Zeichen des Aschenkreuzes nicht ernst gemeint hätten.

Nicht wenig trägt zu Mißverständnissen auch bei, daß der Aschermittwoch verstanden wird als der Tag, von dem an die Kirche Faschingsveranstaltungen, Karnevalsvergnügungen nicht mehr zuläßt. In einer pluralistischen Gesellschaft liegen dann Grenzüberschreitungen nahe. Zunächst wird nur lauthals verkündet, daß man am Aschermittwoch „auch noch blau" sein werde. Dann setzen sich einzelne Gruppen über diese imaginäre Grenze hinweg. Schließlich wird man bei kirchlichen Instanzen vorstellig und erwartet offizielles Einverständnis für die Verlängerung der „fünften Jahreszeit".

Damit sind dann aber die Dinge sachlich und historisch schlichtweg auf den Kopf gestellt. Der Aschermittwoch und sein Zeichen, das Aschenkreuz, signalisieren den Beginn der Fastenzeit, der Vorbereitungszeit auf Ostern. Was diesem Tag voraufgeht, ist im Prinzip völlig gleichgültig. Primär hat die Kirche am Aschermittwoch ihr Ziel vor Augen, ihr Hauptfest, auf das sie sich vierzig Tage hindurch vorbereiten will. Sekundär ist, ob man vor dem Beginn der österlichen Bußzeit noch einmal die Zügel schießen läßt. Erst recht ist sekundär, wann man mit der Faschingskampagne beginnt. Die immer noch gebräuchliche Bezeichnung für diese Zeit vor dem Fasten, nämlich „Fastnacht/Fastenabend (nd. Fastelovend)" zeigt ja doch an, daß niemand zunächst an eine Saison, sondern nur an den Vorabend gedacht hatte. Jedenfalls ist — wie immer auch das Brauchtum vor Beginn der Fastenzeit sich entwickelt hat oder noch entwickeln wird — der Aschermittwoch nicht gedacht, diesem Treiben Einhalt zu gebieten. Für die Kirche ist dieser Tag ein Anfang — das freilich ganz entschieden.

Wenn der Tag selbst wieder richtig gedeutet wird, kommt das seiner Liturgie, also vor allem dem Zeichen der Asche, zugute. Wenn die Kirche an diesem Mittwoch Buße predigt, wenn sie zur Umkehr aufruft, dann denkt sie nicht nur und nicht einmal in erster Linie an mögliche Maßlosigkeiten der vergangenen Tage oder Wochen. Diese vierzig Tage sind gleichsam die Jahresexerzitien der Kirche. Im Blick auf ihr Hauptfest fordert die Kirche all ihre Glieder auf, sich erneut unter das Gesetz des gekreuzigten und auferstandenen Herrn zu stellen. Wie auch immer wir Christen im verflossenen Jahr versucht haben, uns selbst Gesetz zu sein, autonom zu leben, Gott „einen guten Mann" sein zu lassen: vom Beginn der Bußzeit an soll Umkehr unser Leben bestimmen, wollen wir uns ausrichten auf den Willen des lebendigen Gottes.

Seit der Reform ist das Zeichen der Asche immer in eine Feier integriert. Nicht notwendig ist das die Messe. Es heißt im Meßbuch: ‚Die Segnung und Austeilung der Asche kann auch außerhalb der Messe stattfinden. In diesem Fall beginnt man mit dem Wortgottesdienst der Tagesmesse: Eröffnungsvers, Tagesgebet, Lesungen und Zwischengesänge und Homilie; danach die Segnung und Austeilung der Asche. Den Abschluß bilden die Fürbitten'. Diese Flexibilität ist begrüßenswert. Besonders für Feiern mit Kindern kann wichtig sein, daß bei Beschränkung auf den Wortgottesdienst dessen Elemente in aller Ruhe zur Geltung kommen; das Zeichen der Asche bekommt dann mehr Bedeutung. Auch brauchen jetzt die Gemeinden, die an diesem Tag ohne Priester sind, auf eine Zusammenkunft, eine Feier und eben auf das Zeichen zur Eröffnung der Fastenzeit nicht zu verzichten.

Schauen wir näher zu, dann fällt auf, daß an diesem Tag der Gottesdienst nicht mit dem Allgemeinen Schuldbekenntnis eröffnet wird. In

den Feiern am Aschermittwoch bekennen die Christen durch ihre Bereitschaft, die Asche zu nehmen, daß sie schuldig sind vor Gott und den Brüdern.
Wer versucht, die Aussagen der Lesungen auf einen Nenner zu bringen, der trifft auf das Wort des Apostels: „Jetzt ist sie da, die rechte Zeit; jetzt ist er da, der Tag des Heils“ (2 Kor 6,2). Dieses Wort vom ‚Tag des Heils‘ ist heute auf den Tag der Eröffnung der Bußzeit gemünzt. Aber es ist durchaus auch sinnvoll, die ganze Bußzeit als einen einzigen langen ‚Tag des Heils‘ zu verstehen, als den Weg, der im Ostertriduum gipfelt. So meint es ja Paulus: Mit Jesus Christus, den Gott „für uns zur Sünde gemacht hat, damit wir in ihm Gerechtigkeit Gottes würden“ (2 Kor 5,21), ist der Tag des Heils endgültig angebrochen. Der Prophet Joel macht sich zum Sprecher Gottes: „Bekehrt euch zu mir von ganzem Herzen“ (2,12). Mit den Worten „Zerreißt eure Herzen, nicht eure Kleider“ (v. 13) nimmt der Prophet vorweg, was dann Jesus von den Seinen fordert: Sie sollen ihre Werke — Almosen, Beten, Fasten — ausschließlich vor dem Vater im Himmel tun (Evangelium: Mt 6,1–6.16–18).
Wer auf dem Hintergrund der Schriftlesungen nach der Bedeutung des Aschenkreuzes fragt, der muß sich zunächst sagen lassen, daß in diesen prophetischen Worten aus den Schriften des Alten und des Neuen Bundes der Empfang des Bußzeichens ohne entschiedenen Umkehrwillen scharf verurteilt wird. Nur wer sein „Herz zerreißt“, darf dieses Zeichen empfangen.
Wenn wir weiter nach den Aussagen des Zeichens Asche fragen, dann ist von Gewicht, daß Gott zur Segnung der Asche gebeten wird, sich denen zuzuwenden, die dies Zeichen empfangen.

> „Segne † diese Asche, mit der wir uns bezeichnen lassen, weil wir wissen, daß wir Staub sind und zum Staub zurückkehren werden . . .“

Daß die Asche „aus den gesegneten Palmzweigen des Vorjahres bereitet ist“, ist für das Verständnis des Zeichens kaum von Gewicht. Weil man das der Asche nicht ansehen kann, geht es nicht in das Zeichen ein. Das ist allenfalls interessant zu wissen; aber bei der Fülle der unmittelbaren Aussagen des Zeichens ist das doch eher ein Detail, das nicht auch noch zur Sprache gebracht werden muß. Andere Aussagen des Zeichens sind gewichtiger.
Asche ist immer ein Zeichen der Vergänglichkeit; Asche ist der trostlose Rest, der nach einer Brandkatastrophe noch bleibt. Asche oder

Staub, das spielt für die Zeichenqualität keine Rolle. Darum kann dem Zeichen der Schluß des ersten Strafurteils Gottes (Gen 3,19) als Deutewort beigegeben werden:

> ‚Bedenke, Mensch, daß du Staub bist
> und wieder zum Staub zurückkehren wirst.'

Wir sollen also, wenn schon nicht „in Sack", dann aber mindestens „in Asche" Buße tun. Wie aber konkret? Sollen wir uns wie die Alten Asche aufs Haupt streuen lassen oder sollen wir die Stirn mit dem Aschenkreuz zeichnen? Das Meßbuch spricht ja nach wie vor vom „Auflegen" der Asche. Diese ältere Praxis hatte sich bekanntlich beim Klerus erhalten. Jetzt wird man allerdings bedenken, daß es den Ritus der Tonsur seit der Neuordnung der Ämter und Dienste (1968/72) nicht mehr gibt. Insofern scheint es keinen Grund zu geben, beim Zeichen der Asche den früher üblichen Unterschied zwischen Klerus und Laien weiter zu praktizieren. Das erste Segensgebet spricht ja ausdrücklich vom „Aschenkreuz". So sollte es also dabei bleiben.
Bewußt in die Deutung könnte einbezogen werden, daß wir das Zeichen „Aschenkreuz" nennen, ein Zeichen in der Form des Kreuzes. Dementsprechend weist das Zeichen nicht nur auf Vergänglichkeit hin. Es ist auch christologisch zu interpretieren. Es ist Hinweis auf den Tod des Einen, den „Gott für uns zur Sünde gemacht hat" (vgl. 2 Kor 5,21). Weil das Zeichen ein Kreuz ist, kommt das Ziel in den Blick, auf das hin die Kirche in diesen vierzig Tagen sich umkehrt. Das Zeichen zu Beginn der Zeit weist auf die Feier von Ostern hin, auf das Gedächtnis des Todes und der Auferstehung des Herrn.
Seit der nachkonziliaren Reform deutet die Kirche das Zeichen auch durch das Wort Jesu:

> „Bekehrt euch und glaubt an das Evangelium" (Mk 1,15b).

Bekanntlich geht der Forderung Jesu nach Umkehr die Heilsbotschaft voraus: „Die Zeit ist erfüllt, und das Reich Gottes ist nahe" (Mk 1,15a). In diesem Doppelsatz ist für Markus die ganze Predigt Jesu enthalten. Paulus hat — das läßt sich vergleichen — in 2 Kor 5,20b (Zweite Lesung am Aschermittwoch) diese Summe der Reich-Gottes-Predigt Jesu so aufgenommen: „Wir bitten euch an Christi Statt: Laßt euch mit Gott versöhnen."
Zwei Formeln zum Aschenkreuz:

> „Bedenke, Mensch, daß du Staub bist . . ." und
> „Bekehrt euch und glaubt an das Evangelium."

Welche der beiden Formeln ist aussagekräftiger? In der Praxis hat es sich als sinnvoll erwiesen, abwechselnd beide Deuteworte zu sprechen. So hören alle sowohl den einen als auch den anderen Text. Beide Worte fügen sich zu einem sinnvollen Zweiklang: Wir werden mit dem Zeichen der Vergänglichkeit in Kreuzform bezeichnet; dazu wird auf die Frohbotschaft verwiesen, auf das Evangelium von Jesus, der durch die Erniedrigung am Kreuz den Ostersieg errungen hat.
Noch in anderer Hinsicht ist es sachgemäß und sinnvoll, am Anfang auf das Ziel dieser vierzig Tage ausdrücklich hinzuweisen. Denn dem Zeichen des Anfangs entspricht am Ziel ein anderes Zeichen. Asche ist mindestens grau, wenn nicht schwärzlich, ist dunkel, scheint schmutzig zu sein. Dazu ist das klare, silbrig perlende Wasser der absolute Kontrast. Wasser ist ein österliches Zeichen. Zur Erneuerung des Taufversprechens wird die Gemeinde in der Osternacht mit dem Osterwasser besprengt. Der Hinweis auf den Zusammenhang der beiden Zeichen Asche und Wasser kann für das Verständnis der einen und der anderen Feier recht hilfreich sein.
Wir sollten wohl auch noch bedenken, für wen eigentlich das Aschenkreuz ein Zeichen ist. Genauer gefragt: Ist dieses Zeichen nur für den Innenbereich der Gottesdienstgemeinde bestimmt, die an diesem Tag oder Abend zur Eröffnung der Quadragese zusammenkommt, oder soll das Aschenkreuz auch ein Signal für die Umwelt sein? Seiner Herkunft nach und seiner Bedeutung entsprechend ist das Aschenkreuz weder konfessionelles Unterscheidungsmerkmal noch ist es ein Gradmesser für die kirchliche Einstellung. Sekundär kann das Aschenkreuz dazu werden. Dem soll man dann nicht ausweichen. Primär aber ist es ein Zeichen im Innenbereich der Glaubens- und Gottesdienstgemeinschaft. Es ist Anerkenntnis der je eigenen Schuld und zugleich Bekundung des Umkehrwillens, der Bereitschaft also, nach dem Gesetz der Königsherrschaft Gottes zu leben.
Welche Folgerungen ergeben sich daraus für die pastorale Praxis: Müßte nicht auch denen, die am Mittwoch nicht zur Gemeindefeier kommen können, am ersten Fastensonntag dies Zeichen angeboten werden? Sollten nicht den unterschiedlichen Gruppen der Gemeinde – am Aschermittwoch selbst oder an den folgenden Tagen – je spezifische Weisungen und Hilfen für den „langen Marsch“ durch die österliche Bußzeit mitgegeben werden? Sollte nicht – oder muß nicht sogar – die Verkündigung am Aschermittwoch so ungeschminkt Buße predigen, daß etliche Gemeindemitglieder, die sonst gedankenlos das Aschenkreuz empfangen hätten, nun zögern, weil sie die Konsequenzen

zu ahnen beginnen? Sicher mögen je nach der pastoralen Situation derartige Fragen unterschiedlich beantwortet werden. Eins aber gilt überall: Für den Wert oder Verfall eines Zeichens ist letztlich die Gesinnung entscheidend. Daß das Zeichen der Asche, das Aschenkreuz, der Aufwertung durch den entschiedenen Willen zur Buße bedarf, das jedenfalls steht außer Frage.

Ein Mann voller Schmerzen, mit Krankheit vertraut

Fastentuch: Verhüllung und Enthüllung der Bilder

Vom Fünften Fastensonntag an wird in vielen Kirchen das Altarkreuz verhüllt; in manchen Kirchen verhüllt man auch andere Kreuze — z. B. auf den Nebenaltären. Selten in unseren Breiten, anderswo häufiger werden während der beiden letzten Wochen vor Ostern auch die Bilder und Statuen der Heiligen verhüllt. Die Frage liegt nahe, ob das etwas — und wenn ja, was es mit der Kreuzenthüllung am Karfreitag zu tun habe.

Über diese Frage hinaus kann man anderen Zusammenhängen nachgehen. Bekanntlich ist da und dort schon vor Jahrzehnten ein mittelalterlicher Brauch aufgelebt. Man hat während der Fastenzeit ein sogenanntes Hungertuch aufgehängt. In den letzten Jahren hat das Bischöfliche Werk ‚Misereor' mit der Aktion ‚Fastentuch' (für Gemeinden und Familien) an diesem Brauch anknüpfen wollen. Hängt auch das zusammen mit der Verhüllung und Enthüllung der Bilder und Kreuze?

Was sagen die Meßbücher dazu? Im vorkonziliaren Missale war in diesem Punkt alles penibel geregelt. Nach der Messe am Samstag der vierten Fastenwoche heißt es: ‚Kreuze und Bilder werden verhüllt.' Am Karfreitag waren, wenn der Zelebrant das große Kreuz enthüllt und verehrt hatte, auch die anderen Kreuze zu enthüllen. Alle anderen Bilder und Statuen wurden erst enthüllt, wenn in der Ostervigil das Gloria angestimmt war. Diesen genauen Vorschriften entsprach der Vollzug, durchaus korrekt, aber meist auch nur korrekt. Dic gleichsam maßgeschneiderten, rhombenartigen Tüchlein, mit denen die Kreuze verhüllt waren, wurden flugs vom Mesner abgenommen; dann war dem Gesetz entsprochen. Daß solcher „Dienst nach Vorschrift" das Verständnis des Zeichens oft eher hinderte, leuchtet wohl ein.

Das nachkonziliare Meßbuch sagt nun: ‚Der Brauch, die Kreuze und Bilder in den Kirchen zu verhüllen, soll beibehalten werden. In diesem Fall bleiben die Kreuze verhüllt bis zum Ende der Karfreitagsliturgie, die Bilder jedoch bis zum Beginn der Osternachtfeier' (Rubrik vor den Texten zum Fünften Fastensonntag). Diese Regelung — zwischen Anordnung und Anregung — läßt auf dem Hintergrund bisheriger Praxis deutlich den Willen zur Kontinuität erkennen. Aber man kann auch den Wunsch nicht überhören, durch eine sinnvolle Reform möge die Überlieferung verlebendigt werden.

Wer nach Sinnzusammenhängen im Bereich dieses vorösterlichen Brauchtums fragt, muß zunächst einmal akzeptieren, daß das, was wir praktiziert haben und praktizieren, allmählich gewachsen und in diesem Wachstumsprozeß durch eine Reihe von Kompromissen zustande gekommen ist.

Am Anfang steht das Bewußtsein: Auf das Fest, unser höchstes Fest, bereiten wir uns vor durch eine Zeit der Buße. Daß diese Zeit der Buße etwas anderes ist als das Fest, kann man auf verschiedene Weise erlebbar machen. Man fastet; man verzichtet auf Annehmlichkeiten des Lebens. Im Gottesdienst verzichtet man auf diesen oder jenen Ausdruck der Festlichkeit, z. B. auf festliche Gewandung. Die Orgel erklingt nicht in voller Kraft und Schönheit, man versagt sich den Festruf Halleluja.

Dem ist vergleichbar, daß man auf den Anblick des Bildes verzichtet, das die Herrlichkeit des Herrn inmitten seines himmlischen Hofes verkündet. So beginnt die Entwicklung vor annähernd tausend Jahren. Während der Vorbereitungszeit auf Ostern verhüllt ein Tuch das Bild Christi und seiner Heiligen; wenn das Fest beginnt, darf sich die Gemeinde auch wieder am Glanz dieses Bildes freuen.

Dabei hat möglicherweise eine Rolle gespielt, daß eine ältere Bußpraxis an ihr Ende gekommen war. In der Spätantike waren zu Beginn der österlichen Bußzeit die Büßenden aus der Kirche gewiesen worden. Als man diese Bußpraxis aus guten Gründen glaubte aufgeben zu müssen, hat sich wohl die Auffassung durchgesetzt: Da wir alle Büßer sind, versagen wir uns gemeinsam den Blick auf die österliche Herrlichkeit des Christusbildes. Ähnlich war man ja auch mit einem anderen Bußzeichen verfahren. Ursprünglich hatte nur die Gruppe der Büßenden sich Asche aufs Haupt streuen lassen. Als sich diese Grenze zwischen den Büßern und allen anderen in der Kirche verwischte, haben dann alle die Asche genommen als Zeichen der Buße.

Entzug der Herrlichkeit des Christusbildes und Verzicht auf festlichen Klang: dem entspricht — und das ist signifikant — die Ordnung, daß bis jüngst die Bilder zum Gloria der Ostervigil enthüllt werden sollten, eben dann, wenn erstmals wieder das festliche Lied erklingt, dazu die Schellen, die Orgel und die Glocken. Hier ist das ursprüngliche Konzept erkennbar: In diesem Moment überschreitet die Gemeinde die

Grenze vom Fasten zum Fest; von diesem Augenblick an entfaltet die Liturgie das Fest in all seiner Pracht.

Diese Einsicht wird auch durch Differenzierungen nicht eingeschränkt. Differenzieren muß man schon insofern, als die Zeiteinheiten im Rahmen der Vorbereitung unterschiedlich sind. Erst in der allerletzten Phase schweigen in der Kirche die Orgel, die Schellen und die Glocken. Die Herrlichkeit des Bildes bleibt schon vom Beginn der Bußzeit an den Blicken entzogen. Diese erste Differenzierung zieht später eine weitere nach sich; man unterscheidet später die beiden letzten Wochen von der übrigen Fastenzeit: Nur zur Passionszeit werden die Kreuze und Bilder verhüllt.

Noch von einer anderen Differenzierung muß die Rede sein. In der Gegenwart und der jüngsten Vergangenheit ist von der Verhüllung aller, also mehrerer Kreuze und ebenso von der Verhüllung der Bilder der Heiligen wie selbstverständlich die Rede. Als der Brauch der Verhüllung aufgekommen ist, ging es zunächst nur um ein einziges Bild, das Bild am Altar, das Antependium, später das Bild hinter dem Altar, das Retabel. Dies zunächst einzige Bild zeigte den erhöhten Herrn, war also ein österliches Bild, war insofern für die Gemeinde ein Zeichen der Verheißung künftiger Herrlichkeit. Und eben darum sollte es während der Bußzeit den Blicken entzogen sein. Auch als es schon um das Kreuzbild ging, das verhüllt werden sollte, war dies Kreuz zunächst noch das Bild des Herrschers. Die Romanik sieht den Gekreuzigten als den, der vom Kreuz herab herrscht, weil er am Kreuz erhöht ist, wie Johannes verkündet (z. B. Joh 12,27–36).

Aus diesem ursprünglichen Konzept hat sich dann – entsprechend der Entwicklung der bildlichen Ausstattung – das ergeben, was wir bis in die jüngste Gegenwart praktiziert haben: Das Kreuzbild zeigt seit der Gotik den Mann der Schmerzen; gleichwohl verhüllt man sein Bild. In den Kirchen werden an vielen Stellen Kreuze aufgestellt oder aufgehängt; alle Kreuze sind zu verhüllen. Die Heiligen werden nicht mehr in Zuordnung zum thronenden Christus dargestellt, sondern isoliert in Bildern und Plastiken; all diese Bilder sind zu verhüllen. Aus dem einen Tuch wurden dementsprechend viele einzelne Tücher, für dieses und jenes Kreuzbild, für dieses und jenes Heiligenbild.

Bevor wir weiter vom Fastentuch, von der Verhüllung der Bilder sprechen, soll – im Rückblick und Vorblick – von einer anderen Praxis die Rede sein, die Bußzeit vor aller Augen darzustellen. Zum Bildprogramm spätmittelalterlicher Flügelaltäre gehört, diese Altäre auch so zu gestalten, daß sie zu gegebener Zeit statt der Bilder der

Herrlichkeit das Bild der Qualen des Gekreuzigten zeigen. Wohl der bekannteste und berühmteste Flügelaltar wurde für das Siechen- und Armenhaus der Antoniter in Isenheim/Elsaß geschnitzt und gemalt. An Festen zeigen die offenen Flügel festliche Bilder – man denke an das Weihnachtsbild und an das Bild des Auferstandenen. Der ganz geöffnete Schrein gab den Blick frei auf das Schnitzwerk in der Mitte, auf die Heiligen, die man in diesem Haus und Kloster besonders verehrte. In den Gestalten der Heiligen war die Herrlichkeit der Endzeit verkündet. In der Zeit der Buße, der Vorbereitung auf das Fest hingegen waren die Altarflügel so geschlossen, daß die Gemeinde nur das Bild des Leidens, des Jammers, des Elends sah, den gekreuzigten Christus. Wie der Prophet Jesaja den Gottesknecht vorstellt, so hat ihn Mathis, der Maler, der Meister des Isenheimer Altars, gemalt: „Er hatte keine schöne und edle Gestalt, und niemand von uns blickte ihn an. Er sah nicht so aus, daß er unser Gefallen erregte. Er wurde verachtet und von den Menschen gemieden, ein Mann voller Schmerzen, mit der Krankheit vertraut. Wie ein Mensch, vor dem man das Gesicht verhüllt, war er bei uns verfemt und verachtet" (Jes 53,2–3).

Was Mathis, der Maler, Matthias Neithard, genannt Grünewald, durch den Bildzyklus seines Altars bekunden wollte, das hatte man zu seiner Zeit und schon Generationen früher bei der Gestaltung der Fastentücher sagen wollen: Wenn es ein Bild gibt, das wir statt der Bilder der Herrlichkeit betrachten sollen in dieser Zeit der Buße, dann das Bild des Gekreuzigten, das Bild dessen, der für uns alle gesühnt hat. Szenen der Passion, vorher Symbole der Leiden Christi, Werkzeuge seines Leidens: das war das Bildprogramm der Fastentücher Jahrhunderte hindurch gewesen.

Was ursprünglich einfach war, kann für die Zukunft nur Bestand haben und geistlich fruchtbar werden, wenn es wieder einfach wird, wieder durchschaubar wird, wieder zum Zeichen wird. Dazu gehört zunächst, daß man Verhüllung und Enthüllung insofern entkoppelt, als man den Ritus des Karfreitags gesondert wertet. Am Karfreitag ist die sogenannte „Erhebung des Kreuzes" jetzt in zwei Formen möglich. Das Kreuz kann auch unverhüllt in die Gemeindeversammlung gebracht werden und wird dann auf dem Weg in den Altarraum dreimal verehrt. Die meisten Gemeinden sind aber bei der herkömmlichen Form geblieben. Vor der Gemeinde wird das Kreuz enthüllt und dabei dreimal verehrt. Diese stufenweise Enthüllung des Kreuzes läßt sich als Dramatisierung des Passionsberichtes deuten. Schritt um Schritt enthüllt sich unseren Augen das Leiden des Herrn in seiner ganzen Bitterkeit. Der König der Juden wird all seiner Herrlichkeit entkleidet: „Ein Mann voller Schmerzen, mit Krankheit vertraut." Aber auch im übertragenen Sinn kann von Enthüllung die Rede sein: Schritt um Schritt enthüllt sich für die Glaubenden der Heilsplan Gottes. Zum Heil der Welt sehen wir den Knecht Gottes am Kreuz erhöht.

Das Brauchtum in der Fastenzeit und (oder) in der „Passionszeit" kann und sollte man zunächst unabhängig vom Karfreitag sehen. Vielleicht sollte man zunächst fragen, ob in der ganzen Fastenzeit oder nur in den beiden letzten Wochen die Bilder verhüllt werden sollen. Eigentlich hat die nachkonziliare Ordnung in dieser Frage nicht konsequent entschieden. Sie schränkt die Verhüllung auf die beiden letzten Wochen ein, will diese beiden Wochen andererseits aber nicht mehr als „Passionszeit" herausgehoben wissen. Dafür gibt es einige gute Gründe. Der Fünfte Fastensonntag soll sich deutlicher den voraufgehenden Sonntagen anpassen. Erst in der Karwoche wird in aller Intensität in den Lesungen die Passion des Herrn verkündet. Zudem wird man — und das ist keine Gegeninstanz — beachten, daß in der fortlaufenden Lesung aus dem Johannesevangelium schon von der vierten Fastenwoche an der Konflikt zwischen Jesus und den Führern der Juden dargestellt wird. Aber selbst wenn die „Passionszeit" eigens herausgehoben würde, wird man bedenken müssen, daß ursprünglich die Verhüllung des Bildes der Herrlichkeit die ganze Fastenzeit charakterisierte. Es war das „Hungertuch", von dem ein bekannter Prediger einmal gesagt hat: ‚Dich soll leren das Hungertuch, so man ufspannt, Abstinenz und Fasten' (Geiler von Kaisersberg: † 1510).

Das Zweite, was zu wünschen wäre: Von jeder Vervielfältigung sollte man absehen. Das ist um so leichter möglich, als man in unserer Region zumeist nur die Kreuze, nicht auch die Heiligenbilder verhüllt. Da es künftig (nach AEM 267) „nur wenige Nebenaltäre" geben soll und diese „bei Neubauten in vom Hauptraum möglichst getrennten Seitenkapellen stehen sollen", ergibt sich ohnehin: Das eine Kreuz, das eine Christusbild, das den Raum beherrscht, wird verhüllt — nur dies eine Bild.

Sinnvoll ist das — drittens — aber nur dann, wenn durch die Verhüllung gezeigt wird: Dies ist die Zeit unserer Buße, eine Zeit der Bereitung, dies ist nicht das Fest. Das Fastentuch hat nur dann einen Sinn, wenn das Bild des Festes, der Herrlichkeit verhüllt wird. Das kann auch ein Kreuzbild sein — oder ein Gemmenkreuz; entscheidend ist, ob das Bild den triumphierenden Herrn zeigt.

Schließlich gilt dann: Nicht sinnvoll ist es, dort Fastentücher aufzuspannen, wo es kein Bild gibt, das den Blicken während der Bußzeit entzogen werden soll; also dort etwas zu verhüllen, wo es nichts zu verhüllen gibt. Das Fastentuch will zunächst nur das: es soll die Herrlichkeit des Herrn verhüllen. Erst sekundär wird es selbst mit den Symbolen des Leidens geschmückt und fordert auch dadurch zur Buße auf, zu Fasten und Nächstenliebe, auch zur Hilfe gegen Krankheit und Hunger in der Welt. Diesen Nebeneffekt kann man aber unter keinen Umständen zum Hauptzweck machen; das Tuch, mit dem das Bild der Herrlichkeit Christi verhüllt wird, darf nicht zu einer auch noch so subtilen Werbung „für einen guten Zweck" umfunktioniert werden.

Wird das nicht zu erheblichen Unterschieden von Gemeinde zu Gemeinde führen? Wenn allen Gemeinden der eigentliche Sinn der Verhüllung des zentralen Bildes einsichtig gemacht wird, dann sind die Unterschiede im einzelnen nicht mehr so bedeutsam. Dann geschieht in jedem Falle mehr als zu der Zeit, in der man lediglich den Buchstaben des Gesetzes befolgt und vielerlei Kreuze meist nur armselig verhüllt hat. Die Offenheit des nachkonziliaren Missale weist in diese Richtung: Jetzt sollt ihr anzeigen, daß nicht das Fest ist. Vor dem Fest verbirgt sich die Herrlichkeit des Herrn im Bild des Schmerzenmannes, des gequälten, des geschlagenen, des zertretenen Gottesknechtes, im Bild unseres Erlösers Jesus Christus am Kreuz.

Wir suchen die kommende und bleibende Stadt

Prozession am Palmsonntag

Auf dem langen Weg durch die österliche Bußzeit ist der Palmsonntag die wichtigste Zwischenstation. Der Weg hat Ostern zum Ziel, das Triduum des Todes und der Auferstehung des Herrn. Dazu ist die Feier des Palmsonntags gleichsam der Prolog. Die roten Paramente künden zugleich den blutigen Tod und den herrlichen Triumph des Lebens. Zu diesem Ziel ist Jesus unterwegs hinauf nach Jerusalem – und mit ihm die Seinen.

In der Konstitution ‚Lumen gentium' macht das jüngste Konzil über die Kirche, das Volk Gottes, folgende wichtige Aussage: „Wie schon das Israel dem Fleische nach auf seiner Wüstenwanderung Kirche Gottes genannt wird (2 Esr 13,1; vgl. Num 20,4; Dt 23,1ff), so wird auch das neue Israel, das auf der Suche nach der kommenden und bleibenden Stadt (vgl. Hebr 13,14) in der gegenwärtigen Weltzeit einherzieht, Kirche Christi genannt (vgl. Mt 16,18). Er selbst hat sie ja mit seinem Blut erworben (vgl. Apg 20,28) ... Auf ihrem Weg durch Prüfungen und Trübsal wird die Kirche durch die Kraft der ... Gnade Gottes gestärkt, damit sie ... nicht abfalle von der vollkommenen Treue, sondern ... unter der Wirksamkeit des Heiligen Geistes nicht aufhöre, sich selbst zu erneuern, bis sie durch das Kreuz zum Licht gelangt, das keinen Untergang kennt" (LG 9). Was das Konzil lehrt, beten wir im Hochgebet (III): „Beschütze deine Kirche auf ihrem Weg durch die Zeit und stärke sie im Glauben und in der Liebe". Im Glauben und in der Liebe folgt die Kirche ihrem Meister – hinauf nach Jerusalem. Am Palmsonntag soll das die Prozession, der Zug zur Eucharistie in der Hauptkirche im Zeichen deutlich machen.

Die Geschichte der Prozession am Palmsonntag beginnt in Jerusalem. Wir wissen, daß man – mindestens seit der 2. Hälfte des 4. Jahrhunderts – am Nachmittag des Palmsonntags am Ölberg zusammenkommt. Dort liest man aus den Schriften, was „damals geschehen ist". Dann macht sich die Gemeinde, die das Wort Gottes gehört hat, selbst auf den Weg und zieht in die Stadt, zur Auferstehungskirche. Etwa um 400 schreibt die Pilgerin Egeria aus Südfrankreich in ihr Jerusalemer Reisetagebuch (vgl. cp. 31): ‚Und alles Volk und die vielen Kinder, auch die Kleinsten, die noch von den Eltern getragen werden müssen, alle rufen: Gepriesen sei er, er kommt im Namen des Herrn. Und sie haben Palmzweige in Händen und Zweige von Olivenbäumen.' Dieses Fest „sechs Tage vor dem Pascha" (Eröffnungsvers: vgl. Joh 12,1) und der Brauch, nach dem Vorbild aus Jerusalem diese Prozession zu halten, haben sich in der Kirche relativ schnell ausgebreitet.

Bis weit ins zweite Jahrtausend hinein war am Palmsonntag vor allem die Prozession wichtig. Allmählich hat sich dann der Akzent verlagert. Die Segnung und vor allem die Austeilung der gesegneten Palmzweige trat in den Vordergrund. Die Prozession schrumpfte zu einem Umzug, der bald zu einem Zug nur mehr um die Kirche, schließlich nur noch zu einem Umzug des Klerus durch die Kirche wurde. Das soll anders sein – und ist z. T. auch schon anders geworden. Schon Pius XII. wollte das 1955 bei der Reform der Heiligen Woche erreichen. Unser Meßbuch fordert jetzt mit allem Nachdruck, daß die Prozession wieder in ihrer ursprünglichen Form gehalten wird. Erst dann kann sie wieder wirklich ein Zeichen sein.

Unabdingbar für dieses Zeichen ist, daß die Prozession nicht Umzug ist. Die Prozession soll zielgerichtet sein; sie hat einen festen Ausgangspunkt und hat ihr Ziel. Die Gemeinde versammelt sich – so sagt das Meßbuch (Palmsonntag, n. 2) – „in einer Nebenkirche oder an einem anderen passenden Ort außerhalb der Kirche, die das Ziel der Prozession ist". Die andere Art, eine Prozession zu halten, pflegt unsere Kirche an den Bittagen, auch an Fronleichnam: Man macht einen Umgang um einen bestimmten Wohnbezirk oder um ein Areal von Feldern und Wiesen. Für die Prozession am Palmsonntag hingegen ist typisch, daß sie ein Weg ist hin zu einem erwählten Ziel. Am Palmsonntag kann sie nur so und nicht anders gestaltet sein. Man soll der Prozession ablesen können, worum es an diesem Tag, worum es in der ganzen Heiligen Woche, besonders an den drei österlichen Tagen geht: Der Herr und seine Kirche ziehen hinauf nach Jerusalem.

Zu Beginn der Prozession stellt der Zelebrant die Beziehung her zwischen damals und heute, zwischen Vorbild und Abbild: „Christus ist in seine Stadt Jerusalem eingezogen; dort wollte er Leiden und Tod auf sich nehmen, dort sollte er auch auferstehen. Mit Glauben und innerer Hingabe begehen wir das Gedächtnis seines Einzugs. Wir folgen dem Herrn auf seinem Leidensweg und nehmen teil an seinem Kreuz, damit wir auch Anteil erhalten an seiner Auferstehung und an seinem Leben."

Mit Bedacht ist das so gesagt. Es soll ganz deutlich werden, daß Jesus bewußt und herrscherlich sein Ziel wählt. So entspricht es u. a. ja der Verkündigung des Lukas. Durch die Komposition seines Evangeliums hat Lukas das ausdrücklich sagen wollen: Jesus hat sein Ziel klar vor Augen. Der große zweite Teil des Evangeliums beginnt mit den Worten: „Als die Zeit seines Todes herankam, entschloß sich Jesus, nach Jerusalem zu gehen" (Lk 9,51). Er entschloß sich! Zum Abschluß dieser kompositorischen Einheit sagt dann der Evangelist: „Weil Jesus schon nahe bei Jerusalem war, meinten die Menschen, die ihm zuhörten, das Reich Gottes werde sofort erscheinen" (Lk 19,11); und schließlich: „Nach dieser Rede (dem Gleichnis von den Talenten) zog Jesus weiter und ging nach Jerusalem hinauf" (Lk 19,28).
Hinauf nach Jerusalem! Seit es Jerusalem als die Stadt Gottes und seines Volkes Israel gibt, kann der Ruf „Hinauf nach Jerusalem" nie mehr nur eine Parole der Reiseveranstalter sein. Jerusalem kann nie mehr nur das geographische — oder auch politische — Ziel einer Unternehmung sein. Jerusalem in der Heilsgeschichte ist das zur Stadt gewordene Inbild der Gegenwart Gottes bei seinem Volk. Davon singt Israel im Psalm: „Wie wir's gehört hatten, so erlebten wir's jetzt in der Stadt des Herrn der Heere, in der Stadt unseres Gottes; Gott läßt sie ewig bestehen ... Umkreist den Zion, umschreitet ihn, zählt seine Türme! Betrachtet seine Wälle, geht in seinen Palästen umher, damit ihr den kommenden Geschlechtern erzählen könnt: Das ist Gott, unser Gott für immer und ewig. Er wird uns führen in Ewigkeit": Ps 48(47),9.13—15.
Israels Zug aus der Knechtschaft in die Freiheit hat zuletzt dieses Ziel: Jerusalem, die Stadt Gottes. Israels Sehnsucht in späteren Generationen bleibt diese Stadt: ‚Als der Herr das Los der Gefangenschaft Zions wendete, da waren wir alle wie Träumende ... Sie gehen hin unter Tränen und tragen den Samen zur Aussaat. Sie kommen wieder mit Jubel und bringen ihre Garben ein', so singen die Pilger auf der Wallfahrt, eingedenk der Rückführung des Volkes aus Babylon: Ps 126(125),1.5f. Von der Ankunft des Herrn in der Endzeit künden die Propheten: ‚Und plötzlich kommt zu seinem Tempel der Herr, den ihr sucht, und der Bote des Bundes, den ihr herbeiwünscht' (Mal 3,1). Bekanntlich liest die Kirche dies Prophetenwort am 2. Februar, an dem Tag, an dem sie es erfüllt sieht, am Fest der Darstellung des Herrn!
In der Palmsonntagsliturgie hat man mancherorts noch vor einer Generation in einer Szene darzustellen gesucht, was im Alten Bund verheißen war und erfüllt ist in Jesus Christus. Die Palmprozession,

die sich ihrem Ziel nähert, findet das Portal, durch das sie einziehen will, verschlossen. Im Mittelalter hat man die Szene am Stadttor, später am Kirchenportal gespielt. Vorsänger fordern die Öffnung der Tore. Auf die Frage von drinnen, wer denn da einziehen wolle, geben sie Antwort. Verse aus Ps 24(23),7–10 sind für diesen Wechselgesang zwischen drinnen und draußen gewählt: „Ihr Tore, hebt euch nach oben, hebt euch, ihr uralten Pforten; denn es kommt der König der Herrlichkeit. – Wer ist der König der Herrlichkeit? – Der Herr stark und gewaltig, der Herr mächtig im Kampf. – Ihr Tore, hebt euch nach oben, hebt euch, ihr uralten Pforten; denn es kommt der König der Herrlichkeit. – Wer ist der König der Herrlichkeit? – Der Herr der Heerscharen, er ist der König der Herrlichkeit." Dann wurde der Schaft des Kreuzes gegen das Tor gestoßen. Unverzüglich öffnete es sich für den Einzug dessen, der in Wahrheit ist der König der Herrlichkeit.

Hinauf nach Jerusalem: dieser Ruf ist für uns die Einladung, die Aufforderung, den geistlichen Weg Jesu mitzugehen und nachzugehen. Zum Zeichen des Sieges im Tod feiert die Kirche an diesem Tag auch die Eucharistie, bei der sie die Passion liest, seit der jüngsten Reform in roten Paramenten. Vom Sieg im Tod kündet das uralte Christuslied, an diesem Tag die zweite Lesung (Phil 2,6–11): „Jesus Christus war wie Gott, hielt aber nicht daran fest, Gott gleich zu sein ... er erniedrigte sich und war gehorsam bis zum Tod, bis zum Tod am Kreuz. Darum hat ihn Gott über alle erhöht und ihm den Namen verliehen, der jeden Namen übertrifft ...: HERR IST JESUS CHRISTUS zur Ehre Gottes, des Vaters" (vgl. auch GL 174 bzw. 694). Es gilt das Paradox, gerade in der Osterfeier, darum auch schon an diesem ersten Tag der Karwoche: Weil Erniedrigung, darum Erhöhung; weil Hinrichtung, darum Triumph; weil Kreuzestod, darum Verherrlichung.

Wer so feiert, muß sich bewußt sein, daß der Jünger nicht über dem Meister ist. Daher ist der Weg nach Jerusalem auch für die Jünger der Weg in den Tod. Was die Mächtigen Jesus antun, müssen auch seine Jünger leiden. Jesus haben sie vor der Stadt hingeschlachtet; dem ersten Blutzeugen bereiten sie dasselbe Schicksal: „Sie ... trieben ihn (Stephanus) zur Stadt hinaus und steinigten ihn" (Apg 7,58). Hinauf in die Stadt Gottes: das klingt wie eine Siegesfanfare. Aber zunächst heißt es für alle, die an Jesus als den Christus glauben: Hinaus aus der Stadt Jerusalem! Hinaus nach Golgota, auf den Galgenberg!

Die Feier des Ostertriduums bezeugt dieses Gesetz. Wen man aber um Jesu willen aus der Gemeinschaft dieser Stadt, aus der Gemeinschaft der Lebenden ausstößt, der darf mit Stephanus die Erfahrung teilen: „Ich sehe den Himmel offen und den Menschensohn zur Rechten Gottes stehen“ (Apg 7,56).

Alle Festlichkeit, die die Kirche für die Prozession am Palmsonntag zu Recht beansprucht, darf nicht verdecken, daß die Kirche immer noch unterwegs ist zur Stadt Gottes, unterwegs zum „Licht, das keinen Untergang kennt“. Mit diesen Worten „... bis sie durch das Kreuz zum Licht gelangt, das keinen Untergang kennt“ spielt die Kirche (in LG 9) auf den Schlußsatz des Osterlobs ‚Exsultet‘ an. Ostern, die Herrlichkeit des Herrn ist das Ziel — schon am Palmsonntag. Aber noch sind wir Christen unterwegs. Noch gilt für alle, die Christus nachfolgen, was der Apostel in Hebr 13,12—14 schreibt: „Deshalb hat auch Jesus, um durch sein eigenes Blut das Volk zu heiligen, außerhalb des Tores gelitten. Laßt uns also zu ihm hinausziehen außerhalb des Lagers und seine Schmach tragen. Denn wir haben hier keine Stadt, die bleibt, sondern wir suchen die künftige.“

Später wirst du es verstehen

Fußwaschung in der Messe vom Letzten Abendmahl

Ein Mann kniet sich auf den Boden. Vor einen anderen, der ihm den nackten Fuß hinstreckt. Die staubigen, schweißigen Füße, die heute vielleicht etliche Meilen unterwegs waren. Der Mann schiebt eine Schüssel unter, nimmt die Kanne, aus der er das Wasser gießt. Er stellt die Kanne ab. Er braucht jetzt das Tuch. Er trocknet den Fuß, bevor er die Kanne wieder nimmt. Achtlos wird ihm der andere Fuß hingehalten. Er wäscht ihn und trocknet ihn. Die Schüssel braucht er nur ein wenig weiter zu schieben, zum nächsten Gast auf dem nächsten Polster. Soll er aufstehen und sich wieder hinknien? Soll er auf den Knien weiterrutschen? Jetzt wieder die Schüssel, die Kanne, das Tuch, der erste Fuß, der andere Fuß. Dann der dritte Gast, der sich auch noch die Riemen der Sandalen lösen läßt. Das ist eine lange Reihe heute, ein volles Haus. Sie waren in der Arena. Sie reden über den Sieg des dunklen Sardiniers. Einer kennt ihn näher, er weiß eine Anekdote. Sie lachen im Kreis. Ihn geht das nichts an. Mit ihm sprechen sie nicht. Er ist nur ein Sklave. Kennt einer von ihnen seinen Namen? Dann vielleicht, wenn sie ihn brauchen.

Am Gründonnerstag sind es die Hände des Bischofs oder des Pfarrers, die die Schüssel und die Kanne und das Tuch nehmen. Etwa um die Zeit, als man begann, bei der Weihe der Priester und der Bischöfe deren Hände zu salben, ist der Brauch erstmals bezeugt, am Gründonnerstag in der Liturgie anderen die Füße zu waschen. Eine unmittelbare Wurzel dieses Zeichens ist ein klösterlicher Brauch. Am Ende einer jeden Woche wusch der, der den Wochendienst gehabt hatte, der eine Woche lang für die Ordnung im Konvent hatte sorgen müssen, seinen Mitbrüdern die Füße. Das sollte Woche um Woche ein Zeichen sein: Was ich in dieser Woche getan habe — auch wenn ich etwas habe fordern müssen — das war Dienst für euch alle! Wenn ein Fremder, ein Gast an die Klosterpforte klopfte, dann gehörte zu den ersten Zeichen der Gastfreundschaft, daß der Pförtner die Schüssel und die Kanne und das Tuch brachte, um dem Gast die Füße zu waschen.

Die Armen wurden in den Klöstern in guten Zeiten oft wie Gäste geachtet. Da es im Frühmittelalter vielfältige Beziehungen gibt zwischen dem klösterlichen Leben und dem, was der Bischof und seine Leute praktizieren, wundert es nicht, daß damals auch die Fußwaschung zu einem Zeichen des bischöflichen Dienstes wird. Wir hören erstmals von Bischof Ansgar, der 865 als Bischof von Bremen gestorben ist, er habe in der Fastenzeit täglich im Spital den Armen und den Pilgern die Füße gewaschen. So ist der Brauch in alle Bischofskirchen gekommen und ist dort über mehr als ein Jahrtausend lebendig geblieben. Daß der Brauch jetzt auch in den Pfarrgemeinden geübt werden kann, verdanken wir der Reform unter Pius XII. Seit 1955, seit die Feier am Gründonnerstag wieder eine Feier am Abend ist, gehört die Fußwaschung zu den Zeichen auch des pfarrlichen Gottesdienstes.

Im Hochgebet des Gründonnerstagabends wird an einer Stelle ausdrücklich gesagt: ‚Das ist heute'! ‚Am Abend, bevor er für unser Heil und das Heil aller Menschen das Leiden auf sich nahm – das ist heute.' Diese Erweiterung und Aktualisierung bezieht sich zunächst auf die Stiftung der Eucharistie. Aber wir können in diesen Worten auch mithören, daß insgesamt das ‚Damals' zum ‚Heute' wird. Fußwaschung damals vor dem Abschiedsmahl in Jerusalem – Fußwaschung heute in unseren Pfarrkirchen und Kathedralen. Damals hat sich Petrus, der Sprecher des Freundeskreises, entschieden gewehrt: „Niemals sollst du mir die Füße waschen." Als ihm Jesus erklärt, daß er anders keine Gemeinschaft mit ihm habe, will Petrus nun alles: „Herr, nicht nur meine Füße, sondern auch die Hände und den Kopf". Es ist schon wahr, was Jesus ihm und den anderen vorweg bedeutet hatte: „Was ich tue, verstehst du jetzt nicht; du wirst es aber später erkennen." Wie ein Sklave kniet er sich hin. „Ihr nennt mich Meister und Herr, und ihr habt recht; denn ich bin es."

Warum nehmen heutzutage immer noch viele Gemeinden dieses Zeichen der Fußwaschung in der Messe vom Letzten Abendmahl nicht an? Weil eine frühere, eher folkloristische Praxis in der Kathedrale (eigentlich aber nur am Rande des Ritus) immer noch ungute Erinnerungen weckt? Weil dies hier kein Passionsspiel ist? Weil sich zwölf Männer „bei uns" nie bereit fänden (übrigens ist im Meßbuch nicht mehr davon die Rede, daß es gerade zwölf Männer sein müssen)? Weil auch bei dieser Aktion die Frauen nicht gleichberechtigt sind? Jedes Jahrzehnt scheint eine andere Ausrede zu haben. Schwingt nicht auch etwas von der Abwehr des Petrus mit: Du mir? Niemals! Einen solchen Meister, einen solchen Herrn läßt meine Religiosität nicht zu. Einen Messias, einen Gesalbten, einen Christus, der sich über staubige, schweißige Männerfüße beugt? Nicht bei uns! Ohne mich! Ich kann mir selber meine Füße waschen.

„Später wirst du es verstehen", hat Jesus dem Petrus gesagt. Könnten wir nicht versuchen, anhand dieses Wortes nach Verstehenshilfen zu suchen? Sehen wir uns um, zunächst in dieser Feier. Was könnte dann dies „Später" sagen? Vielleicht sollten wir die Fußwaschung zur Gabenbereitung in Beziehung setzen. Vielleicht ist das eine Verstehenshilfe, zu sehen: diese Hände, die eben die Füße gewaschen haben, nehmen jetzt die Gaben der Gemeinde für die Armen und Kranken entgegen. Sie bringen das Brot und den Wein, die Frucht der Erde, die Frucht des Weinstocks, die Frucht harter menschlicher Arbeit dar und stellen sie so zur Feier der Eucharistie bereit. Wichtiger ist noch, zu beachten, was diese Hände auf dem Höhepunkt dieser Feier tun. Wenn die Kirche betend von Jesus berichtet: ‚Er nahm das Brot; er nahm diesen erhabenen Kelch', dann werden die Hände, die vorher Schüssel und Kanne und Tuch gehalten haben, selbst zu Zeichen. Weil sie tun, was die Stimme betend berichtet. Sie sind jetzt ‚Seine heiligen und ehrwürdigen Hände' (Hochgebet I), sie sind deren Bild. Auch dann, wenn sie Gott den Leib und das Blut des Christus, die Hostienschale und den Kelch entgegenheben und ihn um Annahme dieses Lobopfers bitten: ‚Durch ihn und mit ihm und in ihm, ist dir, Gott, allmächtiger Vater, in der Einheit des Heiligen Geistes, alle Herrlichkeit und Ehre.' Auch dann, wenn sie das Brot brechen, den Leib des Lammes wie geschlachtet. Wenn sie jedem, der hungert, ein Stück vom Brot des Lebens reichen. Wenn sie jeden, den dürstet, aus dem Kelch des Heiles stärken. Die Hände des Bischofs oder des Pfarrers werden zum Bild der Hände des Herrn.

Auch die Apostel haben Zeit gebraucht zu verstehen, was der Herr ihnen bei der Fußwaschung hat sagen wollen. Thomas zum Beispiel! Thomas ist der, der unterwegs nach Jerusalem gesagt hatte, was alle irgendwie empfanden: ‚Wir wollen mit ihm gehen, um mit ihm zu sterben' (Joh 11,16). Dieser Entschluß war für diesen Apostel keine Frage. Erst später sieht er keinen Weg mehr: ‚Wenn ich an seinen Händen nicht Nagelwunden sehe und meine Finger nicht in die Nagelwunden und meine Hand nicht in seine Seite lege, glaube ich nicht.' Acht Tage darauf darf er hören: ‚Leg deinen Finger hierher und sieh meine Hände' (vgl. Joh 20,25–27). Diese Hände haben Thomas und den anderen die Füße gewaschen; sie haben ihnen das Brot des Lebens gebrochen. Diese Hände haben sich im Todeskampf gewunden und verkrampft. Mit diesen Händen hat der Herr alle an sich gezogen, als ihn die Menschen von der Erde erhöht hatten, als ihn der Vater verherrlicht hat (vgl. Joh 12,32.28). In der Stunde tiefster Erniedrigung

am Schandpfahl des Kreuzes, an dem nur Sklaven und ähnliches Gesindel gehenkt werden.
Was diese Hände in der Fußwaschung haben sagen wollen, als sie den Sklavendienst geleistet haben, das können die Jünger — und wir mit ihnen — erst voll verstehen jenseits des Karfreitags, erst am Ostertag. Diese Hände, die sich nicht zu schade sind, die Füße der anderen zu waschen, haben nie etwas für sich behalten wollen. Alles, was diese Hände gehalten haben, war Reichtum, war bestimmt, die Armen überreich zu beschenken. Für alle haben diese Hände gelebt und gelitten; um der Sünden aller willen wurden sie durchbohrt.
Origenes aus Alexandrien (185/253), „der wohl größte Gelehrte des christlichen Altertums" (B. Altaner), schreibt in seiner Homilie zu Jes 1,15–20: „Zum Herrn hin strecke ich meine Hände aus. Aber vielleicht verhüllt er sein Antlitz vor mir; denn er sagt ja: ‚Wenn ihr eure Hände ausbreitet, verhülle ich meine Augen vor euch' (Jes 1,15). Wer macht mich denn rein; wer wäscht meine Füße? Jesus, komm, meine Füße sind schmutzig. Mach dich um meinetwillen zum Sklaven. Gieß Wasser in deine Schüssel; komm und wasch mir die Füße: Was ich sage, ist vermessen. Doch ich fürchte auch dein mahnendes Wort: ‚Wenn ich dich nicht wasche, hast du keine Gemeinschaft mit mir' (Joh 13,8). Wasche also meine Füße, damit ich mit dir Gemeinschaft habe. Aber wie kann ich sagen: Wasche meine Füße? So hat Petrus sprechen können; er hatte nur nötig, daß ihm die Füße gewaschen wurden, sonst war er ganz rein. Ich jedoch, der ich einmal schon ganz gewaschen worden bin in der Taufe, ich brauche erneut jene Taufe, von der der Herr sagt: ‚Mit einer anderen Taufe muß ich getauft werden' (vgl. Lk 12,50) ... Glaubt dem Herrn, dessen Wort die Wahrheit ist, wenn er sagt: ‚Wären eure Sünden ... rot wie Purpur, sie sollen weiß werden wie Wolle' (Jes 1,18f)."
Wo wäre der unter uns, der sagen könnte: Ohne mich! Ich kann mir die Füße selber waschen! Ich werde mit dem, was man so Schuld nennt, ich werde mit meinen Fehlern immer noch selber fertig! Jeder von uns braucht die Erfahrung, daß der Herr sich zum Sklaven macht, daß er selbst mit seinen eigenen blutigen Händen dem Jünger die Füße wäscht. Jeder von uns braucht dies Beispiel des Herrn.
Ein bedeutender Theologe des Hochmittelalters, Rupert von Deutz (1080/1130), spielt einmal auf die Salbung der Hände bei der Priesterweihe an und auf den Dienst dieser Hände bei der Feier des eucharistischen Opfers. Er sagt: ‚Die Hände Christi wirken hier durch die Hände des Priesters, die mit heiligem Öl gesalbt sind an der Stelle

der Nagelwunden des Herrn; so können sie wirken mit ihm und durch ihn und in ihm.' Christusförmig sind also die Hände des Priesters und Bischofs, wenn sie tun, was zu tun der Herr ihnen aufgetragen hat. Der erste Dienst ist sicher die Feier der Eucharistie. Aber es ist bezeichnend, daß im Johannesevangelium dort von der Fußwaschung die Rede ist, wo die anderen Evangelien von der Stiftung der Eucharistie sprechen. „Wenn ich, der Meister und Herr, euch die Füße gewaschen habe, müßt auch ihr einander die Füße waschen" (Joh 13,14). Eucharistie ohne die Bruderliebe kann es nicht geben. Darum brauchen wir alle dieses Zeichen der Fußwaschung Jahr um Jahr am Gründonnerstag. Es weist uns hin auf die Hände des Herrn, auf die Tat seiner Liebe zur Vergebung unserer Sünden.

Kommt, laßt uns anbeten

Kreuzverehrung am Karfreitag durch Klerus und Laien

Was eigentlich ist der Höhepunkt am Karfreitag? Es sind so viele besondere Zeichen in dieser „Feier vom Leiden und Sterben Christi". Es beginnt schon mit dem Einzug in absoluter Stille, mit dem Zeichen der tiefen Verehrung. Die Lesungen — das Vierte Lied vom Gottesknecht Jes 52,13—53,12 und die Lesung vom Sohn, der „durch Leiden den Gehorsam gelernt hat und, zur Vollendung gelangt, für alle ... Urheber des ewigen Heils geworden ist": Hebr 4,14—16; 5,5—9 — bereiten die Gemeinde für den Höhepunkt des Wortgottesdienstes vor, für die Lesung aus der Leidensgeschichte. Die Großen Fürbitten sind für den Karfreitag typisch (geworden). Man könnte sich denken, daß die Kirche erst angesichts des Kreuzes ihre Anliegen vorträgt, Kreuzverehrung und Fürbitten also umordnet. Denn die Verkündigung des Todes in der Leidensgeschichte drängt hin zu dem eindrucksvollen Zeichen dieses Tages, der „Erhebung und der Verehrung des Kreuzes". Auf die Frage, was eigentlich der Höhepunkt der Liturgie am Karfreitag sei, kann man mit guten Gründen wohl antworten: Daß uns die Frucht des Kreuzestodes, der gekreuzigt-verherrlichte Leib unseres Herrn als Brot zum ewigen Leben gereicht wird! Aber die Antwort könnte wohl auch heißen: Daß ich in dieser Stunde zum Kreuz des Herrn herantreten und es verehren darf!

Wenn das Kreuz zum Altar gebracht ist und dort enthüllt wird, wenn es der Gemeinde gezeigt wird mit den Worten: „Seht das Holz, an dem der Herr gehangen, das Heil der Welt", dann antwortet die Gemeinde auf diesen dreifachen Ruf dreimal: „Kommt, lasset uns anbeten" (vgl. auch GL 204,2). Was in diesem Ruf ausgesagt wird, das geschieht dann auch. Die Gläubigen kommen nach vorn, um den Gekreuzigten zu verehren.

Im Meßbuch heißt es dazu: „Wenn wegen der Größe der Gemeinde nicht alle einzeln zum Kreuz hinzutreten können, vollzieht nur ein Teil der Gemeinde die Kreuzverehrung in der beschriebenen Weise [durch eine Kniebeuge oder ein anderes Zeichen der Verehrung, z. B. den Kuß des Kreuzes]. Dann nimmt der Priester das Kreuz, stellt es mitten vor den Altar, hebt das Kreuz empor und lädt die Gläubigen ein, es in stillem Gebet zu verehren." — Wann aber ist die Gemeinde so groß, daß nicht alle einzeln zum Kreuz hinzutreten können, daß nicht alle unmittelbar teilhaben an diesem zentralen Zeichen? Wie lange darf — anders gesagt — die Kreuzverehrung durch die einzelnen Gläubigen dauern?

Wenn man mit Vergleichen zu argumentieren versucht, muß man mit dem Widerwort rechnen, daß jeder Vergleich hinke. Sei's drum! Wie lange darf das zentrale Zeichen dauern, wenn Krankensalbung in Gemeinschaft gefeiert wird? Wie lange darf die Handauflegung bei der Weihe der Diakone und der Priester dauern? Wieviel Zeit — auch dieser Vergleich muß gestattet sein — darf sich ein Minister für eine Ordensverleihung nehmen? Die Antwort kann nur lauten: In all diesen Fällen darf kein Zeremonienmeister, kein geistlicher und kein weltlicher Zeremoniar auch nur verstohlen auf die Uhr schauen! Zum Zeichen der Kreuzverehrung am Karfreitag hat schon vor vielen Jahren der Erfurter Bischof Hugo Aufderbeck († 1981) geschrieben: „Wir müssen dem Gekreuzigten ganz nahe kommen . . . voller Dank, voller Reue, voller Liebe; was sich in diesem Augenblick der adoratio zwischen Christus und dem einzelnen tut, ist jedes einzelnen Sache!" Das muß in dieser Feier dem einzelnen möglich gemacht werden. Es geht nicht an, daß viele Christen Jahr um Jahr an dieser Feier teilnehmen und dann erleben müssen, daß für sie keine Zeit ist, nicht einmal in jedem zweiten oder dritten Jahr, am Zeichen der Kreuzverehrung sehr persönlich zu partizipieren, dem Gekreuzigten nahe zu kommen!

Daß die einzelnen Gläubigen den Gekreuzigten verehren, war schon vor der Reform durch Pius XII. (1955) im Meßbuch nie bestritten. Nur wurde es nicht oder nur regional praktiziert. Durch die Reform von 1955 hat es hier sicher eine entschiedene Änderung gegeben. Aber das eigentliche geistliche Ziel ist wohl noch immer nicht erreicht.

Ein Hindernis auf dem Weg zum Ziel ist sicher auch die Differenz zwischen der Form der Verehrung durch den Klerus (nebst den Ministranten) und der Form, die den Gläubigen möglich ist oder möglich gemacht wird. Diese Differenz hat auch geschichtliche Wurzeln. Es gab bekanntlich den Brauch, daß der Zelebrant zur Kreuzverehrung die Schuhe ablegte. Das ist uns aus dem Frühmittelalter bezeugt. Damals zogen bei der Karfreitagsprozession in Rom der Bischof und alle Kleriker barfuß zum Gottesdienst in die Stationskirche St. Kreuz. Barfuß gehen war ein Zeichen der Buße. Bei der Reform von 1955 hat man versucht, das Zeichen auszudehnen. Nicht nur der Zelebrant, sondern alle Kleriker und Ministranten sollten barfuß das Kreuz verehren. Faktisch ist das Zeichen auf den Klerus beschränkt geblieben. Außerdem haben auch die Kleriker nur die Schuhe abgelegt, sind nicht wirklich barfuß gegangen. Barfuß gehen ist ja auch ein für uns ungewöhnliches Zeichen der Buße. Diese verschiedenen Momente, diese Erfahrungen in den vergangenen Jahrzehnten haben dazu geführt, daß im nachkonziliaren Meßbuch auf jede derartige Anweisung verzichtet wurde.

So weit, so gut! Aber anscheinend gibt es da auch noch eine andere Differenz bei der Kreuzverehrung — eine Differenz zwischen Klerikern (samt Ministranten?) und Laien. Manchmal trifft man noch auf den Brauch, daß die Kleriker das Kreuz durch die (dreimalige) Kniebeuge und dann durch den Kuß der Fußwunde verehren. Wenn dann das Kreuz an den Stufen zum Presbyterium liegt, müssen alle, die die Fußwunde küssen, sich dazu auf beide Knie niederlassen und sich auch noch mit den Händen abstützen. Die Laien hingegen kommen nach vorn, beugen ihr Knie vor dem Kreuz und gehen an ihren Platz zurück.

Solche Unterschiede zwischen Klerus und Laien sind aber vom Meßbuch nicht intendiert. Insofern ist richtig, was in GL 204,2 sehr knapp so gesagt ist: „Priester und Gemeinde treten vor das Kreuz und verehren es durch eine Kniebeuge." Nur ist das nicht alles, was das Meßbuch hier sagt. Es kann auch „ein anderes Zeichen der Verehrung (z. B. der Kuß des Kreuzes)" sein. Also wie gehabt? Die Kleriker verehren durch den Kuß, die Laien nur durch die Kniebeuge? Die Intention des Meßbuches ist das, wie gesagt, nicht!

Vielleicht sollte man die Frage aber auch nicht nur unter dem Aspekt der praktizierten, aber nicht intendierten Differenz zwischen Klerus und Laien sehen. Man könnte ja auch unabhängig davon fragen, ob das die ausschließliche Alternative sei: Kniebeuge oder Kuß zur Verehrung. Man wird ja wohl kaum annehmen können, daß jeder den Kuß der Fußwunde als ein ihm angemessenes Zeichen akzeptieren kann. Dann wäre das also gar keine echte Alternative? Dann müßte es also doch bei der Kniebeuge gleichsam im Vorübergehen bleiben? Aber ist dieses Zeichen wirkkräftig genug — ist es so, daß es in dieser Feier als ein zentrales Zeichen erfahren werden kann?

„Wir müssen dem Gekreuzigten ganz nahe kommen." Ganz spontan hat das einmal ein Junge getan. Der Bub, wohl noch keine zehn Jahre alt, ein Kind also noch, hat auf seine Weise gezeigt, wie es möglich wäre, das Zeichen Kniebeuge zu verdichten, es anzureichern, es zu einem wirkmächtigeren Zeichen zu machen als bisher. Das Kind hat bei der Kniebeuge vor dem aufgerichteten Kreuz die Fußwunde des

Gekreuzigten mit der Hand berührt und dann sich selbst mit dem Zeichen des Kreuzes gesegnet.
„Im Kreuz ist Heil, im Kreuz ist Leben, im Kreuz ist Hoffnung", singen wir zur Kreuzverehrung (GL 205,1). „Dein Kreuz, o Herr, verehren wir, und deine heilige Auferstehung preisen und rühmen wir: Denn siehe, durch das Holz des Kreuzes kam Freude in alle Welt": das ist das Leitmotiv, die erste Antiphon des Meßbuches zur Kreuzverehrung. Von solchen und anderen Gesängen und Kehrversen inspiriert, kommen die Mitfeiernden zur Verehrung des gekreuzigten Herrn. Sollten die Gläubigen nicht diesen einen Augenblick Zeit haben dürfen, ihren Glauben und ihre verehrende Liebe in ein etwas reicheres Zeichen umzusetzen als nur in die flüchtige Kniebeuge? Dein Kreuz – mein Heil; deine Qual – meine Hoffnung; dein Tod – mein Leben: Im Zeichen des Kreuzes, das jeder über sich zeichnet, wenn er die Fußwunde berührt hat, könnte sich diese Überzeugung manifestieren. Die Ehrfurcht, mit der die Gläubigen immer schon die Liturgie des Karfreitags feiern, läßt erwarten, daß sie die etwas längere Dauer der Feier dann gern akzeptieren, wenn ihnen so möglich wird, „dem Gekreuzigten ganz nahe zu kommen". Bei den Vorüberlegungen braucht es ein wenig mehr Zuversicht, bei allen, die am Karfreitag feiern wollen, Verständnis zu finden für diese Vertiefung eines zentralen Zeichens im Herzen des Kirchenjahres. Es braucht einfach etwas mehr Mut, das Geheimnis des Kreuzes in dieser Stunde wirklich zu feiern.

Die Nacht wird hell wie der Tag

Lichtriten in Osternacht und Tauffeier

Höhepunkt aller Feiern im Kirchenjahr ist die Feier in der Nacht, die zu Ostern hinführt, die Vigil, die Nachtwache, in der die Nacht zum Tag wird. Am Gründonnerstagabend hat die Feier des Pascha begonnen. Niemand würde drei Tage feiern, wenn Golgota das Ende gewesen wäre. Aber der Karfreitag ist ja nur Durchgang. Der Tod behält seine Beute nicht. Der Sieger am Kreuz gewinnt das Leben für sich und die Seinen. Im Glauben haben die Jünger erfahren, wie alles das endet, worüber der verstörte Kleopas auf dem Weg nach Emmaus noch grübelt: „Das mit Jesus aus Nazaret; er war ein Prophet und hat vor Gott und allem Volk Großes getan und gesagt. Doch unsere Hohenpriester und Führer haben ihn zum Tod verurteilt und ans Kreuz schlagen lassen. Wir aber hofften, daß er es sei, der Israel retten werde. Und heute ist schon der dritte Tag, seit das geschehen ist" (Lk 24,19–21).

Diesen dritten Tag, der zugleich der erste Tag ist, feiert die Kirche als die Vollendung des Heils. Wir kommen im Dunkel der Nacht. Wir kommen aus dem Dunkel des Todes, um den zu feiern, der allein von sich sagen kann: „Ich bin das Licht der Welt" (Joh 8,12). Christus das Licht — wir die Erleuchteten: Das ist das Thema der Ostervigil. Alle Zeichen in dieser Feier müssen dieser Verkündigung dienen.

Uns geht es hier zunächst um das Grund-Zeichen, auf das alle anderen Zeichenelemente bezogen sind. Einige kritische Anmerkungen zur durchschnittlichen Praxis sind hier sicher nötig. Mit den Worten des Osterlobs, des Exsultet, soll dann das Zeichen, das diese Nacht durchstrahlt, das Zeichen des Lichts, in all seinen Dimensionen gedeutet werden.

Erste Voraussetzung für die Wirkkraft des Zeichens ist, daß der Raum, in dem die Gemeinde sich versammelt hat, zu Beginn der Feier absolut dunkel ist. Das Licht der Osterkerze durchbricht diese Finsternis. Das Licht hat die Herrschaft übernommen, das Licht hat gesiegt: Christus, das Licht! Lumen Christi — Deo gratias! Für alle, die heute feiern, ist Christus das Licht. Alle, die getauft sind, empfangen jetzt von der Osterkerze das Licht. Das Licht breitet sich aus. Die ganze Kirche wird durchstrahlt. Die Apostelleuchter werden entzündet —

ein sinnvolles Zeichen; denn die Kirche, die hier versammelte Gemeinde verdankt den Aposteln die Botschaft vom Licht, verdankt ihnen das Evangelium vom auferstandenen Christus.

Allen, die sich Christen nennen dürfen, ist in der Taufe die Erleuchtung durch Christus zuteil geworden. Darum feiert die Kirche in der Osternacht, nachdem sie sich durch das Wort Gottes bereitet hat, jetzt die Taufe, dieses vor allen anderen Sakramenten österliche Sakrament. Wenn der Taufbrunnen günstig postiert ist, zieht die Prozession dorthin. Die Osterkerze, das Zeichen des Auferstandenen, eröffnet die Prozession. Zur Anrufung Gottes über dem Wasser wird die Osterkerze in das Wasser eingesenkt: „Durch deinen geliebten Sohn steige herab in dieses Wasser die Kraft des Heiligen Geistes, damit alle, die durch die Taufe mit Christus begraben sind in seinen Tod, durch die Taufe mit Christus auferstehen zum ewigen Leben."

In der Frühzeit haben die Christen von der „Erleuchtung" gesprochen, wenn sie die Taufe meinten. Darauf weist die Übergabe des Tauflichts hin. Für die erwachsenen Neuchristen entzünden die Paten, für die Unmündigen entzünden die Väter die Taufkerze an der Osterkerze. „Christus, das Licht der Welt, hat Ihre Kinder erleuchtet", wird den Eltern gesagt (FKT R 31). Den neugetauften Erwachsenen sagt der Zelebrant: „Ihr seid in Christus Licht geworden" (vgl. FEE 226). Nie predigt die brennende Taufkerze so nachdrücklich wie bei der Taufe in der Osternacht. Jetzt sind die Neugetauften aufgenommen in die Gemeinschaft derer, die schon von Beginn der Feier an das brennende Licht in ihren Händen hielten. Taufe ist Aufnahme in die Gemeinschaft der Kirche, die Gemeinschaft der Erleuchteten: Hier wird das besonders deutlich.

Das Jahr über soll die Osterkerze am Taufbrunnen stehen. Bei jeder Taufe wird sie brennen. Sie soll bezeugen: Jede Taufe ist im Geheimnis des Ostersieges Jesu Christi begründet. Bei der Taufe und zur Eucharistie bei einem Begräbnis brennt die Osterkerze inmitten der Gemeinde: „Bei der Feier in der Kirche soll die Osterkerze an einem gut sichtbaren Platz aufgestellt werden, um so den Zusammenhang zwischen Taufe, Sterben und Auferstehen der Gläubigen mit der Auferstehung Christi sichtbar zu machen" (Begräbnisfeier, Einführung n. 32). Der Sieg des Lichtes über die Finsternis, der Sieg, den die brennende Osterkerze bezeugt, soll den Beginn und das Ende des Lebens in der Gemeinschaft der Kirche bestimmen.

Das ist auch der entscheidende Grund, warum der Brauch aufgegeben wurde, nach dem Evangelium an Christi Himmelfahrt die Osterkerze zu löschen. Der Vorwurf, hier sei „wieder etwas abgeschafft", ist kurzsichtig. Das Argument gegen diesen Vorwurf ist so einfach wie überzeugend: Wenn man die Osterkerze an Christi Himmelfahrt – wie das früher geschah – gleichsam offiziell löscht, dann kann man sie im Lauf des Jahres nicht wieder entzünden, weder bei Tauffeiern noch bei Begräbnissen. Außerdem war der Brauch, an Christi Himmelfahrt die Osterkerze für immer zu löschen, insofern problematisch, als er gleichsam nur die Negation symbolisierte: „... eine Wolke ... entzog ihn ihren Blicken" (Apg 1,9b). Den wirklichen Gehalt dieses Hochfestes vermochte dieser Brauch nicht einleuchtend darzustellen: Jesus Christus ist zur Rechten Gottes erhöht; er ist der Herr der Kirche, der mit dem Vater lebt und herrscht, der Herr, der sein Wort wahr macht: „Und ich bin bei euch alle Tage bis zur Vollendung der Welt" (Mt 28,20). Die Osterfeier dauert fünfzig Tage. Die Feier des vierzigsten Tages ist eine Station, nicht das Ende der Feier; an Christi Himmelfahrt erklingt ein Akkord in der Sinfonie des großen, unteilbaren Heilsgeschehens, das zugleich Auferstehung und Erhöhung und Geistsendung ist.

Im Verlauf der Ostervigil darf nichts die Symbolik des sieghaften Lichtes beeinträchtigen. Man kann wohl fragen, ob die jetzt geltende Abfolge der ersten beiden Teile der Feier besonders günstig ist. Lichtfeier und Wortgottesdienst könnten einander wohl auch anders zugeordnet sein. Jedenfalls ist es problematisch, daß derzeit eine Anmerkung im Meßbuch zu suggerieren scheint, nach der Lichtfeier sollten die Gläubigen ihre Kerzen löschen. Das Römische Meßbuch kann auch anders verstanden werden: Während der Lesung sollen alle ihre Kerzen hinstellen (n. 22). Warum sollten die Kerzen gelöscht werden? Auf alle Fälle sollen sie zur Tauffeier wieder brennen; denn alle sollen „mit brennenden Kerzen in den Händen" (n. 46) das Taufversprechen erneuern. Außerdem ist an den ausdeutenden Ritus bei der Taufspendung zu erinnern: Das Zeichen, den Neugetauften die brennende Kerze zu überreichen, verlöre an Kraft, wenn nicht zur gleichen Zeit alle Getauften ihr Osterlicht in Händen hielten.

Die Anweisung des Meßbuches ist noch in anderer Hinsicht problematisch. Sie könnte so verstanden werden, als sollte gleich zu Beginn der Lichtfeier technisches Licht in Anspruch genommen werden. Dann würde das Licht der Osterkerze und der vielen kleinen Kerzen um seine Aussagekraft gebracht, bevor noch im Osterlob zur Sprache gekommen ist, was das Licht uns kündet. Die Anmerkung ‚Accenduntur lampades in ecclesia' (n. 15) muß doch nicht auf elektrisches Licht gemünzt sein. Gemeint ist, daß Öllampen (wie z. B. das Ewige Licht) und Kerzen, die den Kirchenraum schmücken – die Apostelleuchter –, jetzt entzündet werden (die Altarkerzen werden ja erst später entzündet). Die Übersetzung im Meßbuch ist leider mißverständlich: ‚In der Kirche wird Licht angemacht'; in der Studienausgabe (1970) war sie einfach falsch: ‚wird das Licht eingeschaltet'. Alles dreht sich darum: Dies Licht der Osterkerze siegt über das Dunkel. Darum darf dies Zeichen nicht erschlagen werden durch technische Gewalt, über die wir ja so spielend leicht verfügen. Das Beste wäre, man würde bis zum Beginn der Eucharistie auf jedes künstliche Licht verzichten. Das würde die Lichtfeier und die Tauffeier noch enger aneinanderbinden.

Was alles das Licht in dieser Nacht künden will, sucht das Exsultet, das Osterloblied zu sagen. Im Zeichen des Lichts – so singt es das Lied – des Lichts, das über die Finsternis siegt, wird heute die Heilsvergangenheit und wird die Heilszukunft für alle, die glauben, zur Gegenwart, geschieht heute das Heil.

Was das Gesetz und die Propheten den Vätern als das künftige Heil verheißen haben, das hat sich in Christi Tod und Leben erfüllt. „Dies ist die Nacht" – heißt es im Osterlob –, „in der die leuchtende Säule das Dunkel vertrieben hat." Damit wird auf die Gegenwart des Herrn beim Auszug seines Volkes Israel aus Ägypten angespielt. In der nächtlichen Feuersäule ist Jahwe gegenwärtig: „Der Herr zog vor ihnen her, bei Tag in einer Wolkensäule, um ihnen den Weg zu zeigen, bei Nacht in einer Feuersäule, um ihnen zu leuchten" (Ex 13,21). Dieser in Wolke und Feuer gegenwärtige Gott schafft seinem Volk Rettung in der Stunde äußerster Bedrohung: „Um die Zeit der Morgenwache blickte der Herr aus der Feuer- und Wolkensäule auf das Lager der Ägypter und brachte es in Verwirrung" (Ex 14,24).

Auch in den Psalmen liest der Dichter des Exsultet ein Wort vom Licht, das die Finsternis durchdringt und die Nacht erleuchtet. Er zitiert Ps 139(138),12, wenn er singt: „Dies ist die Nacht, von der geschrieben steht: Die Nacht wird hell wie der Tag; wie strahlendes Licht wird die Nacht mich umgeben." Was Israel erfährt und im Pascha feiert, wovon Gesetz und Propheten reden, das ist das Vorausbild des Weges Christi und seiner Kirche durch den Tod ins Licht, durch die Knechtschaft zur Freiheit: „Dies ist die selige Nacht, in der Christus die Ketten des Todes zerbrach und aus der Tiefe als Sieger emporstieg ... Dies ist die Nacht, die auf der ganzen Erde alle, die an Christus glauben, scheidet von den Lastern der Welt, dem Elend der Sünde entreißt, ins Reich der Gnade heimführt und einfügt in die heilige Kirche."

Das Exsultet ist Jubel, ist Lobpreis, ist Eucharistie. Im Lied dankt die Kirche für das Heilswirken Gottes: „In dieser gesegneten Nacht, heiliger Vater, nimm an das Abendopfer des Lobes." Über das Wort des Dankes hinaus möchte die Kirche mehr geben zum Zeichen ihrer Dankbarkeit. Sie hat eine festliche Gabe, „aus köstlichem Wachs der Bienen bereitet". Davon spricht sie jetzt. Sie sieht die brennende Kerze in ihrem Glanz, das Licht, das nichts verloren hat, als es „sich in die Runde verteilt hat ... denn die Flamme wird genährt vom schmelzenden Wachs, das der Fleiß der Bienen für diese Kerze bereitet hat".

Warum spricht der Dichter von der Kerze, warum vom Wachs, warum von den Bienen, warum heißt es gar, hier erklinge „das Lob dieser kostbaren Kerze"? Diese Fragen müssen christologisch beantwortet werden. „Diese kostbare Kerze" ist das Bild Christi. Er selbst ist das Licht, das sich in dieser Nacht allen mitteilt. Die Flamme seines österlichen Leidens und Sieges verzehrt das Wachs, sein irdisches Leben — damit alle das Licht haben, das unzerstörbare Leben. Die Biene ist als ein Bild Mariens zu verstehen, der jungfräulichen Mutter, die dem Herrn das Leben geschenkt hat, damit es sich zur Rettung aller verzehre.

Darum, weil die leuchtende, sich verzehrende Kerze das Symbol Christi ist, darf die Kirche vor den Vater treten und ihren Dank in dieser Gabe vor sein Angesicht bringen. Die Kirche bringt gleichsam Christus selbst dar, wenn sie den Vater bittet: „Nimm diese Kerze entgegen als unsere festliche Gabe." Im Gleichnis der Kerze wird die Heilstat Christi in dieser Stunde gegenwärtig. „O unfaßbare Liebe des Vaters: Um den Knecht zu erlösen, gabst du den Sohn dahin ... o wahrhaft selige Nacht, dir allein war es vergönnt, die Stunde zu kennen, in der Christus erstand von den Toten."

An den Dank schließt die Kirche die Bitte um das volle Heil in der Endzeit, um die Teilhabe an den verheißenen Gütern, am himmlischen Hochzeitsmahl. Auch diese eschatologische Bitte kleidet sie ein in die Bildrede, die von der Kerze spricht: „Geweiht zum Ruhm deines Namens, leuchte die Kerze fort... Sie leuchte, bis der Morgenstern erscheint, jener wahre Morgenstern, der in Ewigkeit nicht untergeht, dein Sohn, unser Herr Jesus Christus ... der den Menschen erstrahlt im österlichen Licht."

Israel war in seiner Spätzeit davon überzeugt: In einer Passahnacht wird Jahwe zur Vollendung der Welt erscheinen. Wir Christen können daran anknüpfen. Wir wissen, daß an Ostern die Vollendung schon begonnen hat. Die vom Lichtglanz der Osterkerze und der unendlich

vielen Kerzen erleuchtete Kirche ist ein Abbild der künftigen Herrlichkeit, zu der der Bräutigam die Seinen in den Hochzeitssaal holt (vgl. Mt 25,10). Auch bei der Taufe bringt ja die Kirche die eschatologische Dimension ins Spiel, wenn sie das brennende Licht überreicht: „Christus, das Licht der Welt, hat Ihre Kinder erleuchtet. Sie sollen als Kinder des Lichtes leben, sich im Glauben bewähren und dem Herrn und allen Heiligen entgegengehen, wenn er kommt in Herrlichkeit."
Die Kerze ist das Zeichen, das von Ostern auch dann noch predigt, wenn die Feier längst zu Ende ist. Die Zeichen, mit denen die Kerze geschmückt ist, die vor dem Einzug in die Kirche nachgezeichnet worden sind, sprechen aus, was die Kerze das Jahr über predigt. Darum sollte weder auf diese Zeichen verzichtet werden noch auf die deutenden Worte:

> „Christus, gestern und heute, Anfang und Ende, Alpha und Omega. Sein ist die Zeit und die Ewigkeit. Sein ist die Macht und die Herrlichkeit in alle Ewigkeit. Amen. Durch seine heiligen Wunden, die leuchten in Herrlichkeit, behüte uns und bewahre uns Christus, der Herr. Amen."

Darum feiern wir den Tag, an dem Christus erstanden ist

Besprengung zur Tauferinnerung an Ostern und am Sonntag

Es gibt Zeichen im Gottesdienst, die uns wie selbstverständlich dorthin zu gehören scheinen, wo wir sie jetzt antreffen. Immer wieder — und eigentlich immer mehr — verwundern sich die Jüngeren, daß es diese Praxis vor der Erneuerung der Ostervigil und vor der Reform der Heiligen Woche überhaupt gegeben hat. Daß nämlich die Kirche bis zur Mitte dieses unseres Jahrhunderts die Osternachtfeier in der Frühe des Karsamstags begangen hat. Wer könnte das auch heutzutage noch begreifen!

Man kann niemand verdenken, daß er für selbstverständlich hält, was selbstverständlich ist — oder selbstverständlich zu sein scheint. Selbstverständlich ist, daß die Ostervigil in der Nacht zum Ostertag gefeiert wird. Selbstverständlich zu sein scheint aber auch ein wichtiges Zeichen in dieser Feier, das Zeichen der Tauferinnerung, die Erneuerung des Taufversprechens, dabei die Besprengung mit dem Osterwasser. Tatsächlich ist dieses Zeichen aber erst bei der Reform der Ostervigil 1950 in die Feier eingefügt worden.

Natürlich hat sich die Kirche auch in früheren Jahrhunderten darum bemüht, die Erinnerung an die Taufe wachzuhalten bzw. später durch mancherlei Rückverweise auf die Taufe Taufbewußtsein überhaupt erst zu wecken. Der gleichsam offizielle Wunsch, für jeden Täufling solle eine eigene Taufkerze bereit sein, weist ebenso in diese Richtung wie die — allerdings private — Initiative, dem Kind und seiner Familie die Taufe durch eine Urkunde zu dokumentieren. Auch war es — wenn auch nicht überall in der lateinischen Kirche, so doch in vielen Diözesen unseres Sprachgebiets — schon vorkonziliar Brauch, daß die Kinder zur Feier der Firmung und auch zur Erstkommunion das Versprechen erneuerten, das die Eltern und Paten bei der Taufe in ihrem Namen gegeben hatten. Das war gleichsam die erste persönliche Bekundung — natürlich nach dem Maß der Kräfte eines Kindes —, zu Jesus Christus und seiner Kirche gehören zu wollen.

Ohne große Mühen ist die Tauferinnerung in der Ostervigil für alle zu einem Zeichen geworden, das niemand mehr missen will. Ein wenig von dem Defizit ist darin aufgearbeitet, das unsere Situation von der Frühzeit der Kirche unterscheidet. Für alle, die in der Frühzeit — und

heute in Ländern der Mission – als Erwachsene getauft wurden, war Jahr für Jahr die Osterfeier als solche die Erinnerung an die eigene Taufe. Ähnliche Erfahrungen machen wir ja in anderen Bereichen der Sakramentenfeier: Eheleute, die eine Trauung mitfeiern, erinnern sich an die eigene Hochzeit; Priester, die an Weihe und Primiz eines Neupriesters teilnehmen, werden wie selbstverständlich auf den eigenen Anfang in diesem Dienst verwiesen. Das ist für die meisten von uns hinsichtlich der Taufe so nicht möglich. Die Kirche sucht es einzuholen durch die Erneuerung des Taufversprechens in der Ostervigil.
Dieses Detail der Reform durch Pius XII. hat das letzte Konzil nicht nur bestätigt. Die Väter haben darüber hinaus gewünscht, daß Tauferinnerung auch zu einem Thema der Vorbereitungszeit auf Ostern werde: „Die vierzigtägige Fastenzeit hat die ... Aufgabe, vor allem ... durch Tauferinnerung oder Taufvorbereitung ... auf die Feier des Pascha-Mysteriums vorzubereiten. Daher sollen die der Fastenliturgie eigenen Taufmotive stärker genutzt werden; einige sollen gegebenenfalls aus der älteren Tradition wieder hervorgeholt werden" (SC 109). Wo auch immer in der Quadragese das Thema ‚Taufe' in Lesungen und Gebeten zur Sprache kommt, da soll also einerseits die Tauffeier in der Ostervigil vorbereitet werden, andererseits ist für die Getauften an die österliche Erneuerung der Taufversprechen gedacht.
Die Tauffeier der Ostervigil kann verschiedene Formen haben, je nachdem ob in dieser Feier die Taufe gespendet wird, ob überhaupt die Kirche Taufrecht, also einen Taufbrunnen hat oder nicht. In jedem Fall wird das Taufversprechen erneuert. Wenn nur aus Anlaß dieses Taufgedächtnisses Gottes Name über das Wasser angerufen wird, dann betet die Kirche:

> „Segne dieses Wasser, das uns an deine Sorge für uns Menschen erinnert. Im Anfang hast du das Wasser erschaffen, damit es der Erde Fruchtbarkeit bringt und uns Menschen zum frischen Trunk und zum reinigenden Bad wird ... Die Propheten sahen im Bild des lebendigen Wassers den Bund, den du mit den Menschen schließen wolltest. Durch das Wasser, das Christus im Jordan geheiligt hat, reinigst du im Bad der Taufe den sündigen Menschen und schenkst ihm das neue Leben deiner Kinder. Darum sei dieses Wasser eine Erinnerung an unsere Taufe, es vereinige uns in österlicher Freude mit unseren Brüdern und Schwestern, die in dieser heiligen Nacht getauft werden, und mit allen, die aus dem Wasser und dem Heiligen Geist wiedergeboren sind zum ewigen Leben."

Dann werden die Gläubigen nach ihrem Willen zur Umkehr gefragt und nach ihrer Bereitschaft zum Glauben. Das Ja zur Taufe, zu Christus und seiner Kirche wird dann durch die Besprengung mit dem Osterwasser bekräftigt. Der Priester, der selbst zuerst das gesegnete Wasser nimmt – was für die Ostervigil allerdings nicht ausdrücklich gesagt, aber eben doch selbstverständlich ist –, geht dann durch die Reihen der Gläubigen. Alle, die zum Zeichen ihrer Gliedschaft in der Kirche jetzt ihre brennende Kerze in Händen halten, erfahren auch im Zeichen des Osterwassers, daß sie aus der Taufe Heil und Leben haben.

Das Zeichen der Besprengung am Ende der österlichen Bußzeit in Beziehung zu setzen zum Zeichen, mit dem die Fastenzeit eröffnet worden ist, gelingt wohl ohne Mühe. Wer den Ruf der Umkehr am Aschermittwoch aufgenommen hat, sich mit dem Zeichen der Asche hat bezeichnen lassen, der erlebt jetzt, wie an Ostern der lange Weg der Umkehr zum Ziel kommt.

Das Zeichen des reinigenden Wassers ist gleichsam die Antwort Gottes auf die Bemühung des Menschen. Was im Zeichen und Wort der Lossprechung bei der Feier des Bußsakramentes den einzelnen schon erreicht hat, wird jetzt in der Gemeinschaft der Kirche manifest. Das Zeichen des Wassers zeigt an, daß allen, die umkehren und glauben, die Barmherzigkeit Gottes zuteil wird zur Vergebung der Sünden.

Die österliche Tauferinnerung darf im Leben der einzelnen und der kirchlichen Gemeinschaft nicht isoliert dastehen. Was an Ostern geschieht, soll die Verdichtung dessen sein, was Christen Tag um Tag und Sonntag um Sonntag praktizieren. Aus der Osterfeier nehmen wir Osterwasser mit in unsere Wohnungen, weil wir uns am Abend und am Morgen zur Tauferinnerung damit bezeichnen wollen. Wer – wann auch immer – eine Kirche betritt, nimmt am Eingang das geweihte Wasser und bezeichnet sich mit dem Zeichen des Kreuzes zum Gedenken an das österliche Heilszeichen Taufe.

Stete Sorge in allen Gemeinden muß sein, daß dieses Gedenken nicht in Gedankenlosigkeit absinkt. Dafür ist wenigstens grundsätzlich ein Zeichen im Gemeindegottesdienst vorgesehen, das allerdings in den meisten Pfarreien wohl erst wieder belebt werden müßte: das sonntägliche Taufgedächtnis. Es verbindet das alltägliche Zeichen des Weihwassernehmens mit seiner Quelle, der Ostervigil. Jeden Sonntag sollen wir uns unserer Taufe erinnern, ist doch jeder Sonntag vor allen anderen Tagen ein österlicher Tag.

Im Meßbuch gibt es (wie in GL 353,6) zur ‚Feier der Gemeindemesse' den Vermerk: „An Sonntagen kann an die Stelle des Allgemeinen Schuldbekenntnisses das sonntägliche Taufgedächtnis (Besprengung mit Weihwasser) treten." Den Ritus selbst findet man im Anhang des Meßbuches. Es ist ein geringer Trost, jetzt sagen zu können, auch vor der Reform habe man diesen Ritus nur im Anhang untergebracht. Andererseits ist aber ein Fortschritt, daß diesem früher im sonntäglichen Amt gepflegten Brauch nun wenigstens prinzipiell insofern mehr Raum gewährt ist, als er in allen Sonntagsmessen das Zeichen des Schuldbekenntnisses und der Vergebung sein kann. Außerdem ist es ein Gewinn, daß dies sonntägliche Taufgedächtnis nun nicht mehr wie ein Vorspiel zur eigentlichen Feier wirkt, sondern organisch in die Eröffnung eingebunden ist.

Gelegentlich ist vorgeschlagen worden, diesen Ritus am Taufbrunnen zu beginnen oder in der Osterzeit bei der Osterkerze, die dann ja noch im Altarbereich steht. Am Taufbrunnen zu beginnen ist natürlich nur dann sinnvoll, wenn alle sich leicht zum Taufbrunnen hinwenden können. Primär ist jedenfalls die Erfahrung wichtig: Dies ist dasselbe Zeichen, am Sonntag wie in der Ostervigil. Alle, die wir getauft sind, werden mit dem Wasser besprengt zum Zeichen dafür, daß wir der Vergebung bedürfen und daß Gott, der barmherzige Vater, sie uns gewährt.

Wenn man sich fragt, warum eigentlich die durchschnittliche Praxis den Stand vor der Reform noch nicht wieder erreicht habe, dann könnte man auf den Gedanken kommen, wir spürten gegenwärtig die Gefahr der Routine deutlicher, als das früher möglicherweise der Fall war. War nicht auch das schon Routine, auf dem Weg durch die Kirche zunächst nur zu einer Seite hin das Weihwasser auszusprengen, auf dem Rückweg dann erst die andere Seite zu besprengen? Ein Zeichen im Gottesdienst sollte doch eigentlich niemanden gleichsam ‚hinterrücks überfallen'! Die Besprengung mit geweihtem Wasser soll ja ein Zeichen der Vergebung sein. Soviel Zeit sollte also sein, allen nach rechts und links auf dem Weg vorwärts durchs Kirchenschiff das Wasser des Segens zu spenden. Daß überdies nie der Verdacht aufkommen darf, dies Zeichen sei hin und wieder als eine Art sublimer Kontrolle gedacht, ist wohl selbstverständlich.

Andererseits muß man dann aber auch sagen: Solcherlei Gefahren der Routine und des Mißbrauchs begegnet man wirksam nicht durch Totalabstinenz. Das käme einer Methode gleich, ein verstauchtes Glied kurzerhand zu amputieren. Die Ehrfurcht, mit der der Priester selbst das Zeichen der Schuldvergebung nimmt, und die weisenden

Worte, die er — direkt und indirekt — der Gemeinde selbst zu diesem Ritus sagt, werden am ehesten den Damm gegen jede Fehlentwicklung festigen.

Das sonntägliche Taufgedächtnis in der Eröffnung der Messe sollten wir ebenso schätzen lernen wie die kostbaren Sätze, die wir am Sonntag im Hochgebet zufügen können:

> „Darum kommen wir vor dein Angesicht und feiern in Gemeinschaft mit der ganzen Kirche den ersten Tag der Woche als den Tag, an dem Christus von den Toten erstanden ist."

Eben das will auch das sonntägliche Taufgedächtnis: den Glauben verkünden an die Auferstehung des Herrn, und die Hoffnung stärken auf die Auferweckung all derer, die auf den Tod Jesu Christi getauft sind.

Wenn das österliche Zeichen immer wieder einmal am wöchentlichen Osterfest, am Sonntag, die Erinnerung an Ostern und an die Taufe wachruft, dann wird das heilend wirken auch auf die Praxis, daheim am Abend und am Morgen Weihwasser zu nehmen. Dann kann die Ruhe zur Nacht und der Beginn des neuen Tages zum Zeichen werden für die Teilhabe des Christen am Weg Christi: Auf seinen Tod sind wir getauft, mit ihm in der Taufe begraben; so werden wir — das ist unsere Hoffnung — mit ihm in der österlichen Herrlichkeit leben (vgl. Röm 6,4). Das Wasser, das von Ostern und vom Sonntag her in unser Leben überströmt, könnte uns dafür ein Zeichen sein.

Christus beschützt dich im Zeichen seines Sieges

Besiegelung der Stirn und der Sinne

Wenn ein Erwachsener sich dem Evangelium öffnet, wenn er umzukehren beginnt, wenn er die erste Vorentscheidung für den Glauben an Christus getroffen hat, dann nimmt sich die Kirche erstmals seiner an. Christen, zu denen er Kontakt bekommen hat, die bereit sind, ihm nach Kräften das Evangelium glaubwürdig vorzuleben, bürgen vor der Gemeinde für den Bewerber. In einer ersten Feier, der „Feier der Annahme" unter die Katechumenen, erlebt der Bewerber erstmals die Kirche in ihrem Gottesdienst. Höhepunkt dieser Liturgie — je nach der Situation vielleicht nur im kleinen Kreis gefeiert — ist die Bezeichnung des Bewerbers mit dem Kreuzzeichen. Zuerst der Zelebrant, nach ihm womöglich der oder die Katecheten und die Bürgen bezeichnen den Katechumenen mit dem Zeichen Jesu Christi auf der Stirn; der Zelebrant deutet das Kreuzzeichen so: ‚Empfange das Kreuzzeichen auf die Stirn; Christus selbst beschützt dich im Zeichen seiner Liebe und seines Sieges. Lerne ihn von nun an noch besser kennen und folge ihm nach in Treue' (vgl. FEE 83).

Für den erwachsenen Taufbewerber ist der Weg von der „Feier der Annahme" bis zur vollen Eingliederung in das Volk Gottes noch weit. Unter Umständen dauert die Taufvorbereitung einige Jahre. Einem unmündigen Kind, das zur Taufe gebracht wird, geschieht der Anfang und die Erfüllung gewissermaßen in eins. Das Kreuzzeichen, die Besiegelung auf der Stirn, eröffnet bei der Kindertaufe nach dem Wortgottesdienst die Feier des Sakraments. Der Zelebrant ruft jedes der Kinder beim Namen und sagt dann zu allen: „Mit großer Freude nimmt euch die christliche Gemeinde (oder: unsere Pfarrgemeinde) auf. In ihrem Namen bezeichne ich euch mit dem Zeichen des Kreuzes. Nach mir werden auch eure Eltern (und Paten) dieses Zeichen Christi, des Erlösers, auf eure Stirn zeichnen" (FKT R 15).

Die Besiegelung der Stirn mit dem Zeichen Jesu Christi wurzelt fraglos auch im Brauch der antiken Welt, einem Lebewesen ein Herrschaftszeichen aufzuprägen. Durch ein Brandmal bezeichnet der Besitzer die Tiere seiner Herde. In einer inhumanen Gesellschaft, in der Menschen einander unterwerfen, läßt der Herr seine Sklaven, der Imperator seine Soldaten mit einem Prägemal siegeln — wie andererseits sich Menschen ja auch freiwillig melden, ja geradezu danach drängen, sich durch ein Zugehörigkeits-, ein Herrschaftszeichen kennzeichnen zu lassen. Unsere Sprache hat derartigen Praktiken ein wichtiges Fremdwort entlehnt. „Charakter" (gr.) ist zugleich der Prägestock und das Prägemal (die einander ja auch entsprechen). Jeder Mensch ist geprägt: durch seine Erbanlagen, durch die ununterbrochene Kette von Erlebnissen und Geschehnissen, von mitmenschlichen Begegnungen, durch seine Kämpfe und Entscheidungen, seine Niederlagen und Siege. Das alles, was zusammengenommen seine Lebensgeschichte ausmacht, bestimmt seinen Charakter, macht ihn zu eben diesem unverwechselbar einmaligen, eben in dieser Weise geprägten Menschen.

Übrigens bedient sich auch die theologische Fachsprache dieses Begriffs. Diejenigen Sakramente, die nur einmal im Leben gespendet werden, die Taufe, die Firmung, das Weihesakrament in seinen drei Stufen, prägen — so sagt die Theologie — ein unauslöschliches Siegel ein (lat. character indelebilis). Auf je eigene Art zeigen diese sakramentlichen Siegel die Christusförmigkeit des Empfängers an.

Es wäre freilich wenig befriedigend, wollte man das, was wir über die Praxis antiker Herrschaftszeichen wissen, kurzerhand auf den Brauch übertragen, jemanden im Gottesdienst mit dem Kreuzzeichen zu bezeichnen. Sicher wurzelt dies gottesdienstliche Zeichen auch dort. Aber ebenso nachdrücklich müssen wir auf die Schrift verweisen. In je einem prophetischen Buch des Alten und des Neuen Testamentes steht zu lesen, daß Gott selbst die Seinen mit einem Herrschaftszeichen bezeichnen läßt. Der Priesterprophet Ezechiel erfährt in einer Vision die Zerstörung der Gottesstadt Jerusalem. Aber nicht alle Bewohner müssen den Tod als Strafe erleiden. Ein Bote wird beauftragt: „Geh mitten durch die Stadt Jerusalem und schreib ein T auf die Stirn aller Männer, die über die in der Stadt begangenen Greueltaten seufzen und stöhnen. Und ich hörte, wie er zu den anderen sagte: Geht hinter ihm her durch die Stadt und schlagt zu! Bleibt hart und habt kein Mitleid! Alt und jung, Kinder und Frauen sollt ihr erschlagen . . . Doch von denen, die das T auf der Stirn haben, dürft ihr keinen anrühren" (Ez 9,4—6).

Ebenso heißt es in der Offenbarung des Johannes, daß die Knechte Gottes gekennzeichnet werden, bevor das große Gericht beginnt. „(Ein anderer Engel) . . . hatte das Siegel des lebendigen Gottes und schrie den vier Engeln, denen die Macht gegeben war, das Land und das Meer zu schädigen, mit lauter Stimme zu: Fügt dem Land, dem Meer und den Bäumen keinen Schaden zu, bis wir die Knechte Gottes mit dem Siegel auf ihren Stirnen gekennzeichnet haben" (Offb 7,2f).

Ähnlich wie in diesen Visionen ist auch für die, die zur Taufvorbereitung angenommen sind, das Zeichen auf der Stirn ein Schutzzeichen: „Christus selbst beschützt dich", versichert die Kirche dem Taufbewerber. Die Kirche sieht realistisch, daß die Bekehrung zum Glauben, der Eintritt in die Jüngerschaft Jesu den Bewerber in Schwierigkeiten bringt, daß Auseinandersetzungen damit verbunden sind. Nachfolge Jesu bedeutet Kampf. Der Katechumene ist bis zuletzt vor die Frage gestellt: Widersagst du wirklich dem Satan? Glaubst du aus ganzem Herzen an Jesus Christus? In diesem Kampf ist das Zeichen des Kreuzes sein Schutz.

Früher wurde im Taufritual zur Besiegelung mit dem Kreuzzeichen dem Widersacher, dem Diabolos geboten: „Und dieses Zeichen des heiligen Kreuzes, mit dem wir seine Stirn besiegeln, sollst du, verworfener Geist, nie zu verletzen wagen." Der gekreuzigt-auferstandene Herr prägt deshalb sein Herrschaftszeichen auf, weil er den Menschen aus dieser Knechtschaft befreien, weil er ihn vor dem Untergang erretten will.

Es hat einen tiefen Sinn, daß die Kirche ein weiteres biblisches Geschehnis in Zusammenhang bringt mit dem, was sich für den Menschen in der Christusbegegung ereignet. In der Stunde der Krisis für das Volk Israel in Ägypten gebietet der Herr dem Mose, das Blut der Passahlämmer zu nehmen und damit die beiden Türpfosten und den Türsturz zu bestreichen: „Das Blut an den Häusern, in denen ihr wohnt, soll ein Zeichen zu eurem Schutz sein. Wenn ich das Blut sehe, werde ich an euch vorübergehen, und es wird euch kein Unheil treffen, wenn ich in Ägypten dreinschlage" (vgl. Ex 12,7.13). Die Kirche singt davon in der Osternacht, die ja der bevorzugte Tauftermin des Jahres ist; im Osterlob Exsultet preist sie das Geheimnis dieser Nacht, das Geheimnis der Taufe, der Erlösung: „Gekommen ist das heilige Osterfest, an dem das wahre Lamm geschlachtet ward, dessen Blut die Türen der Gläubigen heiligt und das Volk bewahrt vor Tod und Verderben."

Was den Anfang des Christwerdens bestimmt, das Zeichen des Kreuzes auf der Stirn des Bewerbers, das soll nach dem Wunsch der Kirche zum festen Brauch werden. Was bei den Kleinen in der Feier der Kindertaufe beginnt, daß nämlich die Eltern ihr Kind mit dem Kreuzzeichen segnen, das soll sich im Familienbrauchtum fortsetzen. Im Buch der Segnungen, dem „Benediktionale ... für die katholischen Bistümer des deutschen Sprachgebietes" (1978) gibt es — gemäß dem Willen des Konzils: SC 79 — ein Kapitel „Segnungen im Leben der Familie", darin eine „Segnung der Kinder" (n. 52), die „Segnung eines kranken

Kindes" (n. 53), die „Segnung Jugendlicher vor besonderen Lebensabschnitten" — am Beginn des Berufslebens, beim Weggang aus dem Elternhaus, am Beginn des Studiums und in ähnlichen Fällen (n. 54). Durch das Zeichen des Kreuzes auf die Stirn können und sollen Vater und Mutter ihre kleinen und großen Kinder immer wieder dem Herrn Jesus Christus übereignen, sie seinem Schutz anvertrauen.

Meist wird der deutende Segenswunsch ein schlichtes Wort sein. In besonderer Stunde darf aber auch deutlicher werden, was dieses Zeichen in seiner ganzen Tiefe besagen will: „Jesus Christus, der Herr, sei bei dir, dich zu beschützen. Er gehe vor dir her, dir den Weg zu zeigen. Er stehe hinter dir, dich zu stützen. Er schaue dich gnädig an, bewahre dich und segne dich. Amen" (Beneditionale n. 52).

Wenn man ernsthaft erwägt, daß auch bei der Christwerdung der Erwachsenen der Anfang geprägt ist von der Besiegelung der Stirn mit dem Zeichen des Kreuzes, dann ist das eine wichtige Hilfe für die Praxis in unseren Familien. Das Kreuzzeichen auf der Stirn des unmündigen Täuflings weist erst von fernher auf die Härte des Kampfes hin, den jeder erwachsene Christ zu bestehen hat. Wie könnte es auch anders sein! Aber gerade darum besteht die Gefahr, dies erste Kreuzzeichen mißzuverstehen, als gelte es diesem jetzt noch so hilflosen Menschlein als solchem.

Irgendwann kommt ja einmal der erste kritische Punkt; irgendwann einmal wird der kleine „Selber" sich selbst segnen wollen. Irgendwann kommt dann ein weiterer kritischer Punkt, wenn der Heranwachsende meint, er sei nun endgültig „zu groß" für den elterlichen Segen. Solche Mißverständnisse lassen sich wohl dann vermeiden, wenn die Kinder von frühauf erfahren, daß auch die Eltern einander mit dem Kreuz bezeichnen, daß auch sie einander segnen. Wie zum Reifungsprozeß das gelegentliche Erlebnis beiträgt, daß die Eltern sich voneinander verabschieden und einander wieder begrüßen mit einer herzlichen Umarmung, so sollen die Kinder auch erleben, daß die Eltern — etwa vor Beginn einer Reise — einander segnen, einander der schützenden Herrschaft Gottes anvertrauen. Die Besiegelung mit dem Kreuzzeichen kann nur dann zur Familienliturgie werden, wenn zuerst die Eltern überzeugt sind: Wir brauchen Schutz in Kampf und Gefahr; letztlich kann nur Christus uns schützen, er, der für uns im Sieg des Kreuzes sich als Herr aller Mächte und Gewalten erwiesen hat.

Wenn die Kirche einem erwachsenen Taufbewerber bei der ersten Feier im Zeichen des Kreuzes den Schutz Jesu Christi zusagt, dann verschweigt sie ihm die Konsequenz dieses Herrschaftszeichens nicht:

„Lerne ihn von nun an noch besser kennen und folge ihm nach in Treue." Die Forderung bleibt gültig für immer. Darum kennt die Kirche auch eine Intensivform dieses Ritus. Die Besiegelung mit dem Kreuzzeichen kann auch auf die Augen, die Ohren, den Mund, die Brust und die Schultern ausgedehnt werden. Diese „Besiegelung der Sinne" deutet die Kirche dann so: „Empfange das Zeichen des Kreuzes auf die Ohren, damit du das Wort Gottes bereitwillig hörst; ... auf die Augen, damit du die Herrlichkeit Gottes erkennst; ... auf den Mund, damit du auf das Wort Gottes die rechte Antwort gibst; ... auf die Brust, damit Christus durch den Glauben in deinem Herzen wohnt; ... auf die Schultern, damit du die Herrschaft Christi gerne trägst" (FEE 85).
Was die Besiegelung der Stirn, was die Entfaltung in der Besiegelung der Sinne sagen will, läßt sich auch darlegen durch zwei Worte Jesu. Es gilt stets die Forderung: „Wer zu mir gehören will, verleugne sich selbst und folge mir nach. Denn wer sein Leben retten will, wird es verlieren; wer aber sein Leben um meinetwillen verliert, wird es gewinnen" (Mt 16,24f). Es gilt aber auch immer der Heilandsruf: „Kommt alle zu mir, die ihr euch plagt und unter Lasten stöhnt... Nehmt mein Joch auf euch ... So werdet ihr in eurem Herzen Ruhe finden. Denn mein Joch drückt nicht, und meine Last ist leicht" (Mt 11,28–30). Jeder, der dem Herrschaftszeichen, das er bei seiner Taufe auf die Stirn empfangen hat, im Leben zu entsprechen versucht, wird die Wirklichkeit dieser Paradoxie beglückend erfahren.

Damit du den Glauben bekennst

Effata-Ritus

‚Effata, öffne dich, damit du den Glauben, den du gehört hast, zu Gottes Lob und Ehre bekennst.' Bei der Eingliederung Erwachsener in die Kirche und bei der Kindertaufe wird der Effata-Ritus vollzogen. Der Zelebrant berührt Ohren und Mund des Täuflings und spricht ihn an mit dem Wort, das Jesus dem Taubstummen gesagt hat: „Effata! Sei geöffnet! Öffne dich!"

Die Szene, die uns in dieser Form nur Markus (Mk 7,31—37) überliefert hat, die Heilung des Taubstummen, ist wohl nicht die einzige Wurzel dieses Ritus bei der Taufe. Nicht ganz ohne Grund ist dieses Zeichen der Öffnung der Sinne bis zur jüngsten Reform eng mit der Absage an den Satan verbunden gewesen: ‚Im Namen dessen, der deine Sinne nun geöffnet hat, frage ich dich: Widersagst du dem Satan?' So hieß es im vorkonziliaren deutschsprachigen Taufritual. Der Effata-Ritus hat demnach eine seiner Wurzeln auch im weitläufigen Bereich der Exorzismen. Die kräftigere Wurzel freilich ist die, die sich aus der biblischen Verkündigung nährt: So hat der Herr einem Kranken getan; so tut der Herr an denen, die er in seine Kirche beruft.

Was genau tut die Kirche? Um das Zeichen voll zu verstehen, müssen wir vergleichen, was — wie angedeutet — die Kirche einerseits an denen vollzieht, die als Erwachsene zum Glauben kommen und sich um die Aufnahme in die Kirche bewerben, was andererseits die Kirche an denen tut, die als Unmündige von ihren Eltern und Paten zur Kirche gebracht werden, damit sie in die Kirche eingegliedert werden zunächst durch die Taufe. Wir haben hier den bemerkenswerten Fall, daß ein Zeichen in seinem Zeichenwert, in seiner Aussage auch davon bestimmt ist, wem dieses Zeichen zuteil wird. Die Kirche vollzieht den Effata-Ritus beim Erwachsenen etwas anders als beim Säugling — eben weil die Situationen unterschiedlich sind: ein mündiger Mensch hier, dort hingegen ein Unmündiger.

Was also geschieht? Wir bedenken zunächst, was die Schrift berichtet. Man bringt einen Taubstummen zu Jesus. Abseits von der Menge legt er dem Mann die Finger in die Ohren und berührt seine Zunge mit Speichel. Dann schaut er zum Himmel, betet seufzend in seinem Herzen und sagt in Vollmacht das Wort: Öffne dich — Effata!

Wenn in Missionsländern Taufbewerber sich Monate oder vielleicht auch einige Jahre hindurch auf die Aufnahme in die Kirche vorbereitet haben, dann soll normalerweise Ostern der Tauftermin sein. Im Rahmen der (näheren oder entfernteren) Vorbereitung wird den Katechumenen das Glaubensbekenntnis anvertraut. Denn zur Taufe sollen die Bewerber ihren Glauben bekennen; sie werden ja dreimal gefragt: Glaubst du an Gott, den Vater ... Glaubst du an Jesus Christus ... Glaubst du an den Heiligen Geist? Auf diesen Glauben hin werden sie dann getauft. Im Blick auf das Glaubensbekenntnis wird der Effata-Ritus vollzogen. Die Normalform soll bei der Erwachsenentaufe sein, daß die Katechumenen am Karsamstagmorgen zusammenkommen. Dann hören sie zunächst das Evangelium Mk 7,31–37. Der Zelebrant berührt mit dem Daumen die Ohren und den geschlossenen Mund jedes Bewerbers und spricht dazu ‚Effata, öffne dich, damit du den Glauben, den du gehört hast, zu Gottes Lob und Ehre bekennst.'
Im Ritenbuch heißt es einleitend zur Erklärung: „Dieser Ritus betont in einem besonderen Zeichen die Notwendigkeit der Gnade, damit man das Wort Gottes hören und zu seinem Heil bekennen kann" (FEE 200). Es geht also darum, daß der Bewerber aus der Kraft Gottes fortan in seinem Leben zu Gottes Lob und Ehre und damit zum eigenen Heil den Glauben an das Evangelium Jesu Christi bekennen kann. Darum wird ihm die Zunge gelöst. Es ist nicht nur und nicht zuerst Leistung des Menschen, daß er den Glauben bekennt. Das Zeichen, das Jesus am Taubstummen vollzogen hat, deutet das an. Es ist Gnade, das Wort Gottes zu Gottes Lob und Ehre bekennen zu können.
Verstehen wir so den einen Teil richtig, das Lösen der Zunge zum Bekenntnis des Glaubens, dann ist auch der Weg zum Verständnis des anderen Teils nicht schwer. Wenn man Hören hier nicht nur versteht als das Vernehmen akustischer Signale, wenn Hören hier heißt, das Wort Gottes in seiner ganzen Kraft, als beseligende Botschaft und als absoluten Anspruch zu vernehmen, dann ist selbstverständlich, daß der Mensch das aus eigener Kraft nicht zu leisten vermag. Es ist Gottes Gnade, wenn einen Menschen die Botschaft Jesu ins Herz trifft: „Die Zeit ist erfüllt, und das Reich Gottes ist nahe; bekehrt euch und glaubt an das Evangelium" (Mk 1,15). Mit der Berührung der Ohren und mit dem Wort ‚Effata – Sei (in deinem Herzen) geöffnet' will die Kirche das bei der Vorbereitung auf die Taufe anzeigen.
Daß Jesu Tun nicht mehr bis in jede Einzelheit nachgeahmt wird, versteht sich. In der jetzigen Reform hat man darauf verzichtet, daß die Zunge, oder Ohren und Zunge (oder – wie vor der Reform – Ohren

und Nase) mit Speichel berührt werden. Schon vor der Reform hat man aus entsprechendem Grund davon absehen können, zur Berührung Speichel zu nehmen. Zur Symbolkraft, die man in biblischer Zeit dem Speichel beimaß, haben wir kaum noch Zugang. Wohl aber hat für uns Zeichenkraft, daß der Mensch ohne die Fähigkeit, zu hören und sich mitzuteilen, nicht heil sein kann. Jesus ist der Messias, der dies Heil bringt: Er öffnet das Ohr und löst die Fessel der Zunge.
Kann aber auch bei der Kindertaufe das ein Zeichen sein, was in der Vorbereitung Erwachsener durchaus Zeichenkraft haben kann? Bei der jüngsten Reform, die eigentlich erstmals in der Geschichte den Taufritus für die Unmündigen in rechter Weise angepaßt hat, war man einhellig der Meinung: Dies Zeichen ist bei Unmündigen dann nicht sinnvoll, wenn es im Rahmen der vorbereitenden Riten vollzogen wird. Denn nicht dem Säugling wird ja das Wort Gottes verkündet. Das Unmündige ist noch nicht fähig, den Glauben anzunehmen und zu bekennen. Das Kind wird auf den Glauben der Eltern hin getauft. Die Eltern hören das Evangelium im Wortgottesdienst und bekennen sich zu diesem Evangelium Jesu Christi. „In diesem Glauben" — so antwortet ihnen dann die Kirche — „empfängt Ihr Kind nun die Taufe."
Es war nur konsequent, den Effata-Ritus im Rahmen der Kindertaufe zu einem ausdeutenden Zeichen zu machen. Was Taufe bedeutet, was in der Taufe geschieht, das deutet u. a. auch der Effata-Ritus. Der Zelebrant sagt zum Verständnis des Zeichens:

> „So wollen wir den Herrn bitten, daß er diesen Kindern helfe, seine Botschaft zu hören und zu bekennen: Der Herr lasse euch heranwachsen, und wie er mit dem Ruf „Effata" dem Taubstummen die Ohren und den Mund geöffnet hat, öffne er auch euch Ohren und Mund, daß ihr sein Wort vernehmt und den Glauben bekennt zum Heil der Menschen und zum Lobe Gottes."

Zu jedem einzelnen Neugetauften sagt er, wenn er Ohren und Mund berührt: ‚Der Herr öffne dir Ohren und Mund' (vgl. FKT R 32).
Auch bei der Taufe der Kinder soll also deutlich werden: Der Herr selbst ist es, der diesem Täufling Ohren und Mund anfanghaft geöffnet hat. Jesus Christus hat durch seine Gnade dieses Menschenkind anfanghaft für das Evangelium aufgeschlossen. Freilich ist das, was jetzt geschehen ist, erst der Anfang. Die Kindertaufe ist nicht schon die volle Eingliederung in die Kirche. Es folgen ja noch weitere große Feiern der Eingliederung, die Firmung und die erste volle Teilnahme

an der Eucharistie. Es muß ja noch folgen das erste und dann immer deutlichere Hören der Frohbotschaft Gottes; es muß ja noch folgen das erste, noch kindliche, dann aber immer reifere, schließlich ganz selbstverantwortliche Bekenntnis des Glaubens.

Der Effata-Ritus nach der Taufe des Kindes ist — auch das wird man sehen müssen — noch einmal Ausdruck des Anspruchs, den die Gemeinschaft der Gläubigen an die Eltern und Paten stellt: Dies Kind muß zuerst von Euch Eltern und Paten das Wort Gottes vernehmen, damit es zum Glauben kommt, damit es mit uns allen den Glauben bekennen kann. Andererseits ist dies Zeichen für die Eltern auch Anlaß zur Hoffnung. Sie können an diesem Zeichen ablesen, daß sie nicht nur auf ihre eigene Kraft verwiesen sind. Wenn die Kirche beim Effata-Ritus sagt: ‚Der Herr öffne dir Ohren und Mund', dann ist das eine Bitte an den Herrn Jesus Christus. Also können und dürfen auch die Eltern immer wieder vertrauensvoll beten, wenn sie an die Zukunft ihres Kindes denken: Herr, öffne du seine Ohren für dein Wort, Herr, öffne du seinen Mund zum Bekenntnis des Glaubens.

Bleibt noch zu sagen, daß die Kirche den Effata-Ritus bei der Kindertaufe nicht mehr zu den verpflichtenden Riten rechnet. „Der Spender der Taufe soll von den im Ritus vorgesehenen Wahlmöglichkeiten Gebrauch machen, je nach den Umständen und Erfordernissen und je nach den Wünschen der Gläubigen" (FKT V 62). Wann die Umstände und Erfordernisse für den Effata-Ritus sprechen — oder besser: Wann es Gründe gibt, auf diesen Ritus zu verzichten, ist also Ermessenssache des Taufspenders. Darauf näher einzugehen, kann hier nicht unsere Sache sein. Wohl muß mit allem Nachdruck gesagt werden, daß zunächst der Zelebrant sich selbst in den geistlichen Gehalt dieses Zeichens vertiefen muß. Dann erst wird er es im vorbereitenden Taufgespräch den Eltern und in der Homilie bei der Tauffeier allen Teilnehmern erschließen können. Natürlich wird man auf ein verständiges Echo vor allem da rechnen können, wo immer wieder auch in der Verkündigung an die Gesamtgemeinde zur Perikope von der Heilung des Taubstummen dargestellt wird, wie das in der Kirche weitergeht, was Jesus damals getan hat — exemplarisch für alle Zukunft.

Die Liebe Gottes ist ausgegossen in unsere Herzen

Der zentrale Taufritus

‚Der Zelebrant gießt Wasser über den Kopf des Täuflings und sagt dabei ...': so heißt es in GL 48,1. Knapper kann man den wesentlichen Taufritus nicht beschreiben. Nicht einmal davon ist die Rede, daß der Taufspender dreimal das Taufwasser gießt. Wer nur eben das weiß, was er GL entnehmen kann, der wundert sich wohl, wenn er im nachkonziliaren deutschsprachigen Taufbuch von dreimaligem „Eintauchen oder Übergießen" liest. Vom „ersten, vom zweiten, vom dritten Eintauchen oder Übergießen" wird da gesprochen: entsprechend der Anrufung des dreifaltigen Gottes.

Taufen durch Eintauchen: eine für uns ungewöhnliche Praxis. Unser Taufbuch geht auf diese Verwunderung ein: „Man kann durch Untertauchen oder durch Übergießen taufen. Die Taufe durch Untertauchen ist besser geeignet, die Teilnahme am Tod und an der Auferstehung Christi auszudrücken" (FKT V 12). Zweierlei ist bemerkenswert an diesem Satz. Hier wird erstens von „Untertauchen", nicht von „Eintauchen" gesprochen (wie später im Ritus), zweitens hat auch hier die Form der Tauchung den Vorrang vor der uns geläufigen Form der Taufspendung durch Übergießen.

Selbstverständlich können wir nun aber den gleichsam beschwichtigenden Satz, der unmittelbar folgt, nicht unterschlagen: „In unseren Verhältnissen wird es im allgemeinen bei der Taufe durch Übergießen bleiben." Das ist ein klares Wort, gewiß. Aber immerhin hat die uns ungewohnte Form der Taufspendung durch Tauchung – Eintauchen oder Untertauchen – ja doch so etwas wie einen Ehrenvorrang. Für uns ist das Grund genug, auch nach dieser Form oder diesen Formen – Eintauchen/Untertauchen – zu fragen. Die Einsichten, die sich ergeben, helfen uns sehr, den geistlichen Sinn des Taufgeschehens zu erfassen.

Drei Momente wird man nennen müssen, wenn man nach einer Begründung sucht für das doch immerhin erstaunliche Phänomen, daß unser neuestes deutschsprachiges Taufbuch der Tauchung eine Art Ehrenvorrang einräumt. Zusammengesehen vermitteln diese drei Aspekte der Entwicklung einen sehr aufschlußreichen Einblick.

Von Belang ist zunächst einmal der ökumenische Aspekt. In den Kirchen des Ostens werden die Unmündigen durch Eintauchen ins Taufbecken, ins Taufbad, getauft. Heute ist – was freilich noch sehr vordergründig ist – der ökumenische Aspekt auch deshalb von mehr Gewicht als möglicherweise früher, weil es heute häufiger Gelegenheit gibt, diese Taufform mitzuerleben. Ab und zu wird uns in einem Fernseh-‚Tagebuch' ein Ausschnitt aus einer ostkirchlichen Tauffeier ins Haus gebracht. Auch infolge der Durchlässigkeit vieler Grenzen in Europa erleben hier und da unsere Christen, denen bislang nur unsere neuzeitliche westliche Praxis der Kindertaufe vertraut war, die ostkirchliche Spendeform der Taufe – sei es, daß ein Kind griechischer Eltern, die unter uns leben und arbeiten, die Taufe empfängt, sei es anläßlich einer Ferienreise in den Südosten Europas. Aber natürlich geht es nicht in erster Linie um derartig pragmatische Überlegungen, man müsse heutzutage eben auch das wissen – mit dem Unterton: Auch wenn uns diese Form der Taufspendung vielleicht etwas exotisch vorkommen sollte. Es geht vor allem darum, Christen anderer Kirchen kennenzulernen, um ihnen in der Ökumene näherzukommen.

Wer Ökumene sagt, und damit an den Willen zu mehr christlicher Gemeinsamkeit für die Zukunft appelliert, muß sich notwendig zusammen mit den Christen anderer Konfessionen an der gemeinsamen Vergangenheit orientieren. Das ist der zweite Aspekt unserer Frage nach der Spendeform der Taufe: Wie war es in den Anfängen, was ist der Schrift zu entnehmen? Wurde Taufe anfangs durch Übergießen gespendet oder durch Eintauchen bzw. Untertauchen?

Es ist erst die Andeutung einer Antwort, wenn wir uns an Apg 8 erinnern, an die Begegnung des äthiopischen Hofbeamten mit dem ihm durch einen Gottesboten zugesellten Missionar Philippus. Philippus legt dem Fremden, der in Jerusalem gewesen war und nun auf der Heimreise im Buch des Propheten Jesaja liest, die Schrift aus. Er zeigt ihm, daß vom Messias die Rede ist, und er verkündet ihm, wer dieser Messias ist. Dann heißt es: „Als sie nun weiterzogen, kamen sie zu einer Wasserstelle. Da sagte der Eunuch: Hier ist Wasser. Was hindert, daß ich getauft werde? Er ließ den Wagen halten und beide, Philippus und der Eunuch, stiegen in das Wasser hinab, und er taufte ihn. Als sie aber aus dem Wasser stiegen, entführte der Geist des Herrn den Philippus. Der Eunuch sah ihn nicht mehr, und er zog voll Freude weiter" (Apg 8,36–39).

Davon, daß in dieser Szene auch vom Taufritus die Rede ist, wenn auch nur andeutungsweise, müssen wir später noch sprechen. Zunächst ist uns diese Szene aus einem anderen Grund wichtig. Sie weist uns auf den dritten Aspekt hin, der für die Wertung der Spendeform durch

Eintauchen von Belang ist. Etwas knapp gesagt: Zuerst war die Erwachsenentaufe das Normale; daraus hat sich später dann die Kindertaufe als Normalform entwickelt. Was damit gesagt ist, müssen wir zunächst bedenken.

Von den Anfängen her ist Taufe ein Heilszeichen für denjenigen, der den Appell Jesu aufnimmt: „Die Zeit ist erfüllt, und das Reich Gottes ist nahe. Bekehrt euch und glaubt an das Evangelium" (Mk 1,15). Wer umkehrt und glaubt, kommt ins Heil. Dementsprechend werden die Jünger für alle Zeit beauftragt: „Geht hinaus in die ganze Welt und verkündet der ganzen Schöpfung das Evangelium! Wer glaubt und sich taufen läßt, wird gerettet . . ." (Mk 16,15f). Der Glaube an Jesus als den von Gott gesandten Retter gehört unabdingbar zur Taufe. Den Glauben zu verkünden und dann zu taufen sind die Apostel gesandt.

Nun hat es aber Zeiten in der Geschichte der Christenheit gegeben, in denen Mission eher ein Thema am Rand der kirchlichen Praxis war. So wurde die Taufe Unmündiger der Normalfall. Das hat auf den Taufritus insofern Einfluß gehabt, als man Erwachsene in Formen getauft hat, die der Praxis der Kindertaufe entsprachen (wobei hinwiederum für die Kindertaufe immer die Taufe Erwachsener Modell gewesen ist). Diese Phase ist heute mindestens prinzipiell überwunden. Insofern der universale, also der missionarische Aspekt unser Bewußtsein wieder deutlicher bestimmt, darf es uns nicht mehr so ungewöhnlich erscheinen, daß in unserer Kirche nicht nur Kinder, sondern auch Erwachsene getauft werden. Das bedeutet dann aber auch, daß die Spendeform für Erwachsene, die Praxis in den Ländern der Mission auch uns hierzulande durchaus etwas angeht.

Es sind also ökumenische, historische und missionarische Aspekte, die uns veranlassen, nach den Anfängen der christlichen Taufe zu fragen. Dabei geht es uns — nochmals soll es gesagt sein — nicht um das Wissen an sich, sondern um das geistliche Verstehen des Heilszeichens Taufe.

Fragen wir zunächst einmal so: Was hat denn Philippus eigentlich an dem Äthiopier getan? Hat er ihn durch Untertauchen oder hat er ihn durch Übergießen getauft? Natürlich ist klar, daß weder diese Schriftstelle noch andere, die wir noch nennen müssen, ausdrücklich zum Ziel hat, uns über die Taufpraxis der Urkirche zu unterrichten. Immerhin bekommen wir auf unsere Frage nach dem Zeichen auch aus Apg 8 mindestens eine indirekte Antwort: Der Taufbewerber und mit ihm der Spender steigen in das Wasser hinab.

Wenn unser Taufbuch vom Taufen durch Untertauchen sagt, diese Form sei „besser geeignet, die Teilnahme am Tod und an der Auferstehung Christi auszudrücken", dann wird mit diesem Hinweis eine andere Schriftstelle ins Spiel gebracht: „Wißt ihr denn nicht, daß wir, die wir auf Christus Jesus getauft wurden, auf seinen Tod getauft sind? Wir wurden mit ihm begraben durch die Taufe auf den Tod, damit so, wie Christus durch die Herrlichkeit des Vaters von den Toten auferweckt wurde, auch wir in dieser neuen Wirklichkeit leben" (Röm 6,3f).

Man hat noch vor einigen Jahrzehnten die Meinung vertreten, Paulus habe hier die Taufpraxis seiner Zeit vor Augen: Untertauchen unter die Wasseroberfläche, ganz in das Wasser hineintauchen. Durch das Auftauchen werde demnach die Auferstehung symbolisiert. Heute können wir ziemlich sicher sagen, daß zu Zeiten der Apostel nicht in dieser Form getauft wurde. Erst Generationen später hat sich diese Stelle aus dem Römerbrief auf die Gestaltung des Taufritus ausgewirkt. Diese Form der Taufe durch völliges Untertauchen ist aber eher eine vorübergehende Entwicklung gewesen. Gleichwohl ist es hochbedeutsam, daß wir Christen gemäß Röm 6,3f unser Leben als christusförmig verstehen sollen. Durch die Taufe sind wir Christus in Tod und Auferweckung gleichgestaltet. Daher hat dieses Pauluswort in der zentralen Tauffeier des Kirchenjahres, bei der Erneuerung des Taufversprechens in der Osternacht großes Gewicht. Ehe die Kirche uns auffordert, dem Bösen abzusagen und uns zum Glauben zu bekennen, sagt sie uns: ‚Wir alle sind einst durch das österliche Geheimnis der Taufe mit Christus begraben worden, damit wir mit ihm auferstehn zu einem neuen Leben'!

Wenn aber nicht durch Untertauchen, wie wurde dann in der Urkirche getauft? In Verbindung mit dieser Frage können wir jetzt auch zu klären versuchen, was gemeint ist, wenn einmal vom Eintauchen, dann wieder vom Untertauchen die Rede ist. Den verschiedenen neutestamentlichen Schriften ist mehr an — freilich indirekter — Antwort zu entnehmen, als man zunächst annehmen möchte.

In Apg 22 berichtet Paulus nach seiner Gefangennahme in einer ersten Verteidigungsrede — noch im Tempelvorhof — von seinem Damaskuserlebnis. Der Herr schickt in Damaskus seinen Jünger Hananias zu dem erblindeten Saul. Hananias legt ihm die Hände auf; Saul wird geheilt. Dann fordert Hananias ihn auf: „Was zögerst du noch? Steh auf, laß dich taufen und deine Sünden abwaschen und rufe seinen Namen an" (Apg 22,16). Taufe ist Waschung zur Vergebung der Sünden. So heißt es denn auch in Hebr 10,22: „... laßt uns mit aufrichtigem Herzen in voller Gewißheit des Glaubens hintreten, das Herz durch Besprengung gereinigt von schlechtem Gewissen und den Leib gewaschen mit reinem Wasser ...". Und an die Korinther schreibt Paulus: „Aber ihr seid reingewaschen, seid geheiligt, seid gerecht gesprochen im Namen unseres Herrn Jesus Christus und im Geist unseres Gottes" (1 Kor 6,11b). Schon diese drei Schriftstellen lassen erkennen: Taufe ist Waschung, ist Bad der Reinigung durch Übergießen und wirkt von Gott her Rechtfertigung, Vergebung der Sünden.

Man muß nun hinzunehmen, was wir von jenem Mann wissen, den seine Zeitgenossen ausdrücklich „den Täufer" genannt haben, von Johannes, dem Wegbereiter Jesu. Hinzunehmen muß man auch das, was wir vom Brauch in jüdischen Sekten wissen, und das, was üblich war, wenn in damaliger Zeit Heiden zum Judentum übergetreten sind. Dann ergibt sich für die Praxis der ersten christlichen Generationen folgendes Bild: Der (erwachsene) Bewerber geht dorthin, wo ihm das Heilszeichen des Wassers gespendet werden kann; er steigt ins Wasser hinab, taucht sich also selbst ein. Ob immer auch der Spender ins Wasser hinabsteigen mußte – so hat uns Zefirelli in seinem Jesus-Film (Karwoche 1978) Johannes den Täufer dargestellt – ist damit nicht gesagt; freilich mag es nicht selten so gewesen sein. Wichtiger ist, was in diesem Hinabsteigen ins Wasser zum Ausdruck kommt. Der Bewerber bekennt, daß er der Reinigung, der Heiligung, der Kraft von oben bedarf. Er selbst kann nicht mehr tun, als dies eben dadurch anzuzeigen, daß er ins Wasser hinabsteigt. Dieser Wille zur Umkehr ist seine sehr persönliche Vorleistung, die unverzichtbar ist. Aber niemand kann sich selbst taufen. Nicht ohne Grund steht geschrieben: „Wer glaubt und sich taufen läßt ..." (Mk 16,16)!

Über den, der so bekennt, daß er das Heil von oben erwartet, gießt der Taufspender das Wasser aus. Für Momente ist der Täufling gleichsam vom Wasser umhüllt und bedeckt. Eintauchen und Übergießen, diese Grundform der Erwachsenentaufe, kann daher durchaus auch so gedeutet werden, wie es Paulus in Röm 6,3f tut: Taufe ist Eintauchen in den Tod Jesu, ist Auferstehung zu neuem Leben.

Eintauchen und Untertauchen sind also aus derselben Wurzel entwickelt. Eine wirkliche Differenzierung in zwei verschiedene Spendeformen ergab sich erst, als vornehmlich Kinder getauft wurden. Kleinkinder, Säuglinge können eben nicht ins Wasser hinabsteigen. Entweder taucht man sie ins Wasser, dann wäre Übergießen nur eine Doppelung; oder man übergießt sie mit Wasser, also braucht man sie nicht auch noch einzutauchen. Anders der Erwachsene, damals (und eigentlich auch heute): der Täufling selbst taucht sich ein und wird dann mit Wasser übergossen. Zum Zeichen, daß ihm geschieht, was er begehrt — zum Zeichen aber auch, daß an ihm das gewirkt wird, was er aus eigener Kraft nie und nimmer an sich hätte wirken können.

„Ihr seid reingewaschen, seid geheiligt, seid gerecht gesprochen im Namen unseres Herrn Jesus Christus und im Geist unseres Gottes" (1 Kor 6,11b). Dafür ist Wasser das Zeichen, dies Allerweltszeichen, das der aussätzige syrische General Naaman fast verschmäht hätte (vgl. 2 Kön 5,1–27), hätten ihm nicht seine Leute gut zugeredet: ‚Wenn der Prophet [Elischa] etwas Schweres von dir verlangt hätte, würdest du es tun; wieviel mehr jetzt, da er zu dir gesagt hat: Wasch dich, und du wirst rein' (v. 13). Wasser zeigt aus sich selbst schon an, was Gott dem Menschen zu schenken bereit ist: Rechtfertigung in Jesu Namen.

Aber es muß noch einmal mit Nachdruck gesagt werden: Von oben her kommt das Heil; das Wasser muß fließen, es wird ausgegossen über dem, der ins Heil kommen soll. Uns ist die Redensart vertraut, da sei aus dem Saulus ein Paulus geworden. Gemeint ist immer, da habe sich einer zum Besseren bekehrt. So weit, so gut! Nur besteht die Gefahr, daß diese Redensart uns den Blick auf den wichtigeren Teil des Damaskusgeschehens verstellt. Gewiß ist aus dem Gegner ein Jünger, aus dem Verfolger ein Verkünder des Evangeliums geworden. Saul hat dem Wort des Herrn geglaubt, er hat ihm sein Herz geöffnet. Aber ein in seiner Existenz anderer, ein neuer Mensch ist Saul dadurch geworden, daß er der Aufforderung des Hananias gefolgt ist: „Steh auf, laß dich taufen und deine Sünden abwaschen und rufe seinen Namen an." Laß dir von Gott deine Sünden vergeben!

„Ihr seid ... geheiligt ... im Namen unseres Herrn Jesus Christus und im Geist unseres Gottes": was Paulus den Korinthern verkündet, das haben auch die Evangelisten gepredigt. Mk 1,8 ist das Wort des Täufers Johannes überliefert: „Ich habe euch mit Wasser getauft, er aber wird euch mit Heiligem Geist taufen." Was mit diesem Wort angedeutet ist, ist ein außerordentlich wichtiger Beitrag zur Tauftheologie. In den beiden ersten Kapiteln der Apg ist das entfaltet. Der auferstandene Herr nimmt zum Abschied das Wort des Täufers auf, berichtend und verheißend: „Johannes hat mit Wasser getauft; ihr aber werdet mit Heiligem Geist getauft werden schon in wenigen Tagen" (Apg 1,5). Das erfüllt sich an Pfingsten. Die mit dem Geist Gottes getauften Jünger treten vor die Menge aus allen Völkern und

Nationen. Petrus trifft die Hörer ins Herz, als er ihnen zeigt, daß sich an den Jüngern Jesu das Wort des Propheten Joel (2,28) erfüllt: „Ich werde meinen Geist ausgießen über alles Fleisch." Das ist geschehen, weil — so sagt Petrus in Apg 2,36 — „Gott ihn zum Herrn und Christus gemacht hat, diesen Jesus, den ihr gekreuzigt habt." Auf die erregte Frage der Hörer: „Was sollen wir tun", antwortet Petrus: „Bekehrt euch, und jeder von euch lasse sich auf den Namen Jesu Christi taufen zur Vergebung der Sünden; dann werdet ihr die Gabe des Heiligen Geistes empfangen" (Apg 2,38).

Von oben den Menschen überströmendes Wasser der Taufe ist Zeichen der Gabe des Heiligen Geistes zur Vergebung der Sünden. Darum sagt wie in der Zeit der frühen Kirche auch heute noch der Spender der Taufe den (erwachsenen) Neugetauften (und ähnlich den Unmündigen) unmittelbar nach dem heiligen Zeichen des Wassers: „Der allmächtige Gott, der Vater unseres Herrn Jesus Christus, hat euch aus dem Wasser und dem Heiligen Geist neues Leben geschenkt und euch von aller Schuld befreit" (FEE 224; vgl. FKT R 29). Das ist das Mysterium der Taufe, das im überfließenden Wasser angezeigt wird. Paulus hat es allen Getauften so ins Stammbuch geschrieben: „Die Liebe Gottes ist ausgegossen in unsere Herzen durch den Heiligen Geist, der uns gegeben ist" (Röm 5,5).

Im Blut des Lammes gewaschen

Überreichung des weißen Kleides

Wer getauft wird, wird gewaschen — um einmal ganz pauschal vom zentralen Zeichen zu reden. Im Blick auf die Praxis der Erwachsenentaufe wird man auch sagen können: Wer getauft wird, taucht in ein Bad ein, wird vom Wasser überströmt. Was im zentralen Zeichen geistlich geschieht, sucht die Kirche durch weitere Zeichen auszudeuten. Durch die Fülle der ausdeutenden Zeichen bei der Tauffeier will die Kirche anzeigen, was das heißt, im Wasser der Taufe geheiligt zu werden.

Zu den ausdeutenden Riten gehört die Überreichung des weißen Kleides. Dazu sagt der Zelebrant den Neugetauften:

> „Das weiße Kleid soll euch ein Zeichen dafür sein, daß ihr in der Taufe neugeschaffen worden seid und — wie die Schrift sagt — Christus angezogen habt. Bewahrt diese Würde für das ewige Leben."

Man braucht nicht viel Phantasie, sich die Taufpraxis in der Zeit der frühen Kirche vorzustellen. Vornehmlich Erwachsene werden getauft, meist in der Ostervigil, fast immer nach langer Vorbereitung. Im Baptisterium, dem Taufraum oder Taufhaus neben der Kirche, legen die Taufbewerber ihre Kleider ab. Nach dem Taufbad und der Chrisamsalbung bekleiden sie sich mit festlichen Gewändern und ziehen zum Hauptraum, in dem die Gemeinde um den Bischof versammelt ist. Dort soll durch die Firmung die Eingliederung in die Kirche vollendet und in der Eucharistie festlich begangen werden. Augustinus, der große Bischof von Hippo, hat die neuen Mitglieder der Gemeinde einmal mit folgenden Worten vorgestellt: „Diese Neugeborenen da: Finsternis sind sie gewesen; die dunkle Nacht ihrer Schuld hat wie eine Last auf ihnen gelegen. Jetzt seht ihr sie mit weißen Kleidern angetan; ihr Herz ist geheiligt, das strahlende Weiß ihres Gewandes weist hin auf den hellen Glanz in ihrem Innern" (Sermo 223).

Aller Wahrscheinlichkeit nach war zur Zeit Augustins die Überreichung des weißen Kleides noch kein Element des Rituals. Dazu ist die Überreichung geworden, als vorwiegend Kinder zu taufen waren. Aber dies Zeichen ist noch auf dem Boden der Erwachsenentaufe gediehen.

Mündige Menschen, die die Feier der Taufe und Firmung ganz bewußt als ein Fest erleben, auf das sie sich Monate und vielleicht Jahre hindurch vorbereitet haben, die in Taufe und Firmung die Vorbereitung auf das eigentliche Fest sehen, auf die Eucharistie, werden sich von der Sache her gedrängt gefühlt haben, zu diesem Fest festliche Gewänder zu tragen, waren sie doch „geladen zum Hochzeitsmahl des Lammes" (vgl. Offb 19,9).
Zeitweise ist dieser Ritus verkümmert gewesen, aber doch nie ganz untergegangen. Noch das vorkonziliare Ritenbuch für Österreich und Deutschland sah vor, gegebenenfalls anstelle des weißen Kleides dem Täufling ein Tuch aufzulegen, das dann natürlich sofort wieder weggenommen wurde. Auch das jetzige Ritenbuch meint mahnen zu müssen: „Die Zeichenhaftigkeit wird verkürzt, wenn das überreichte Kleid sofort wieder weggenommen wird" (FKT V 55). Ins Positive gewendet, heißt es in einem anderen Zusammenhang: „Jedem Kind wird das weiße Kleid aufgelegt; die einzelnen Familien sollen das Taufkleid für ihr Kind nach Möglichkeit selbst bereitstellen und jetzt dem Zelebranten übergeben" (FKT R 30). Jetzt – d. h. nach dem zentralen Zeichen der Waschung. Mit Nachdruck wird auf das „Jetzt" hingewiesen: „... daß das weiße Kleid nicht etwa dem Kind schon vor dem Gang zur Taufe angelegt, sondern ihm vom Zelebranten als Zeichen der empfangenen Taufe überreicht wird" (FKT V 55). Man könnte diese Hinweise ergänzen durch die Anregung, eine Pfarrgemeinde solle überdies mehrere Taufkleider in Bereitschaft haben, die u. U. bedürftigen Familien für die Feier und über die kirchliche Feier hinaus für den ganzen Tauftag überlassen werden. Alle sollen ja in der Feier und beim häuslichen Fest erfahren, was das weiße Gewand aussagt vom Geheimnis der Taufe.
Bevor wir davon sprechen, sollten wir kurz nach der Praxis bei der Erwachsenentaufe fragen. Hier stellt die Kirche frei, das Zeichen zu vollziehen oder darauf zu verzichten. Dazu ist zunächst zu sagen, daß verständigerweise die Paten agieren; sie legen ihren Schützlingen das weiße Kleid an, während der Zelebrant das deutende Wort spricht. Ferner ist zu sagen, daß wohl nur die Form des Umhangs in Frage kommt. Die Taufbewerber tragen – natürlich je nach Jahreszeit und Witterung – hierzulande u. U. bei der Feier auch noch den Mantel. Da kann nur der Umhang die Form sein, in der ihnen das weiße Gewand überreicht wird. Schließlich wird man die Situation unserer Gemeinden auch insofern realistisch sehen müssen, als Erwachseneninitiation in der Gemeindefeier eine Seltenheit ist. Daher wäre es

eigentlich angemessen, wenn seitens des Bistums für solche Feiern den Gemeinden entsprechende Umhänge zur Verfügung gestellt würden.

Warum all diese Bemühung? Weil in diesem ausdeutenden Ritus wichtige Aspekte des Taufmysteriums zur Sprache kommen. Getauft sein heißt ‚Christus anziehen'. Paulus schreibt an die Galater: „Ihr seid alle durch den Glauben Söhne Gottes in Christus Jesus. Denn ihr alle, die ihr auf Christus getauft seid, habt Christus als Gewand angelegt. Es gibt nicht mehr Juden und Griechen, nicht Sklaven und Freie, nicht Mann und Frau; denn ihr alle seid Einer in Christus Jesus" (Gal 3,26–28). Das ist wohl das älteste neutestamentliche Zeugnis für unser Thema, das dann in den Schriften des NT immer wieder erklingt. „Wenn also jemand in Christus ist, dann ist er eine neue Schöpfung: das Alte ist vergangen, Neues ist geworden" (2 Kor 5,17). Und: „Ihr habt den alten Menschen mit seinen Taten abgelegt und seid ein neuer Mensch geworden" (Kol 3,9f). Auf diese Schriftworte ist angespielt, ausdrücklich angespielt, wenn die Kirche zur Überreichung des weißen Kleides sagt: „Das weiße Kleid soll euch ein Zeichen dafür sein, daß ihr in der Taufe neugeschaffen seid und – wie die Schrift sagt – Christus angezogen habt ..."

Christus anziehen, Christus als Gewand anlegen, mit Unsterblichkeit überkleidet werden (vgl. auch 1 Kor 15,53): das wird im Geheimnis der Taufe Wirklichkeit. Dem Menschen geschieht etwas, was den Bereich seiner Möglichkeiten unendlich übersteigt. Auf Tabor erfahren Petrus und seine Gefährten, die Menschen also, die Jesus am nächsten stehen, vorauskostend das Mysterium Auferstehung – und sie sagen es später so: „Er wurde vor ihren Augen verwandelt; sein Gesicht leuchtete wie die Sonne und seine Kleider wurden blendend weiß wie das Licht" (Mt 17,2 parr). Die Herrlichkeit des Herrn wird den Jüngern geoffenbart. Sie dürfen darin zugleich den neuen Menschen sehen, die neue Schöpfung, zu der alle gehören, die durch Glauben und Taufe Christus angezogen haben.

Der Weg zu dieser Herrlichkeit des Herrn führt freilich durch das Blut, durch den Tod, durch den blutigen Tod am Kreuz. Johannes, dem die „Offenbarung Jesu Christi" für die Kirche zuteil wird, sieht in einem Bild vor dem Thron Gottes „eine große Schar aus allen Nationen und Stämmen, Völkern und Sprachen ... sie standen in weißen Gewändern vor dem Thron und vor dem Lamm ..." (Offb 7,9). Dann heißt es: „Da sprach einer der Ältesten zu mir und fragte mich: Wer sind diese, die weiße Gewänder tragen, und woher kommen sie? Ich erwiderte ihm: Du, mein Herr, weißt es. Und er sprach zu mir: Das sind jene, die aus der großen Drangsal kommen; sie haben ihre Kleider gewaschen und im Blut des Lammes weiß gemacht" (Offb 7,13–15). Durch das am Kreuz vergossene Blut wird für die, die sich zum Kreuz bekennen, das Dunkel der Schuld zur strahlenden Helle der neuen Schöpfung.

Dem Kind wie dem Erwachsenen wird abschließend zur Überreichung des weißen Gewandes gesagt: „Bewahre diese Würde zum ewigen Leben." Aus der neuen Existenzweise muß das weitere Leben gestaltet werden. So entspricht es der Predigt der Schriften. So sagt es Paulus: „Legt das neue Gewand an, Jesus Christus, den Herrn, und lebt nicht so, daß die Begierden des Leibes erwachen" (Röm 13,14). Im Epheserbrief ist dieser Gedanke so entfaltet: „Legt den alten Menschen ab, der in Verblendung und Begierde zugrunde geht; ändert euer früheres Leben und erneuert euren Geist und Sinn. Zieht den neuen Menschen an, der nach Gottes Bild geschaffen ist, damit ihr wahrhaft gerecht und heilig lebt" (Eph 4,22–24). Daß aus dem Indikativ der Imperativ folgt, daß der Christ aus der von Gott gewirkten Wirklichkeit sein Leben wirken muß, deutet in der Offenbarung des Johannes auch der Brief an die Kirche von Laodizea an: „... kaufe von mir weiße Kleider und zieh sie an, damit die Schande deiner Nacktheit nicht sichtbar wird" (Offb 3,18b).

Das Geheimnis der Taufe, das im weißen Kleid symbolisiert ist, muß stets neu realisiert werden, ein Leben lang: „Bewahre diese Würde für das ewige Leben." Etwas ausführlicher hieß es in der älteren Form des Deutewortes: „Empfange das weiße Kleid und bring es makellos vor den Richterstuhl unseres Herrn Jesus Christus, auf daß du das ewige Leben habest." Die Taufe ist Angeld, ist Unterpfand, aber sie ist noch nicht die endgültige Herrlichkeit.

Das Kleid makellos vor den Richter bringen, diese Würde immer bewahren: Möglicherweise könnten uns solche Worte nicht nur betroffen machen, sondern auch zur Resignation verleiten. Da hilft uns das Wort der Offenbarung: Sie haben ihr Gewand gewaschen im Blut des Lammes. Den Getauften steht der Quell des Herzblutes Jesu immer offen. Nicht ohne Grund haben die Väter vom Bußsakrament als von einer zweiten Taufe gesprochen. Für alle, denen die kostbare Gabe der Taufe der Besitz ist, den sie immer neu erwerben in der Hinwendung zum Kreuz, zum Lamm wie geschlachtet, gilt die Verheißung: „Sie werden mit mir in weißen Gewändern gehen, denn sie sind würdig" (Offb 3,4).

Gesalbt mit dem Chrisam des Heils

Tauf- und Firmsalbung

Chrisam (griech.) bedeutet Salböl. Es ist Olivenöl, dem man in den Ostkirchen zahlreiche, gelegentlich bis zu vierzig verschiedene wohlriechende und kostbare Spezereien beimischt. Auch in der lateinischen Kirche wird dem Olivenöl, das zum Chrisam werden soll, der aromatische, harzige Balsam zugegeben. Chrisam ist das kostbarste der drei Salböle, die die Kirche in ihren Gottesdiensten verwendet. Ursprünglich ist Chrisam ausschließlich für die Feier der Aufnahme neuer Mitglieder in die Kirche bestimmt gewesen. Was Salbung mit Chrisam bedeutet, muß man daher auch heute noch in erster Linie den Sakramenten zur Eingliederung in die Kirche ablesen.

„Taufe, Firmung und Eucharistie sind die Sakramente, die den Menschen in die Kirche eingliedern ..." So beginnt die ‚Pastorale Einführung' sowohl zur ‚Feier der Kindertaufe' als auch zur ‚Feier der Firmung' (je n. 1). In dieser Abfolge — Taufe, Firmung, Eucharistie — werden die Sakramente entsprechend der Tradition ja auch immer aufgezählt, zumindest da, wo repräsentativ von ihnen die Rede ist, z. B. in den Katechismen. Wir werden noch davon sprechen müssen, daß diese Reihung nicht nur Tradition ist, sondern durchaus auch aktuelle Praxis. Zunächst ist wichtig zu sehen, daß diese Reihung eine Hilfe ist, das Zeichen Chrisamsalbung zu verstehen. Damit ist dann auch schon gesagt oder zumindest angedeutet: Das Zeichen Chrisamsalbung hilft uns, das Heilsgeschehen jener Sakramente besser zu verstehen, bei denen die Empfänger mit Chrisam gesalbt werden. Denn die Chrisamsalbung ist gleichsam die Klammer, durch die Taufe und Firmung miteinander verbunden sind.

Salbung mit wohlriechendem Öl: Wir müssen dieses Zeichen, um es verstehen zu können, in größerem Zusammenhang sehen. Es steht zwischen den beiden anderen besonders hervorragenden Zeichen, in denen wir unsere christliche Existenz darstellen. Christ wird der Mensch im Bad der Taufe; Christ im Vollsinn ist, wer zugelassen ist zur Feier des Todes und der Auferstehung Jesu Christi, zum Mahl des Leibes und Blutes unseres Herrn.

Von Anfang an war dies das Ziel der Eingliederung in die Kirche, war dies der Höhepunkt der Feier in einer langen festlichen Nacht:

Die zum Glauben bekehrten Menschen sollen jetzt und für immer teilhaben an der Eucharistie. Die Waschung mit dem Wasser der Taufe war der erste Schritt auf dies Ziel hin.
Wer zu einem Festmahl geladen ist, bereitet sich auf dieses Fest vor. Wasser ist sozusagen die erste „Anwendung". Staub und Schmutz, die Last des Tages, all das wird abgewaschen. Der Leib erfährt im Bad, wie köstlich schon Wasser ist. Für ein Fest freilich ist das nicht genug. Reinlichkeit ist gut und immer notwendig — die Vorbereitung für ein Fest geht aber darüber hinaus.
Sich salben, mit duftendem Öl salben: das ist für uns so selbstverständlich, wie es das auch für die Zeitgenossen Jesu war. Wir können einer Szene des Lukasevangeliums entnehmen, daß der zum Fest geladene Gast nicht nur selbst für sich sorgte. Es war ein Zeichen der Gastfreundschaft, für die Gäste Wasser und Salböl bereitzustellen. Jesus ist in das Haus des Pharisäers Simon geladen; aber er wird vom Hausherrn geringschätzig, mindestens kritisch, fast feindselig behandelt. Eine Frau, die am Rand der Gesellschaft lebt, in dieser Stadt immer, gewiß auch an diesem festlichen Abend, sucht die Nähe des Rabbi aus Nazaret. Was sich in dieser Begegnung ereignet — und was vorher unterblieben ist —, das können wir dem Wort des Herrn entnehmen, der Antwort auf einen stummen Vorwurf des Gastgebers. Jesus sagt dem Pharisäer Simon, der gemeint hatte, er müsse dem Nazarener den Kontakt mit der Sünderin ankreiden: ‚Als ich in dein Haus kam, hast du mir kein Wasser für die Füße gegeben; sie aber hat ihre Tränen vergossen über meinen Füßen ... Du hast mir kein Öl aufs Haar getan; sie aber hat mir mit Öl die Füße gesalbt ...' (Lk 7,44.46). Durch Waschung und Salbung bereiten sich die Menschen für das Fest — damals und heute. Also ist wie die Waschung auch die Salbung zum Zeichen des Heils geworden.
Dem Konzilswillen entsprechend differenziert die Kirche bei den Feiern der Eingliederung, je nachdem, ob es sich um erwachsene Bewerber oder um unmündige Täuflinge handelt. Diese Differenzierung wirkt sich auch bei den Salbungsriten aus. Nachdrücklich ist gewünscht, daß bei der Aufnahme Erwachsener Taufe, Firmung und Eucharistie als eine große Einheit gefeiert werden. Dahinter soll zurücktreten, was grundsätzlich und von den Ursprüngen her — im Rahmen des Möglichen und Notwendigen — immer gegolten hat, daß nämlich der Bischof die Chrisamsalbung zur Firmung spendet. Wenn kein Bischof die Feier der Aufnahme Erwachsener leitet, ist der Priester für die Firmung zuständig, weil vor allem die Einheit der Sakramente der Ein-

gliederung wichtig ist: Waschung, Salbung und Festmahl (vgl. FEE 223f.228).

Auch diese nachkonziliare Bemühung, die Zusammengehörigkeit der Initiationssakramente deutlicher zu machen, hat ihre ökumenische Dimension. In dieser Hinsicht ist ja das, was für unseren Erfahrungsbereich besonders naheliegt, vor allem bemerkenswert: Die Kirchengemeinschaften, die sich in der Reformation von der römischen Kirche getrennt haben, bestehen (bis auf Ausnahmen in jüngster Zeit) auf der altkirchlichen Zuordnung der Sakramente insofern, als zum heiligen Abendmahl niemand zugelassen wird, der nicht konfirmiert ist. In den Kirchen des Ostens sind die Verknüpfungen nach der anderen Seite besonders eng: Die Unmündigen empfangen in einer einzigen Feier Taufe und Firmung. Noch bis ins Hochmittelalter hat man auch in der lateinischen Kirche den Unmündigen womöglich alle drei Sakramente der Eingliederung gespendet. Wo man die Firmung nicht spenden konnte, weil das Vorrecht des Bischofs nicht tangiert werden sollte, hat man das, was möglich schien, immerhin noch getan. Man hat den Säuglingen die Eucharistie gereicht, indem man sie vom Blut des Herrn kosten ließ. Denn die Taufe – und die Firmung – bereiten für die Eucharistie.

Das wird auch für die Zukunft gelten müssen. Alle religionspädagogischen Bemühungen müssen sich (und werden sich künftig auch wieder) am Sinngehalt der Sakramentsfeiern ausrichten. Man darf getrost die Tatsache, daß weithin derzeit Eucharistie und Firmung den jungen Christen in umgekehrter Reihung gespendet werden, als eine Entwicklungsphase ansehen; man muß nicht annehmen, damit sei das Ideal verwirklicht. Die Reihung der Sakramente bei der Eingliederung Erwachsener beweist eindeutig das Gegenteil.

Die Chrisamsalbung ist eine Art Klammer zwischen den Sakramenten der Eingliederung. Das müssen wir jetzt genauer darstellen. Unmittelbar nach der Taufe der Kinder salbt der Zelebrant die Neugetauften auf dem Scheitel mit Chrisam. Zur Deutung der Scheitelsalbung sagt er den Neugetauften:

> „Der allmächtige Gott, der Vater unseres Herrn Jesus Christus, hat euch von der Schuld Adams befreit und euch aus dem Wasser und dem Heiligen Geist neues Leben geschenkt. Ihr werdet nun mit dem heiligen Chrisam gesalbt; denn ihr seid Glieder des Volkes Gottes und gehört für immer Christus an, der gesalbt ist zum Priester, König und Propheten in Ewigkeit" (FKT R 29).

Zur Chrisamsalbung bei der Firmung wird man vor allem beachten müssen, was Paul VI. in der Apostolischen Konstitution vom 15. August 1971 zur Neuordnung der Firmung bestimmt hat: „Das Sakrament der Firmung wird gespendet durch die Salbung mit Chrisam auf der Stirn unter Auflegen der Hand und durch die Worte: Sei besiegelt durch die Gabe Gottes, den Heiligen Geist." Zunächst ist wichtig, was meist als selbstverständlich angesehen wird, aber so selbstverständlich nun doch auch wieder nicht ist: Bei der Firmung wird mit demselben Öl gesalbt wie bei der Taufe, eben mit Chrisam. Eine weitere Beziehung ergibt sich aus diesem zentralen Satz zum Firmsakrament insofern, als hier von Handauflegung die Rede ist. Damit ist indirekt auch auf das Gebet zur Handauflegung verwiesen (im deutschsprachigen Buch: zum „Ausbreiten der Hände"):

> „Allmächtiger Gott, Vater unseres Herrn Jesus Christus, du hast diese jungen Christen, unsere Brüder und Schwestern, in der Taufe von der Schuld Adams befreit, du hast ihnen aus dem Wasser und dem Heiligen Geist neues Leben geschenkt. Wir bitten dich, Herr, sende ihnen den Heiligen Geist, den Beistand. Gib ihnen den Geist der Weisheit und der Einsicht, des Rates, der Erkenntnis und der Stärke, den Geist der Frömmigkeit und der Gottesfurcht" (FF R 9).

Dies Gebet beruft sich nicht nur ausdrücklich auf die Taufe, es ist – und das nicht zufällig – mit dem Deutewort zur Scheitelsalbung nach der Taufe in seinem ersten Teil fast identisch.

Wenn man diese Verklammerung beachtet, dann erschließen sich weitere Phänomene aus Vergangenheit und Gegenwart. Seit der Neuordnung gilt, daß, wenn Taufe und Firmung in einer Feier gespendet werden, die Kandidaten nur einmal mit Chrisam gesalbt werden. Die Scheitelsalbung entfällt; nur zur Firmung erfolgt die Salbung der Stirn mit Chrisam.

Diese Regelung wird verständlich, wenn man sie auf dem Hintergrund ihrer Geschichte sieht. Von den Ursprüngen her handelt es sich um eine zweigliedrige Salbung. Wer im Wasser der Taufe Vergebung der Sünden erlangt hatte, wurde zunächst am ganzen Körper gesalbt. Das war Sache der Priester, die hier als Helfer des Bischofs fungierten, wie beim Taufbad Diakone die Helfer des Bischofs waren. Die Neugetauften zogen dann festlich zur Gemeinde und zum Bischof. Der Bischof vollendete, er konfirmierte, er besiegelte dann, was bis hierher den Bewerbern an Heilszeichen zuteil geworden war. Er legte ihnen die

Hände auf nach dem Vorbild der Apostel Petrus und Johannes in Samaria (Apg 8,14–17) und Paulus in Ephesus (Apg 19,6). Er vollendete die Salbung, indem er den Neugetauften Chrisam aufs Haupt goß. Erst als von der Spätantike ab vor allem und bald fast ausschließlich Kinder in die Kirche aufzunehmen waren, haben sich dann im Westen der Kirche Taufe und Firmung auseinanderentwickelt. Die Taufe blieb Dienst der Priester; aus der früher unmittelbar anschließenden Ganzsalbung wurde die Scheitelsalbung. Dienst des Bischofs blieb die Vollendung der Eingliederung, also die Firmung durch Handauflegung und durch Chrisamsalbung der Stirn.

Nachkonziliar hat die Kirche – auch das gehört in diesen Zusammenhang – die sakramentale Formel der Firmung erneuert. Die bisherige Formel aus dem 9. Jh. beschrieb das Tun des Bischofs, aber sie deutete es eigentlich nicht: „Ich bezeichne (besiegele) dich mit dem Zeichen des Kreuzes und firme (stärke) dich mit dem Chrisam des Heiles im Namen des Vaters und des Sohnes und des Heiligen Geistes." Mit der Erneuerung hat die lateinische Kirche eine viel ältere Firmformel angenommen, die erstmals gegen Ende des 4. Jh. im syrischen Patriarchat Antiochien bezeugt ist: ‚Sei besiegelt durch die Gabe Gottes, den Heiligen Geist'. Wer dem lateinischen (und dem ihm zugrunde liegenden griechischen) Wortlaut dieser Formel in Geduld nachhorcht, der kann heraushören, daß dies Wort zur Firmsalbung sagen will: Diese Salbung hier ist das Siegel darauf, daß dir zur Eingliederung in die Kirche die kostbarste Gabe Gottes gegeben ist, der Heilige Geist.

Inwiefern die Salbung mit dem Chrisam des Heils ein Christuszeichen ist und welchen Stellenwert dieses Heilszeichen im Gesamt des Ursakramentes Kirche hat, deutet die nachkonziliare Erweiterung des Wortes zur Scheitelsalbung an: „Ihr seid Glieder des Volkes Gottes und gehört für immer Christus an, der gesalbt ist zum Priester, König und Propheten in Ewigkeit." Christus – Chrisam: Was für uns gleichsam zum Teil des Namens geworden ist, ist ursprünglich ein Hoheitstitel: Jesus ist der Christus, der Messias, der Gesalbte. Petrus verkündet der Hausgemeinschaft des Kornelius in Cäsarea: „Ihr wißt, was im ganzen Judenland geschehen ist, angefangen in Galiläa, nach der Taufe, die Johannes verkündet hat: wie Gott Jesus von Nazaret gesalbt hat mit Heiligem Geist und Kraft ..." (Apg 10,37f). Daß Taufe und Salbung mit Heiligem Geist hier in einem Atemzug genannt werden, entspricht auch der Verkündigung der Evangelisten. Bei Lukas heißt es: „Zusammen mit dem ganzen Volk ließ auch Jesus sich taufen. Und während er betete, öffnete sich der Himmel, und der Heilige Geist kam sichtbar in Gestalt einer Taube auf ihn herab, und eine Stimme aus dem Himmel sprach: Du bist mein geliebter Sohn, an dir habe ich Gefallen gefunden" (Lk 3,21f).

Priester, König und Prophet ist Jesus, der Christus, insbesondere im Paschamysterium, im Durchgang durch den Tod zur Auferstehung. Das geöffnete Herz ist die unüberhörbare Predigt von der unermeßlichen Liebe Gottes. Der Herr, der sein Herz öffnen ließ, der „sich aus freiem Willen dem Leiden unterwarf" (Hochgebet II), bringt als Ewiger Hohepriester des Neuen Bundes das einzig wohlgefällige Opfer dar. Daher ist er König in Ewigkeit — wie es im Johannesevangelium heißt: „Jetzt ist das Gericht über diese Welt, jetzt wird der Herrscher dieser Welt hinausgeworfen. Aber wenn ich von der Erde erhöht bin, werde ich alle an mich ziehen" (Joh 12,31f). Die Kirchenväter haben in einer erstaunlich kühnen, aber sehr treffenden Bildrede versucht, das Christusgeheimnis und das Geheimnis der Kirche ineinszusehen, als eine große Einheit zu deuten. Christus ist der zweite Adam, der am Kreuz im Tod entschlafen ist. Aus seiner Seitenwunde bildet der Vater die Kirche, die zweite Eva, die Mutter aller Glaubenden. Das Kreuz, gleichsam ein Baum, trägt als kostbare Frucht den gekreuzigten Herrn. Wie die Frucht des Ölbaums, die Olive, ausgepreßt stirbt, dabei ihre Gabe verströmt, das Olivenöl, so Christus am Kreuz. Im Tod — so erläutern die Kirchenväter in ihrer Bildrede — verströmt das geöffnete Herz die Liebe Gottes, den Heiligen Geist. Salbung mit dem Chrisam des Heils zur Taufe und Firmung ist dafür das Zeichen, daß „ihr Glieder des Volkes Gottes seid und für immer Christus angehört", dem gekreuzigt-auferstandenen Herrn.

Meine Seele verzehrt sich in Sehnsucht

Altarkuß zur Verehrung bei Ankunft und Abschied

„Der Altarkuß ist vorgeschrieben: erstens . . ., zweitens . . ., drittens . . ., viertens . . .". Derartige aufzählende Anweisungen waren für die vorkonziliaren liturgischen Ordnungen typisch. Sehr zu Recht hat Th. Klauser die Gottesdienstpraxis in der Neuzeit charakterisiert als die „Periode der ehernen Einheitsliturgie und der Rubrizistik". Vorschrift ist Vorschrift; die Praxis hat nicht nach dem Sinn zu fragen, sondern sich nach der Vorschrift zu richten. So könnte man umschreiben, was mit Rubrizistik gemeint ist. Eine der vielen Vorschriften betraf den Altarkuß. Mindestens neunmal in jeder Messe war der Altar zu küssen: zu Beginn, vor der Oration (Tagesgebet), vor dem Offertorium, vor dem Orate fratres, zweimal im Canon, vor der Postcommunio, vor dem Ite missa est, vor dem Schlußsegen.

Man muß sich nicht wundern, wenn im kritischen Rückblick auf derartige rubrizistische Tüftelei gelegentlich jemand mittels der Statistik ein wenig ironisiert hat: Wenn eine sog. Stille Messe x Minuten dauert, wie schnell folgen dann durchschnittlich die Altarküsse aufeinander (Kniebeugen und Verneigungen waren in dieser Hinsicht noch ergiebiger). Dementsprechend braucht man sich auch nicht zu wundern, daß im Vorfeld der jüngsten Reform gefordert wurde, auf Altarküsse ganz zu verzichten. Und ebensowenig ist verwunderlich, daß da und dort die Reform in diesem Punkt als ein „fauler Kompromiß" gewertet worden ist. Man habe zwar die Zahl der Altarküsse reduziert, aber auf das unzeitgemäße Zeichen leider nicht ganz verzichtet.

Muß man nicht gegen die so geforderte und manchmal wohl auch praktizierte Totalabstinenz Widerspruch einlegen? Zwei Gründe für einen Widerspruch seien vorab genannt. Bemerkenswert ist, wie oft unsere Sportpresse Bilder veröffentlicht von Meistern, von Siegern beiderlei Geschlechts, die einen Pokal oder eine Schale in Händen halten und jetzt die lang ersehnte und heiß umkämpfte Trophäe mit Hingebung küssen. Das Zeichen als solches scheint also doch nicht ganz unzeitgemäß zu sein. Zum anderen ist zu fragen, ob nicht gerade die frühere Praxis der Multiplizierung, die oft unerträgliche Häufung der Zeichen den Zugang verbaut hat zum Gehalt, zum Sinn, zur Aussage dieses Zeichens.

In der „Feier der Gemeindemesse" heißt es jetzt: „Der Priester verehrt gemeinsam mit seiner Begleitung den Altar und küßt ihn." In AEM 27 ist das so entfaltet: „Priester und Diakon ehren den Altar durch den Kuß" (vgl. auch AEM 85.129; ferner 163 für die Feier in Konzelebration). Zum Schluß heißt es in „Feier der Gemeindemesse": „Wie zu Beginn des Gottesdienstes küßt der Priester den Altar." Ein wenig modifiziert wird das in AEM 125: „Dann — d. h. nach Segen und Entlassung — ehrt der Priester in der Regel den Altar durch einen Kuß." Anscheinend muß der Zelebrant nicht unter allen Umständen noch einmal zum Altar herantreten, wenn er die Schlußriten vom Priestersitz aus geleitet hatte. Ein Kuß der Verehrung also zur Eröffnung der Feier und zum Abschied. Die jetzt geltende Ordnung ist, insofern sie zur Klarheit der Anfänge zurückkehrt, fraglos eine entschiedene Kritik an der inflationären Praxis der letzten Jahrhunderte.

Aber warum denn überhaupt der Kuß des Altars, warum diese Form der Verehrung? Man muß mit solchen Fragen rechnen. Man muß damit rechnen, daß manchem die Beschränkung und die daraus resultierende Aufwertung dieses Zeichens durchaus nicht genügt. Daß erst weitere Hinweise auf den Gehalt überzeugen — oder mindestens sehr hilfreich sein könnten, dies Zeichen innerlich voll zu akzeptieren.

Wir wissen, daß spätestens vom 4. Jahrhundert an die Begrüßung des Altars mit einem verehrenden Kuß in Ost und West fester Brauch gewesen ist. Wahrscheinlich ist es kein Zufall, daß sich der Brauch nur bis in diese Zeit zurückverfolgen läßt. In den Generationen vorher hatten die Christen unter bestimmten Aspekten Wert darauf legen müssen, sich deutlich von heidnischen und auch von jüdischen Vorstellungen und entsprechenden kultischen Praktiken zu distanzieren. Wenn wir in einer Schrift zur Verteidigung des Christentums (entstanden wohl gegen Ende des 2. Jahrhunderts) lesen, die Christen hätten weder Heiligtümer noch Altäre (M. Min. Felix, Oct. 32,1), dann ist damit auf den fundamentalen Unterschied zwischen christlichen und heidnischen Gottesvorstellungen hingewiesen. Für die Tempel und Altäre, durch die heidnische Gottheiten verehrt werden, gibt es im Christentum eben keine Entsprechung.

Generationen früher schon hatte der Hebräerbrief dem Tempelkult in Jerusalem die Einzigartigkeit und Einmaligkeit des Opfers Jesu Christi gegenübergestellt: „Denn Christus ist nicht in ein von Händen errichtetes Heiligtum eingegangen, in ein Abbild des wirklichen, sondern in den Himmel selbst, um jetzt für uns vor Gottes Angesicht zu erscheinen; auch nicht, um sich selbst viele Male zu opfern, wie der

Hohepriester jedes Jahr mit fremdem Blut in das Heiligtum eintritt; sonst hätte er viele Male seit Erschaffung der Welt leiden müssen. Jetzt aber ist er am Ende der Zeiten ein einziges Mal erschienen, um durch sein Opfer die Sünde zu tilgen. Und wie dem Menschen bestimmt ist, ein einziges Mal zu sterben, so wurde auch Christus ein einziges Mal geopfert, um die Sünden vieler hinwegzunehmen" (Hebr 9,24–28a).

Im Neuen Bund ist Christus der Hohepriester, ist Christus das Opfer, ist Christus das Mahl. Diese Reihe der Aussagen läßt sich wohl auch so verlängern: Christus ist der Altar. In Hebr 13,10 heißt es in bewußter Konfrontation zu alttestamentlicher Praxis: „Wir haben einen Altar, von dem die nicht essen dürfen, die dem Zelt dienen." Derselbe Inhalt wird in sehr anderer Form auch im letzten Buch des Neuen Testamentes, in der Offenbarung des Johannes ausgesagt. Einerseits ist dort mehrfach von einem Altar im Himmel die Rede (Offb 6,9; 8,3–5; 16,7); andererseits steht vor dem Thron Gottes nicht ein Altar, sondern inmitten der himmlischen Versammlung das Lamm: „Und ich sah: Zwischen dem Thron und den vier Wesen und mitten unter den Ältesten steht ein Lamm wie geschlachtet" (Offb 5,6). Ferner heißt es in den Schlußkapiteln von der neuen Stadt, dem himmlischen Jerusalem: „Einen Tempel sah ich nicht in ihr. Denn der Herr, ihr Gott, der Herrscher des Alls, ist ihr Tempel, und das Lamm" (Offb 21,22) und: „Der Thron Gottes und des Lammes wird in der Stadt stehen, und seine Knechte werden vor ihm dienen" (Offb 22,3b).

Derartige Glaubensaussagen müssen ausdrücklich bezogen werden auf das, was die Christen in ihrem Gottesdienst tun, wenn sie sich zur Eucharistie versammeln, wenn sie Brot und Wein auf den Tisch bringen entsprechend dem Auftrag des Herrn, wenn sie in der Brotsgestalt den hingeopferten Leib vom Herrn empfangen, im Wein sein vergossenes Blut. So wird dann diese Mitte, um die sich die Kirche versammelt, zum Symbol ihrer Einheit, zum Zeichen des in seiner Kirche gegenwärtigen und in ihren Mysterien wirkenden Herrn, letztlich zum Symbol der endzeitlichen, himmlischen Liturgie.

In den ältesten Schriften der nachapostolischen Zeit, in den Briefen des Ignatios von Antiochien, deutet sich eine derartige Sicht bereits an: „Seid deshalb bedacht, *eine* Eucharistie zu feiern – denn eins ist das Fleisch unseres Herrn Jesus Christus und einer der Kelch zur Vereinigung mit seinem Blut, einer der Opferaltar, wie einer der Bischof zusammen mit dem Presbyterium und den Diakonen, meinen Mitknechten – damit ihr, was immer ihr tut, gottgemäß tut" (Phil 4).

Später dann, bei den Vätern des 4. und 5. Jahrhunderts erklingt das Motiv in vollen Akkorden. Der Altar ist der Ehrwürdige Tisch, der Geheimnisvolle Tisch – so Ambrosius. Wörtlich heißt es bei ihm: „Was ist der Altar anderes als das Sinnbild des Leibes Christi" (Sacr V 2,7). Augustinus spricht vom Heiligen Altar, vom Großen Tisch. Ein anderer Afrikaner, Optatus von Mileve († um 400), erklärt: „Der Altar ist nichts anderes als der Thron für den Leib und das Blut Christi." Johannes Chrysostomus vergleicht die Kirche und das einzelne Glied am Leib Christi mit dem Altar aus Stein und sagt dazu: „Staunenswert ist dieser Altar, weil er seiner Natur nach ein bloßer Stein ist, aber heilig wird, weil er den Leib Christi aufnimmt; staunenswert ist jener Altar, weil er selbst Leib Christi ist" (In ep. II ad Cor. 20,3). Damit sind wir nicht mehr weit von der Aussage, die wir im Frühmittelalter in der Ordinationsliturgie antreffen: „Der Altar aber der heiligen Kirche ist Christus selbst nach dem Zeugnis des Johannes, der in seiner Apokalypse sagt, er habe den goldenen Altar geschaut: er stand vor dem Thron und auf ihm und durch ihn wurden die Opfergaben der Gläubigen Gott dem Vater konsekriert" (auf Offb 8,3ff ist hier angespielt).

Was in der Zeit der Väter über die Stätte der Feier, die Mitte der Eucharistie, über den Altar hat gesagt werden können, das macht die Praxis verständlich, diese Stätte so zu verehren. Im Alten Bund betet der Psalmist: „Meine Seele verzehrt sich in Sehnsucht nach dem Tempel des Herrn. Mein Herz und mein Leib jauchzen ihm zu, ihm, dem lebendigen Gott ... deine Altäre, Herr der Heerscharen, mein Gott und mein König": Ps 84(83),3.4b. Ähnlich affektiv wie diese Psalmverse ist das Zeichen der Verehrung, mit dem in der Kirche das Symbol des Herrn und Meisters Jesus Christus begrüßt wird. Es geht nicht um dieses Stück der Ausstattung des Kirchenraumes, nicht um den Altar als solchen, es geht um den im Zeichen, in diesem Zeichen geschauten Herrn. Ihm allein gilt der Kuß der Verehrung und Hingabe.

Irdische und himmlische Liturgie gehen ineinander über gemäß dem Begleitgebet zum Kuß am Schluß der Feier, das die westsyrischen Jakobiten beten. J. A. Jungmann hat es „ein dreifaches Lebewohl von hoher poetischer Schönheit" genannt:

> „Verbleibe im Frieden, heiliger und göttlicher Altar des Herrn! Ich weiß nicht, ob ich zu dir noch einmal zurückkehren werde oder nicht. Möge der Herr mir gewähren, dich zu sehen in der Kirche der Erstgeborenen im Himmel. Auf diesen Bund setze ich mein Vertrauen."

Du allein bist der Heilige

Inzensation während der Eucharistiefeier

‚Wie gut der Weihrauch damals noch roch.' An diesen Buchtitel der frühen siebziger Jahre scheinen sich manche Fernsehreporter noch lange erinnert zu haben. Dann nämlich, wenn sie von den spektakulär arrangierten Gottesdiensten eines französischen Alterzbischofs zu berichten hatten. Nicht selten haben diese Reporter und die Verantwortlichen im Funkhaus sich dann auf die Inzensationsriten konzentriert. Der Zuschauer mußte den Eindruck haben, daß der Weihrauch das Unterscheidungsmerkmal sei: Vor dem Konzil Feierlichkeit, gekennzeichnet durch Weihrauch – nach der Reform Verzicht auf den Weihrauch, also nüchterne, kärgliche Liturgie. Für eine Zeit des Übergangs mag man die Realität in manchen Gemeinden – zumindest oberflächlich – damit durchaus getroffen haben. Wo das aber so war (oder noch so ist), da war in den meisten Fällen nicht die Ablehnung jedweder Feierlichkeit die Ursache, sondern die Unkenntnis der jetzt geltenden Regeln.

Wenn man die damalige Situation in etwas größerem Zusammenhang sieht, dann erklärt sich die Unsicherheit gegenüber den Inzensationsriten leicht. Bis zur Reform war man bei der Gestaltung der Messe von zwei Grundformen ausgegangen: Einerseits die „stille", die „gelesene" Messe – missa lecta –, andererseits das Amt oder Hochamt, die „gesungene" Messe – missa in cantu: cantata/sollemnis. Kriterium war dabei nie die Form der Gemeindebeteiligung. Die „gelesene" Messe wurde als Betsingmesse oder Singmesse oder ähnliches gestaltet. Kriterium war immer nur, ob der Zelebrant seinen Part leise rezitierte oder ob er ihn sang. Sang der Priester, dann handelte es sich um eine missa in cantu. Ob ein Chor oder ein Kantor mitwirkten, ob Diakon und Subdiakon assistierten, war demgegenüber schon zweitrangig. Sang also der Zelebrant seinen Part, war auch das andere Element der Feierlichkeit erlaubt oder gar gefordert, die Inzensation, der Weihrauch. Bei der sog. „stillen" Messe hingegen hatte es Inzensationsriten nie gegeben.

Seit der Reform ist eine Grundvoraussetzung völlig verändert. Der Priester und die Gemeinde haben in jeder Phase der Feier miteinander Kontakt. Dadurch ist die Differenzierung in Amt oder Lesemesse

HNUK 150.1481, 5567

zur Zuständigkeit bei Dispens

Verordnung über den Gebrauch von

~~Meßwein~~ v. 15.6.1976

Wein bei der Eucharistiefeier (Meßwein) für alle (Erz-) Bistümer in der Bundesrepublik Deutschland vom 26.1.1976 (15.6.?), KA 19.

1470, 260 271

gegenstandslos geworden. Viel mehr von Belang für die Gestaltung der Messe ist der Anlaß der Feier, die Größe des Raumes, die Zahl der Mitfeiernden. Selbst wenn in einem konkreten Fall der Zelebrant nicht in der Lage sein sollte, auch nur ein einziges Textstück zu singen, dann kann doch die Gemeinde singen, dann singen möglicherweise auch der Chor und ein Kantor. Wie aber auch immer: ob der Zelebrant bei einem festlichen Anlaß singt oder ob er dazu nicht in der Lage ist, für die Frage nach der Inzensation ist das grundsätzlich kein Kriterium mehr.

Bei jeder Form der Meßfeier kann Weihrauch verwendet werden, heißt es daher jetzt in AEM 235. Wo früher enge Rubriken, wo bis ins einzelne verbindliche Regelungen gegolten hatten, da bestimmen jetzt Empfehlungen die Praxis. Da heißt es: Weihrauch kann, aber muß nicht verwendet werden. Das bedeutet dann zum Unterschied von früher eben, daß bei jeder Form der Eucharistiefeier inzensiert werden kann. Das hatte die Reform von Anfang an intendiert; nur hatte die Praxis erst lernen müssen, den so angebotenen Freiraum zu nutzen.

Wo duftender Weihrauch aufsteigt und unsere Sinne anspricht, da soll das kein vages Zeichen von Feierlichkeit sein. Weihrauch hat einen bestimmten Stellenwert. Weihrauch ist ein Zeichen der Verehrung. Ein Zeichen, dem die Gesinnung entspricht. So lasen es die Christen in den Schriften des Alten Bundes, so beteten sie im Psalm: „Wie ein Rauchopfer steige mein Gebet vor dir auf; als Abendopfer gelte vor dir, wenn ich meine Hände erhebe" (Ps 141[140],2). Daher haben die Christen äußerst empfindlich reagiert, wenn Weihrauch, ein Zeichen gleichsam göttlicher Verehrung, jemand dargebracht werden sollte, dem solche Verehrung nicht gebührte. Vor dem Bild des römischen Kaisers Weihrauch opfern: das war für die Christen der frühen Kirche der Abfall vom wahren Herrn, vom Kyrios Jesus Christus. Denn nur von ihm galt: „Du allein bist der Heilige, du allein der Herr." In der Zeit der Auseinandersetzung mit dem Staatskult des Kaiserreiches war daher Weihrauch bei den Christen ganz und gar verpönt. Erst als dieser Kampf durchgestanden war und nichts mehr an diese Frontstellung erinnerte, konnte Weihrauch zu einem Zeichen in der christlichen Liturgie werden.

Weihrauch ist besonders deutlich im Zentrum der Eucharistiefeier das Zeichen der Verehrung. Wenn über Brot und Wein gebetet worden ist mit den Worten, die der Herr selbst gesprochen hat, wenn die konsekrierten Gaben allen zur Anbetung gezeigt werden, dann unterstreicht die Inzensation der Eucharistie die Anbetung der Gemeinde. Wo immer bei kirchlichen Feiern Weihrauch verwendet wird – bei eucharistischen Prozessionen, beim Segen der Eucharistie – immer hat der Gebrauch von Weihrauch in der Inzensation beim Hochgebet die eigentliche Wurzel.

So wird Inzensation auch an anderen Stellen der Feier verständlich. Der in der Feier gegenwärtige Herr soll verehrt werden. Das gilt, wenn zu Beginn der Verkündigung des Evangeliums das Evangeliar inzensiert wird. Das jüngste Konzil hat uns gelehrt: „Gegenwärtig ist er [Christus] in seinem Wort, da er selbst spricht, wenn die heiligen Schriften in der Kirche gelesen werden" (SC 7). Christus wird geehrt, wenn in der Prozession zur Eröffnung der Messe – in der übrigens auch das Evangeliar hereingebracht wird – Weihrauch getragen wird. Christus wird geehrt, wenn der Altar und das Kreuz inzensiert werden. Seit der Zeit der frühen Kirche ist der Altar Symbol des in seiner Gemeinde gegenwärtigen Herrn. Zu den verehrenden Zeichen gehört bei herausgehobenen Feiern immer auch die Inzensation.

Vor der Reform war die Inzensation des Altars und des Kreuzes ein kompliziertes Ritual gewesen. Kompliziert war der Ritus deswegen geworden, weil man stets die Fiktion des Ursprünglichen hatte aufrechterhalten wollen. Ursprünglich hatte man den Altar umschreiten können und hatte ihn beim Umschreiten inzensiert. Als dann der Altar fest an die Rückwand gestellt oder durch das Retabel selbst zur Wand geworden war, hatte man das wenigstens noch andeuten wollen. Jetzt gilt wieder das ursprüngliche Prinzip: Der Hauptaltar soll freistehen, damit man ihn ohne Schwierigkeiten umschreiten kann (AEM 262). Daher wird der Altar jetzt inzensiert, während man ihn umschreitet; das Kreuz inzensiert man zuerst oder wenn man vor ihm vorbeigeht (vgl. AEM 236).

Die Eucharistie, der Altar, das Evangeliar: Zeichen des in der Feier der Eucharistie gegenwärtigen Herrn, der durch den duftenden Weihrauch als Kyrios verehrt wird. Wie läßt sich aus dieser Perspektive die Inzensation zur Gabenbereitung verstehen? Hier werden bekanntlich zunächst die Gaben, dann wieder der Altar, schließlich aber auch die Teilnehmer der Feier inzensiert. Das ist übrigens die einzige Stelle, zu der seit der Reform noch Personen inzensiert werden! Wird hier das Prinzip durchgehalten oder zeigt sich hier ein Bruch? Diese Frage wird man umfassend zunächst wohl so beantworten müssen: Die Inzensation von Personen hatte vor der Reform zwei sehr verschiedene Aspekte. Nur einen, den ursprünglichen, hat man in der Reform beibehalten wollen. Das zeigt sich, wenn man genau zusieht.

Vergleicht man die Inzensation der Gaben zur Bereitung des Tisches mit der Inzensation zur Verehrung der Eucharistie im Hochgebet, dann ist die Gabeninzens allenfalls ein Vorspiel. Ein Schlüssel zum Verständnis der Gabeninzens bei der Bereitung ist das Psalmwort: „Wie ein Rauchopfer steige mein Gebet vor dir auf." So deutet auch das Meßbuch diese Inzensation: „Dadurch soll angedeutet werden, daß die Gabe der Kirche und ihr Gebet wie Weihrauch vor das Angesicht Gottes emporsteigen" (AEM 51). ‚Wir bringen vor dein Angesicht': das ist ja der Tenor der Gebete zur Bereitung. Was du uns geschenkt hast — die Frucht der Erde — und was wir erarbeitet haben mit Händen und Geist, das bringen wir vor dein Angesicht. Auch der Weihrauch, der jetzt aufsteigt, ist dafür ein Zeichen.

Wenn aber dann Personen inzensiert werden? Bei der Gabenbereitung — und ausgerechnet dort und nur dort — sollen oder können Zelebrant und Gemeinde inzensiert werden (AEM 235d). Ist das nun eine Ehrung von Personen? So hat das aussehen können, jedenfalls damals, als im Chorraum jeder Kleriker einzeln inzensiert wurde; und solange in Bischofskirchen fein unterschieden wurde, wer dreimal, wer zweimal, wer nur einmal Inzens bekam.

Das aber war ursprünglich nicht gemeint. Inzensation von Personen nach der Inzensation der Gaben sollte nicht Ehrung sein, sondern ein Zeichen der Teilhabe am Opfer, zu dem die Kirche sich bereitet. Das Schlüsselwort zum Verständnis des Ritus war die Bitte: „Der Herr entzünde in uns das Feuer der Hingabe, die Flamme immerwährender Liebe." Das sagte der Zelebrant, wenn er das Rauchfaß aus der Hand gab, damit sein Helfer ihn inzensiere. Wie Brot und Wein, so soll mein Leben, mein Dienst und Werk vor Gottes Angesicht gebracht werden, soll Lobpreis sein für ihn.

Dieses Deutewort, das immer nur ein stilles Wort des Zelebranten war, das die Gemeinde nie hat hören können, würde auch heute im Gesang oder beim Orgelspiel zur Gabenbereitung nie zur Geltung kommen. Darum hat man es nach der Reform nicht wieder ins Meßbuch hineingenommen. Aber es wäre wohl hilfreich, daß es als Schlüssel irgendwie im Bewußtsein bliebe. Die Gemeinde soll wissen, wenn sie inzensiert wird, daß es hier nicht darum geht, sie zu ehren, wie ja auch der Zelebrant nicht hatte geehrt werden sollen. Rückschlüsse in der Art ‚Wir sind auch wer' kann hier niemand ziehen. Hier geht es darum, ins Zeichen zu bringen: Wir selbst sind vor Gott die Gabe; der Weihrauch, der emporsteigt, ist Sinnbild unserer eigenen Hingabe. Daher wäre es gegen den Sinn, bliebe die Gemeinde zur Inzensation

sitzen. Sie soll ja ohnehin zum Gabengebet stehen (vgl. AEM 21). Wenn die Gemeinde zur Inzensation steht, dann deutet sich auch darin an: Wir richten uns empor; denn wir haben unser Herz nach oben gerichtet – wie der Weihrauch, der zum Himmel steigt.
Gar nicht unwichtig ist, daß zunächst die Ministranten das alles einsehen lernen. Meist geht es den Buben darum, in eigener Regie das zu praktizieren, wozu das Rauchfaß ja bestimmt scheint. Solange sie es nicht aus der Hand geben müssen, damit der Priester es „hand"-habt, schwingen sie es selbst. Auf diese Weise wird aber eingeebnet, was die Liturgie ja herausheben will. Wenn ständig das Rauchfaß geschwungen wird, also ständig Weihrauch aufsteigt, sagen die eigentlichen Zeichen nicht mehr das, was sie sagen sollen. Die Ministranten tragen also das Rauchfaß und halten es ruhig, bis der Ritus verlangt, daß inzensiert wird. Nur dann werden die Gesten – ob sie nun vom Zelebranten vollzogen werden oder von seinen Helfern, zumeist also den Ministranten – zu deutlichen Zeichen. Sie bezeichnen die Ehrung dessen, der allein der Herr, der allein heilig ist; sie sprechen verhüllt von seiner Gegenwart; sie deuten die Bereitschaft der Gemeinde an, teilzuhaben an seinem Opfer.

Wie der Zöllner im Gleichnis

Sich zum Schuldbekenntnis an die Brust schlagen

Zwischen der Demut des Zöllners und der Selbstgerechtigkeit des Pharisäers liegen Welten. Wer glaubt, vor Gott für seine (vermeintlichen) Tugenden danken zu sollen, der „erhöht sich selbst", sagt Jesus. Unsere Sprache schildert diese Haltung sehr plastisch: Er brüstet sich. Wer sich so ins Spiel bringen will, sich Geltung verschaffen will wie der Pharisäer, der wirft sich in die Brust. Jeder kann sehen, wie seine Brust sich wölbt: Hier, das bin ich – so bin ich! Anders der, der das Gegenbild lebt, der „sich selbst erniedrigt" – im Gleichnis der Zöllner. Mit gesenkten Augen steht er da. Jesus schildert ihn: „Er schlug sich an die Brust und betete: Gott, sei mir Sünder gnädig" (vgl. Lk 18,9–14).

Sich an die Brust schlagen: Dieses Zeichen ist auch in unserer Liturgie seit unvordenklicher Zeit, möglicherweise seit den Anfängen gebräuchlich. Nicht gerade selten hört man, seit der Reform sei dies Zeichen verkümmert – ein Vorwurf, den man mit Bedacht prüfen sollte.

Bis zur Reform war bekanntlich in der ‚Ordnung der Messe' nur von der Rolle des Zelebranten die Rede, in kurzen Hinweisen auch von dessen Assistenz. Von dem, was die Gläubigen taten oder hätten tun sollen, las man in der Zelebrationsordnung eigentlich nichts. Das muß man vorausschicken, wenn man danach fragt, wie es früher mit diesem Zeichen war.

Die ‚Ordnung der Messe' schrieb vor, daß sich der Zelebrant zum Schuldbekenntnis dreimal an die Brust schlug. So taten das dann auch die Ministranten, wenn sie – eigentlich stellvertretend für die Gemeinde – das Confiteor sprachen.

Ferner hat eine lange Tradition, daß sich der Zelebrant (mit ihm jetzt auch die Konzelebranten) an die Brust schlägt, wenn er die vorletzte Strophe des Ersten Hochgebets, des Römischen Kanons beginnt: ‚Nobis quoque peccatoribus ... – Auch uns, deinen sündigen Dienern, die auf deine reiche Barmherzigkeit hoffen ...'

An zwei Stellen im Kommunionkreis sollte sich nach der früheren Ordnung der Priester an die Brust schlagen, dreimal, wenn er das Agnus Dei betete, dreimal, wenn er zur Kommunionvorbereitung (in Anlehnung an Mt 8,8) sprach: ‚Herr, ich bin nicht würdig, daß du eingehst unter mein Dach ...'

Da in der vorkonziliaren Ordnung der Messe von der Rolle der Gläubigen nichts gesagt war, sucht man auch in Büchern, die für deren Hand bestimmt waren, meist vergebens nach entsprechenden Anweisungen. Vorkonziliare Diözesangebetbücher und Katechismen erwähnen allenfalls die Antworten der Gemeinde, sagen aber meist kaum etwas über deren Beteiligung in Gesten. Nur der Blick zurück in die eigene Erfahrung, partiell natürlich auch die Beobachtung der gegenwärtigen Praxis zeigen, daß das Zeichen des Zöllners niemandem fremd war — und eigentlich auch jetzt niemandem fremd sein brauchte.

Man sah — und sieht auch heute — nicht selten, daß sich manche Christen, wenn sie in die Kirche kommen, zur Kniebeuge mehrfach an die Brust schlagen. Möglicherweise haben die meisten dazu ein Stoßgebet gelernt; vielleicht wird so von vielen noch gebetet. Wohl nicht viel anders war es (und ist es), wenn sich manche zur Erhebung und Anbetung der Eucharistie nach der Wandlung mehrfach mit dem Kreuzzeichen bezeichneten und sich an die Brust klopften. Zum „Nobis quoque" hat wohl nie jemand nachgeahmt, was er den Zelebranten tun sah. Anders wahrscheinlich beim Agnus Dei, sicher jedenfalls, wenn der Leib des Herrn den Gläubigen zur Kommunion gezeigt wurde. Zum Ruf ‚Herr, ich bin nicht würdig' war es wohl überall Brauch, sich dreimal an die Brust zu schlagen.

Man wird angesichts der früheren Praxis — sicher in aller Umsicht — heute fragen dürfen und müssen, ob nicht auch von diesem Zeichen gelten könne, daß weniger manchmal mehr ist. Augustinus hatte als Bischof in Hippo gelegentlich Grund, seine Christen zu mahnen, sie sollten sich nicht so gedankenlos an die Brust schlagen. Kaum hören sie das Wort Confiteor, da meinen sie, sie müßten sich an die Brust klopfen. Confiteor kann ja auch heißen: Ich rühme, ich preise dich, ich mache deinen Namen bekannt, ich bekenne ihn vor allen. Augustinus hatte hier Mt 11,25 zitiert, das Gebet Jesu: „Confiteor ... Ich preise dich, Vater, Herr des Himmels und der Erde, weil du all das den Weisen und Klugen verborgen, aber den Unmündigen offenbart hast." Kaum hören die Leute das erste Wort, klopfen sie sich an die Brust. So nicht, muß der Bischof sie zurechtweisen; das ist gedankenloses Getue (vgl. Sermo 67,1,1).

Ob das nicht auch für viele galt (und gilt), die beim Hereinkommen und beim Hinausgehen zur Kniebeuge, auch zur Anbetung der Eucharistie mehr hastig als gesammelt sich mehrfach an die Brust schlugen?! Eine ruhige Kniebeuge beim Betreten und Verlassen der Kirche, nach der Wandlung — und bei der Schlußdoxologie des Hochgebets — der gesammelte Aufblick zu den eucharistischen Gestalten: das kann mehr sein ohne die zusätzlichen hastigen Handbewegungen.

Sollen sich die Gläubigen an die Brust schlagen, wenn sie zur Strophe im Ersten Hochgebet ‚Auch uns sündigen Dienern ... schenke gnädig Verzeihung' sehen, daß es der Priester tut? Dies Gebetsstück ist immer als eine Bitte der Amtsträger für sich selbst verstanden worden. Sünder, peccatores: Das sind wir, der Bischof, die Priester und Diakone. So haben sich ja auch frühchristliche Schriftsteller in ihren Schriften genannt, z. B. Tertullian aus Karthago (ca. 200), der sein Werk über die Taufe mit den Worten schließt: „Wenn ihr betet, dann betet auch für den Sünder Tertullian." Bei diesem Verständnis sollte es hier bleiben. Dementsprechend schlägt nur der Zelebrant an seine Brust.

Der Vollständigkeit halber sei erwähnt, daß die im Mittelalter aufblühende allegorische Erklärung der Messe als Darstellung des Leidens und Sterbens Christi hier folgende Deutung herangetragen hat: Die lauter gesprochenen ersten drei Worte, das weist hin auf das Wort des heidnischen Hauptmanns unter dem Kreuz, der – wie Lukas schreibt – „Gott pries und bekannte: Dieser Mensch war wirklich unschuldig". Weiter heißt es an dieser Stelle: „Und alle, die zu diesem Schauspiel herbeigeströmt waren und sahen, was sich ereignet hatte, schlugen sich an die Brust und kehrten zurück" (vgl. Lk 23,47f). Wenn der Priester hier an seine Brust schlägt, dann soll das etwas anderes bedeuten [all'agoreuein = etwas anderes aussagen], wollte die allegorisierende Meßerklärung hier wissen. Hier stellt der Priester die Menschen unter dem Kreuz dar, die sich nach dem Tod Jesu an die Brust schlagen. – Wir können dieser Methode der Auslegung nicht mehr folgen, können nicht in jedem Wort und Zeichen einen verborgenen Hinweis auf Spuren aus Leben und Leiden und Verherrlichung Jesu suchen und finden. Also gibt es hier keinen Grund, daß „alles Volk" sich zu den Worten ‚Auch uns, deinen sündigen Dienern' an die Brust schlägt, wenn man das den Zelebranten tun sieht.

Falsch wäre es auch, zu bemängeln, daß nach der jetzt geltenden Ordnung weder der Zelebrant noch die Gemeinde sich zum Agnus Dei an die Brust schlagen. Hier war die frühere Praxis mangelhaft. Denn das Agnus Dei ist Begleitgesang zum Brotbrechen; das war es ursprünglich, das soll es wieder sein. Wenn der Zelebrant aber das Brot bricht für die Gemeinde (nicht nur die große Hostie für sich), kann er nicht zur gleichen Zeit an seine Brust klopfen. Und die Gemeinde? Sie könnte doch! Dagegen ist zu sagen, daß das Agnus Dei ein Gesang ist; da ist ein Gestus zu jedem Ruf nicht sehr praktikabel.

Etwas anders liegen die Dinge beim Wort zur Kommunionvorbereitung: ‚Herr, ich bin nicht würdig ...'. Der Priester hat zwar die Hände nicht frei. Er hält in der Linken die Hostienschale, in der Rechten die Brotsgestalt, die er den Gläubigen zeigt: ‚Seht das Lamm Gottes : . .' (vgl. AEM 115). Aber die Gläubigen könnten sich hier an die Brust schlagen — und hier sollten sie es sicher auch tun.
Vor allem geht es um das Zeichen zum Schuldbekenntnis. Hier hatte es in unserem Sprachbereich bis zur Reform bekanntlich eine Gemeindebeteiligung nicht gegeben. Die neue Ordnung arbeitet dies Defizit auf. Daß es neben der Form A (GL 353,4) noch andere Formen des Schuldbekenntnisses gibt, dafür gibt es einige gute Gründe (die wir hier nicht erörtern müssen). Allerdings wäre es ein grober Fehler, wenn jetzt das Schuldbekenntnis nur sehr selten in der Form des Confiteor gesprochen würde. Daß dessen Text — obwohl gekürzt und gestrafft — inhaltlich reicher wurde („daß ich Gutes unterlassen ... habe"), ist ebenso eine Wohltat wie die Regelung, daß jetzt alle gleichzeitig beteiligt sind, also miteinander, nicht nacheinander. Alle bekennen sich als Sünder, alle schlagen sich an die Brust.
Natürlich soll man niemand tadeln, der sich dreimal an die Brust klopft: ‚durch meine Schuld, durch meine Schuld, durch meine große Schuld'. Der Text legt das nahe. Das hat nicht nur Vorteile. Der stilisierte Text führt zum stilisierten Gestus. Da aber immer durch Stilisierung rituelle Worte und Zeichen mindestens potentiell geschwächt werden, spricht einiges dafür, sich auch hier nur einmal an die Brust zu schlagen.
Daß die Kraft des Zeichens aus der Einsicht des Herzens lebt, vor Gott und vor den Mitchristen schuldig zu sein, das versteht sich. Daher braucht jeder zum Bekenntnis im Wort und im Zeichen vorweg ausreichend Zeit zur Besinnung, die Möglichkeit also, den eigenen Standort zu erkennen, Tun und Lassen der vergangenen Tage zu überdenken. Erst dann hat das bekennende Wort und das deutende Zeichen Gewicht.
Miteinander solidarisch sprechen der Zelebrant und alle in der Gemeinde, die Ersten und die Letzten, sich in diesem Zeichen und Wort vor Gott und voreinander schuldig. „Ich bin ein Sünder", sagt einmal Augustinus in einer Predigt (Sermo 135,6,7); „mit euch schlage ich an die Brust, mit euch erbitte ich Verzeihung, mit euch erhoffe ich, Gott wird mir gnädig sein". Übrigens gab es damals das leise gesprochene Bekenntnis des Zelebranten und seiner Helfer noch nicht; unser Confiteor ist erst Jahrhunderte später entstanden. Aber eben das Zeichen

gab es schon, das Zeichen des Zöllners: ‚Mit euch schlage ich an die Brust.' In diesem Zeichen verwirklichen die Jünger des Herrn solidarisch die Forderung, sich selbst zu erniedrigen. Wer in der Gesinnung des Zöllners sich an die Brust schlägt und seine Schuld eingesteht, der darf dann im Kreis der Jünger Jesu das Wort Gottes hören und die heiligen Geheimnisse feiern, der „geht gerechtfertigt nach Hause".

Gegenwärtig ist er in seinem Wort

Verkündigung des Evangeliums

Da wird ein Samenkorn, ein Fruchtkern, ein unscheinbares, einfaches Gebilde also, zu einer vielgliedrigen Pflanze, womöglich zu einem Gewächs, das Pflanze zu nennen nicht mehr genügt. Aus einem Samenkorn wird ein Baum. So können sich im Gottesdienst Motive entwickeln, sich organisch zu einer Sinfonie von Zeichen entfalten. Man muß schon recht gut hören, um alle Variationen zu hören und die Grundmelodie nicht zu überhören. Wie man einen Baum aus der Ferne in seiner imponierenden Gestalt sieht, aus der Nähe seine Struktur wahrnimmt, die Verästelungen seines Gezweigs, die Gestalt seines Blattes, die Art seiner Rinde, Farbe und Duft seiner Blüten. Unsere Melodie ist die Aussage des Konzils: „Gegenwärtig ist er [Christus] in seinem Wort" (SC 7), die Sinfonie das Ensemble der Zeichen zur Verkündigung des Evangeliums in der Messe.

„Niemand kann es entgehen, daß unter allen Schriften, auch unter denen des Neuen Bundes, den Evangelien mit Recht ein Vorrang zukommt. Denn sie sind das Hauptzeugnis für Leben und Lehre des fleischgewordenen Wortes, unseres Erlösers": so sagt das II. Vaticanum in der Konstitution über die Göttliche Offenbarung (n. 18).

In der Tat ist das Evangelium vor den anderen, der einen oder den zwei (oder gelegentlich mehr) anderen Lesungen ausgezeichnet. Es wird nur jemandem anvertraut, der zum Klerus gehört, dem Diakon oder einem Priester, der als Konzelebrant (oder in anderer Funktion) mitfeiert, oder aber dem Zelebranten (vgl. AEM 34). Warum ist nicht — wenn schon das Evangelium ausgezeichnet werden soll — der Zelebrant dessen erstberufener Verkünder? Wenn „in der Regel der Leiter des Gottesdienstes selbst die Homilie halten soll" (vgl. AEM 42), wäre es doch organisch, wenn er vorher auch das Evangelium selbst verkündete?! Die vorgeschriebene Zuordnung der Aufgaben läßt sich nur so verstehen: Wer in der Kirche Jesu Christi das Wort Gottes auslegt, muß selbst zuerst dessen Hörer gewesen sein. Der Zelebrant hört die Lektoren die Lesungen vortragen, den Diakon das Evangelium verkünden. Zusammen mit der Gemeinde ist er zuerst Hörer des Wortes Gottes. Dann erst erfüllt er in der Homilie seinen Auftrag als Vorsteher.

„Die Würde des Wortes Gottes erfordert für seine Verkündigung einen besonderen Ort in der Kirche, dem sich im Wortgottesdienst die Aufmerksamkeit der Gläubigen wie von selbst zuwendet" (AEM 272). In dieser Hinsicht differenziert die Liturgie nicht zwischen den übrigen Lesungen und dem Evangelium. Der ausgezeichnete Ort ist Auszeichnung für das Wort Gottes aus jeglicher Schrift der beiden Testamente. Dieser Ort soll funktionsgerecht sein – das vor allem. Die Stätte, von der aus das Wort Gottes verkündet wird, soll zur Mitte einer genau umschriebenen Phase der Feier werden, zur Mitte des Wortgottesdienstes. Dazu ist wichtig, daß der mit der Verkündigung Beauftragte von allen gesehen und gut gehört wird. Daher der Name: Ambo – von anabainein (gr.) = hinaufsteigen. In vielen Kirchen, nicht überall, ist erfreulicherweise der Ambo über die bloße Funktion hinaus künstlerisch gestaltet; in manchen Kirchen freilich könnte der Platz funktionsgerechter sein. Meist ist die Stätte der Verkündigung über die Ebene des Presbyteriums nicht erhöht. Das muß nicht sein, wäre der Sache aber oft dienlich. Eine andere Schwierigkeit, die erst recht nicht selten gegeben ist: Die Position des Ambo macht eine Prozession zum Einzug des Evangeliums fast unmöglich.
Auch durch die Haltung derer, die vom Wort Gottes angesprochen werden, ist das Evangelium vor den anderen Lesungen ausgezeichnet. Man kann entspannt hören, kann gelassen hören. Die Gemeinde, die zu den Lesungen sitzt, ist ganz Ohr. Man kann aber auch ehrerbietig, bereitwillig, in einem guten Sinn gespannt hören. Daß sich alle vor der Verkündigung des Evangeliums erheben und stehend hören, ist Zeichen der Ehrfurcht und zugleich der Bereitschaft, das Wort anzunehmen und es zu verwirklichen; es im eigenen Leben zur Wirkung zu bringen, an diesem Tag, an diesem Ort.
Zur Auszeichnung des Evangeliums gehört, daß es durch Gesang begrüßt wird. Zum Antwortpsalm nach der (ersten) Lesung sitzt die Gemeinde noch. Zum Halleluja-Ruf erhebt sie sich (vgl. AEM 21). Das Halleluja ist wie ein Heroldsruf. In dieser Reform konsequenter als je zuvor sind die Verse zum Halleluja auf das kommende Evangelium hin ausgewählt; an ausgezeichneten Tagen aus dem Evangelium selbst oder aus inhaltlich nahen Perikopen. Damit ist auf eine andere Weise ein Kompositionsprinzip aufgenommen – und damit intensiviert zur Geltung gebracht –, das die Kirche schon seit der Spätantike pflegt. Nicht selten, seit dieser Reform erst recht häufig wird als Kehrvers zum Kommuniongesang ein wichtiges Wort aus dem Evangelium vorgeschlagen: Kommuniongesang aus dem Evangelium. Denn der Herr

gibt sich im Wort und im Brot. Der Hallelujavers aus dem Evangelium begrüßt den in seinem Wort gegenwärtigen Herrn gleichsam mit seinem eigenen Wort.

Wenn möglich, soll das Evangelienbuch bis zur Verkündigung einen „ausgezeichneten" Platz haben. In der „Ordnung der Gemeindemesse" heißt es: „Der Diakon oder Priester (holt das Evangelium vom Altar und) geht zum Ambo." Die Klammer deutet an, daß es sich hier um eine Empfehlung handelt. Ähnlich in AEM 82: (Es ziehen zum Beginn ein) ... d) „der Lektor, der das Evangeliumbuch tragen kann"; 84: „... das Evangelienbuch wird auf den Altar gelegt"; 94: „Wenn das Evangelienbuch auf dem Altar liegt, nimmt er [der Priester] es nun und geht zum Ambo ..." (vgl. 131: Dienst des Diakons). Der Altar ist der Ehrenplatz für das Buch, das uns Leben und Lehre des Erlösers bezeugt. Wo zur Eucharistie Brot und Wein, Leib und Blut Christi ihren Platz haben, wird zum Wortgottesdienst das Evangelium aufbewahrt.

Seit neben dem Lektionar, in dem bekanntlich alle Schriftlesungen enthalten sind, ein eigenes Buch für die Evangelienlesung vorliegt, das nicht selten kostbarer ausgestaltete Evangeliar, kann überall der „Ordnung der Gemeindemesse" entsprochen werden. Früher hatte man gelegentlich erlebt, daß ein Lektor das Lektionar nach der (Zweiten) Lesung vom Ambo wieder zum Altar brachte, damit es von dort in der Evangelienprozession festlich zum Ambo getragen werde. Das war eine damals vertretbare Notlösung, für die aber inzwischen kein Anlaß mehr besteht.

Auch im Sinne dieses Zeichens, daß vom Altar das Evangelium zu uns kommt, sollte Sorge dafür getragen werden, daß der Altar wirklich als eine ausgezeichnete Stätte erscheint. Der Altar sollte nicht gedankenlos als Ablage mißbraucht werden. Außer eventuell dem Kreuz und den Leuchtern soll nichts auf dem Altar stehen oder liegen. Der Altar ist die Stätte für die Eucharistie – und gegebenenfalls für das Evangelium Jesu Christi. Überall möglich ist – und das ist eine alle verpflichtende Weisung –, daß der Priester sich beim Gebet zur Vorbereitung auf das Evangelium vor dem Altar tief verneigt (vgl. AEM 93).

Durch das Gebet in tiefer Verneigung bereitet der Priester sich vor. Wirkt ein Diakon mit, bittet er den Priester um den Segen und holt dann das Buch. Der Thurifer läßt Weihrauch einlegen. Altardiener können Kerzen mittragen (vgl. AEM 94). Während das Halleluja gesungen wird, zieht die Prozession mit dem Evangeliar zum Ambo. „Der Herr sei mit euch": dieser Ruf, der immer einen wichtigen Abschnitt der Messe einleitet, eröffnet auch das Evangelium. Die folgende

Ankündigung ist nicht nur wegen der Verfasserangabe, sie ist auch und vor allem wichtig, weil sie das Evangelium als „heilig" oder als „Evangelium Jesu Christi" kennzeichnet. Wichtig sind auch die Akklamationen der Gemeinde jetzt und am Schluß des Vortrags: „Ehre sei dir, o Herr"; „Lob sei dir, Christus". In AEM 35 heißt es kommentierend dazu: „Die Gläubigen bezeugen in ihren Zurufen, daß Christus gegenwärtig ist und zu ihnen spricht." Die Inzensation will nichts anderes bezeugen als eben die Gegenwart des Herrn. Ihm allein gilt die Ehre.

Hier läßt sich einflechten, daß vor Jahrhunderten auch bei anderen Gelegenheiten das Evangeliar die Gegenwart des Herrn bezeugte. Wenn am Palmsonntag der Herr in „seine Stadt" einzog, dann repräsentierte in dieser Prozession zeitweise das Evangeliar den Herrn und König, „der da kommt im Namen des Herrn". Generationen später hat man zur Bezeugung der Gegenwart des Herrn die Eucharistie in der Palmprozession mitgetragen. Daß die Verkündigung des Evangeliums ein Segen des Herrn ist, des in seinem Wort präsenten Herrn, hat die mittelalterliche Meßordnung im sogenannten Schlußevangelium auszusagen gesucht. Bekanntlich wurde dazu der Johannesprolog gelesen. Ähnlich hat man an Fronleichnam oder bei anderen Umgängen die vier Evangelienanfänge zum Segen gelesen; erst in einer späteren Phase hat man sie durch den eucharistischen Segen überhöht.

Im Rahmen der Ankündigung des Evangeliums bezeichnet der Verkündende das Buch und dann sich selbst mit dem Kreuzzeichen auf Stirn, Mund und Brust. Das tun alle in der Gemeinde mit ihm. Sie bekennen damit, daß ihnen das Evangelium ein Segen ist. Das Kreuzzeichen kann auch verstanden werden als Siegel, als Prägemal: Diesem Herrn gehöre ich, auf ihn höre ich, ihm gehorche ich. Mein Denken, Reden und Tun soll geprägt sein vom Wort, das der Herr mir sagt, in dem der Herr selbst zu mir kommt. Ich bin bereit, diesen Herrn aufzunehmen.

Gelegentlich hat es in den letzten Jahren Stimmen gegeben, die gegen den Kuß des Evangeliars Bedenken glaubten vorbringen zu sollen. Nichts liegt näher, als in der Argumentation auf all die Momente hinzuweisen, die den Vortrag des Evangeliums auszeichnen. Sie sind auch der Kontext für den Kuß des Buches.

Aber man kann durchaus zunächst diesen Kontext zurückstellen. Es gibt aus dem Profanbereich Brücken zu diesem Zeichen. Im Wirtschaftsteil einer überregionalen Zeitung waren vor einiger Zeit bemerkenswerte Sätze zu lesen: „Bücherleser sind zum Glück immer noch

Individualisten ... Mit dem Buch, das sie lesen, führen sie ein Zwiegespräch. Mit manchen Büchern reißt dies Gespräch nie ab. Wer jemandem gut ist, der möchte ihn streicheln; auch ein Buch kann dazugehören" (S. Sterner, Bücher für ein ganzes Leben. Vom Markt für Bibliophile: FAZ 23. 12. 1978). Auf dem Hintergrund solcher, nicht einmal so erstaunlicher Sätze wundert man sich kaum noch, wenn man hört, ein Verleger begrüße stets das erste Exemplar eines in seinem Haus verlegten Buches mit einem Kuß. Der Gedanke an die zweierlei Kinder, die Kinder dieser Welt und die Kinder des Lichts (vgl. Lk 18,8), läßt sich nicht ganz unterdrücken.

Wenn in der Evangelienprozession, in den Akklamationen, in der Inzensation, wenn im ganzen Gefüge der Zeichen, durch die die Verkündigung des Evangeliums ausgezeichnet ist, der verkündete Herr als gegenwärtig dargestellt wird, dann braucht es keine Apologie für den Kuß des Buches. Er gilt Christus, der seine Kirche reich gemacht hat durch sein Wort.

Wer sich an die vorkonziliare Ordnung erinnert und die jetzige damit vergleicht, dem muß auffallen, daß besonders die festlichen Gottesdienste in kleineren Gemeinden gewonnen haben. In kleineren Gemeinden war, abgesehen von außerordentlichen Anlässen, bei denen zwei weitere Priester zur Assistenz in einem Hochamt bereit sein konnten, eine Evangelienprozession und die entsprechend festliche Verkündigung nie möglich. Der Zelebrant las oder sang das Evangelium am Altar, meist von der Gemeinde abgewandt. Nur durch Weihrauch konnte die Festlichkeit ins Zeichen gebracht werden. Heute hat man manchmal den Eindruck, frühere Beengung wirke noch nach. Nicht so sehr an den eigentlich festlichen Tagen, eher schon in den „normalen" Sonntagsmessen und vor allem an den Wochentagen.

Aber auch an derartig „normalen" Tagen war und ist das Evangelium der Höhepunkt des Wortgottesdienstes. Daher müssen auch an solchen Tagen die Zeichen, die das Evangelium auszeichnen, ihrer Qualität entsprechend vollzogen werden. Je selbstverständlicher bei solch „normalen" Gelegenheiten die Auszeichnung des Evangeliums ist, desto selbstverständlicher wird jede Ausgestaltung — z. B. durch Weihrauch und Leuchter — von der Gemeinde angenommen und begrüßt. Dann wird niemand den Eindruck haben, hier werde Feierlichkeit aufgesetzt. Dann wissen alle: Je nach Maß unserer Kräfte ist die Verkündigung des Evangeliums immer festlich. Weil der Herr „gegenwärtig ist in seinem Wort, da er selbst spricht, wenn die heiligen Schriften in der Kirche gelesen werden" (SC 7).

Die Väter des Konzils haben das, was sie als ihre Sicht der Dinge – als ihre Theoria im ursprünglichen und arglosen Sinn des Wortes – der Kirche zur Gegenwart Christi im verkündeten Wort gesagt haben, der Praxis selbst abgelesen. Der Praxis des Gottesdienstes, wie sie selbst ihn überall und immer gefeiert hatten. Diese Theoria war für sie um so selbstverständlicher, als sie sich ja selbst zu all ihren Beratungen den Herrn in ihre Mitte geholt haben. Zu Beginn jeder Sitzung hat das Konzil das Evangeliar inthronisiert, eben zum Zeichen dafür, daß – „gegenwärtig in seinem Wort" – der Herr Jesus Christus selbst in seiner Kirche immer den Vorsitz hat.

Herr, wasche ab meine Schuld

Händewaschung

Wasser ist zum Waschen da! Reicht dieser gutgelaunte Song hin, um auch die Händewaschung bei der Gabenbereitung verständlich zu machen? In manchen Erklärungen wird das behauptet. Man weist darauf hin, daß einstmals Handwaschung notwendig gewesen war, nachdem man am Altar alles für die Feier der Eucharistie bereitet hatte. Der Zelebrant hatte die Gaben der Gemeinde, so wie sie ihm von den Gläubigen gegeben wurden, allein oder mit seinen Helfern entgegengenommen. Jahrhunderte hindurch waren das Naturalien gewesen — und nicht nur Gaben, die unmittelbar in der Feier benötigt wurden, also nicht nur Brot und Wein. Die Gemeinde hatte auch gebracht, was sonst für den Gottesdienst notwendig war, was den Armen zugute kommen sollte oder was für den Unterhalt des Klerus gedacht war, außer Brot und Wein also Butter, Käse, Honig, Wachs und manches andere mehr. Was in dieser Feier gebraucht wurde, wurde auf den Altar gebracht, das andere beiseite gelegt. Danach war es zweifellos nötig, daß die Beteiligten sich die Hände wuschen.
Wer bis zu diesem Punkt die Entwicklung zurückverfolgt, kann damit unsere Händewaschung am Schluß des Offertoriums fraglos erklären. Wenn man also die Händewaschung auf diese Weise erklärt, dann ist es nicht weit bis zu der Konsequenz: Heute sind die Verhältnisse anders; heutzutage findet kein Opfergang mehr statt; wenn aber doch, dann werden keine Naturalien gebracht; wenn aber ausnahmsweise doch Naturalien, dann sind sie säuberlich verpackt. Niemand macht sich mehr die Hände schmutzig. Da sich also die Bedingungen verändert haben, gibt es keinen Grund mehr, die Händewaschung beizubehalten.
Kritiker der geltenden Vorschriften könnten sich sogar darauf berufen, daß es vergleichbare Fälle gibt, in denen die Handwaschung auch abgeschafft wurde, weil sie nicht mehr nötig ist. Früher wurden Hostienschale und Kelch bei ihrer Konsekration mit Chrisam gesalbt. Wegen der Salbung war anschließend Händewaschung notwendig. Die Segnung dieser Geräte für die Eucharistiefeier ist seit einiger Zeit ganz anders gestaltet; eine Salbung findet nicht mehr statt. Folglich bedarf es auch der Händewaschung nicht mehr; also ist sie weggefallen. Als

weiterer Beweis — gleichsam mit umgekehrtem Vorzeichen — könnte angeführt werden: Am Aschermittwoch wäscht der Priester nach der Austeilung der Asche die Hände. Weil hier Händewaschung notwendig ist!

Man kommt mit der Erklärung, Händewaschung sei wegen der Annahme der Naturalgaben notwendig gewesen, ein gutes Stück weit in die Geschichte zurück. Man kann so erklären, warum der Zelebrant an dieser Stelle die Hände wusch. Aber dann beginnen die Schwierigkeiten. Wenn man die Händewaschung nur so zu erklären versucht, dann erschließt sich das Deutewort zur Handwaschung nicht. So läßt sich auch nicht erklären, warum bis in die jüngste Schicht der Entwicklung beim Bischofsgottesdienst eine Handwaschung schon erfolgte, bevor noch die Gabenbereitung begonnen hatte. Der Bischof war noch nicht an den Altar getreten, er war noch an seiner Kathedra. Von einer Notwendigkeit, wegen der vorausgegangenen Annahme der Gaben die Hände zu waschen, konnte überhaupt nicht die Rede sein. Wie aber ist das zu erklären?

Im allgemeinen kann man davon ausgehen, daß sich im Bischofsgottesdienst ältere Formen länger erhalten. Das ist auch bei der Händewaschung so. Händewaschung vor Beginn der Gabenbereitung ist die ältere Form; dort ist ihr ursprünglicher Platz. Auf der Suche nach einer Erklärung für diese Praxis stoßen wir auf eine Reihe vergleichbarer Phänomene. Sich vor Beginn der Messe die Hände waschen, das haben lange auch die Gläubigen getan. Brunnen in den Atrien alter Kirchenanlagen zeugen dafür. Schließlich geht darauf auch unser Brauch zurück, beim Betreten der Kirche Weihwasser zu nehmen. Literarischen Quellen können wir entnehmen, daß sich in der Frühzeit die Christen auch vor dem häuslichen Gebet die Hände gewaschen haben. Diese Praxis war überdies nicht auf die Christen beschränkt.

All das zeigt an: Händewaschung ist von den Ursprüngen her kein notwendiges Tun, weil etwa die Hände schmutzig geworden sind. Händewaschung ist primär ein Symbol. Der Mensch, der zum Gebet, zur Feier der Liturgie vor Gott zu erscheinen wagt, wird gerade dann, wenn er sich Gott naht, seiner Schuld inne. Er empfindet in seinem Gewissen, daß Sünden ihn belasten. Darin weiß er sich in seinem Gewissen mit Gott eins, daß das Psalmwort auch ihm gilt: ‚Wer darf hinaufziehen zum Berg des Herrn, wer darf stehen an seiner heiligen Stätte? Der reine Hände hat und ein lauteres Herz, der nicht betrügt und keinen Meineid schwört‘ (Ps 24[23],3f). Das ist der Grund, warum ursprünglich immer und jüngst noch bei der Bischofsmesse der Zelebrant die Hände wusch, bevor er zum Altar emporstieg. In der Händewaschung bekennt sich der Priester als Sünder, dessen Schuld Gott abwaschen muß.

Man hat sich bei der Händewaschung nur zu einer Teilreform entschließen können. Leider hat diese Teilreform wohl nicht ausgereicht, den vollen Gehalt des Symbols deutlich zu machen. Es ist sicher gut, daß man das lange (und reichlich selbstgerechte) Deutewort, Ps 26(25),6—12, das Lavabo, durch den Vers Ps 51(50),4 ersetzt hat: ‚Herr, wasche ab meine Schuld, von meinen Sünden mache mich rein.' Aber leider hat man an der Abfolge der Riten nichts geändert. Die Absicht dazu hatte bestanden. Man weiß, daß der Bischofsrat zur Durchführung der Liturgiekonstitution 1965 diesen Vorschlag einstimmig gebilligt hatte. Aber am Widerstand anderer Stellen ist dann dieser Vorschlag gescheitert.

Damals haben die einen gleichgültig, andere resignierend die Entscheidung hingenommen. Wieder andere sind hingegangen und haben auf eigene Faust die Händewaschung abgeschafft. Das alles sind keine vertretbaren Reaktionen. Wem daran liegt, auch dieses Zeichen wieder zum Sprechen zu bringen, der wird zunächst einmal all das tun, was jetzt gilt. In AEM 106 und 222 ist verlangt, daß Handwaschung nicht in der Mitte, sondern an der Seite des Altars stattfindet. Damit wird ein wenig Profil in diesen Abschnitt der Feier gebracht. Vor allem erwartet die Ordnung, daß die Hände auch tatsächlich gewaschen werden. Was früher ausdrücklich als Benetzung nur der Spitzen von Daumen und Zeigefinger beschrieben war, ist ursprünglich und jetzt wieder (vgl. AEM 106) wirklich eine Waschung der Hände.

Wenn das aber so ist oder so sein soll, dann muß man sich auch Gedanken machen über das Gerät zur Handwaschung. Vielleicht die Bemerkung vorweg, daß es ja grundsätzlich gar nicht selbstverständlich ist, Wein und Wasser in zwei gleichartigen Kännchen zu präsentieren. Manchmal erlebt man, daß die Gläubigen an der Gabendarbringung beteiligt werden. Das ist begrüßenswert; so ist es in AEM 49 vorgesehen. Fast immer sind dann für diesen Opfergang die beiden Kännchen bereitgestellt. Das ist so nicht vorgesehen. Die Gläubigen sollen Brot und Wein darbringen, nicht Wasser! Wein ist eine Gabe, ein Gastgeschenk. Wasser zur Mischung in den Wein hat jeder Gastgeber zu Hause! Niemand erwartet ja auch nur im Traum von Gästen, die zur Visite Blumen überreichen, daß sie auch das Wasser für die Blumen mitbringen! Dieser Hinweis ist nur scheinbar eine Abschweifung. Er soll dafür sensibilisieren, daß Wein und Wasser in zwei gleichartigen Kännchen anzubieten keineswegs der Weisheit letzter Schluß ist. Man kann in der Tat durchaus fragen, ob man Wasser für die Mischung des Kelches, dann für die Händewaschung, später dann für die Reinigung des Kelches immer nur aus dem einen kleinen Kännchen nehmen muß.

Wem daran liegt, das Zeichen Händewaschung zum Sprechen zu bringen, der sollte für entsprechendes Gerät zur Handwaschung sorgen. Was nutzt die Anordnung im Meßbuch, daß jetzt nicht mehr nur die Fingerspitzen benetzt werden, sondern daß die Hände wirklich gewaschen werden sollen, wenn das Quantum Wasser und das Tüchlein, um die Hände abzutrocknen, noch der überholten Praxis entsprechen! Da braucht es eine entsprechende Kanne, aus der Wasser fließt, und ein Becken, diesen Wasserstrahl aufzufangen, und ein Tuch, mit dem die nassen Hände wirklich getrocknet werden. Das eigentlich ist die Alternative zu der allzu geläufigen, aber nicht gerade von viel Verantwortung bestimmten Parole, die Händewaschung sei abzuschaffen.

Man muß die Händewaschung aufwerten. Man muß nach Kräften dazu beitragen, daß das Zeichen wieder an Aussagekraft gewinnt. Das sollte dann auch diejenigen überzeugen, die bisher einer Verlegung des Ritus vor den Beginn der Gabenbereitung nicht zugestimmt haben. Der Mensch in seiner Schuld bedarf der Reinigung des Herzens, bevor er sich Gott naht, um ihn im Opfer des Lobes, in der Eucharistie zu verherrlichen.

Und jetzt, Herr, strecke deine Hand aus

Epikletische Gesten im sakramentlichen Gebet

Glauben heißt, vorbehaltlos auf die Treue des lebendigen Gottes bauen. So zeigt es das erste große Gebet, das uns aus der Urgemeinde überliefert ist. Petrus und Johannes hatten im Namen Jesu einen Gelähmten geheilt. Auf das Verbot des Hohen Rates, künftig je wieder im Namen Jesu zu predigen, gibt es für sie nur eine Antwort: „Wir können unmöglich schweigen über das, was wir gesehen und gehört haben" (vgl. Apg 3,1–4,22: hier 4,20). Nach der Freilassung der beiden Apostel versammelt sich die Gemeinde, und nachdem sie gehört hat, was geschehen ist, betet sie einmütig so:

> „Herr, du hast den Himmel und die Erde geschaffen, das Meer und alles, was darin ist; du hast durch den Mund unseres Vaters David, deines Knechtes, durch den Heiligen Geist gesagt: ‚Was toben die Heiden, was machen die Völker vergebliche Pläne? Die Könige der Erde stehen auf, und die Herrscher haben sich verbündet gegen den Herrn und seinen Gesalbten' (Ps 2,1f). Wahrhaftig, verbündet haben sich in dieser Stadt gegen deinen heiligen Knecht, den du gesalbt hast, Herodes und Pontius Pilatus mit den Heiden und den Stämmen Israels, um alles auszuführen, was deine Hand und dein Ratschluß im voraus bestimmt haben. Und jetzt, Herr, sieh auf ihre Drohungen und verleih deinen Knechten, mit allem Freimut dein Wort zu verkünden. Strecke deine Hand aus, damit Heilung und Zeichen und Wunder geschehen durch den Namen deines heiligen Knechtes Jesus!"

Was die Gemeinde erbittet, erfüllt sich im Augenblick. Der Bericht schließt mit dem Satz: „Als sie gebetet hatten, bebte der Ort, an dem sie versammelt waren, und alle wurden mit dem Heiligen Geist erfüllt, und sie verkündeten das Wort Gottes mit Freimut" (Apg 4,24–31).
Im Prinzip betet die Kirche bis auf den heutigen Tag so, wie die Urgemeinde gebetet hat, wenn sie sich zur Feier eines Sakramentes versammelt. Sie ruft Gott an als den, der erfüllt, was er verheißen hat; der sich immerdar als der treue Gott erwiesen hat; von dem allein her sie hier und jetzt das Heil erwartet.

Uns geht es um die Zeichen, die diesen großen Gebeten zugeordnet sind. Im Verhältnis von Zeichen und Wort hat oft das Zeichen den Vorrang – z. B. beim Wasserritus zur Taufe, bei den Salbungen, bei den ausdeutenden Riten der Tauffeier. Das Verhältnis kann aber auch umgekehrt sein. Das Wort kann den Vorrang haben. Dann erläutern die Zeichen das Wort des Gebetes. So ist es bei einigen zentralen Gebeten zur Feier der Sakramente. Darum muß hier zunächst ausführlich vom Wort, d. h. von den Gebeten gesprochen werden, damit dann von den Zeichen die Rede sein kann, den Zeichen, die diese Gebete unterstreichen und interpretieren.

Wie sind die Gebete strukturiert, um die es uns im folgenden geht: das Hochgebet der Eucharistiefeier, die Gebete zur Weihe der Öle, das Gebet zum Lobpreis und zur Anrufung Gottes über dem Wasser zur Taufe? Das eingangs zitierte Gebet der Urgemeinde ist gleichsam die Skizze allen christlichen Betens, ist dessen Modell. Die Gemeinde ruft Gott an, der immer schon für die Seinen das Heil gewirkt hat: Er ist der schaffende Gott; er ist der Gott seines Volkes Israel, der schützende Gott, der (wie hier in Ps 2) für alle Zeiten seinem Volk Schutz verheißen hat; er ist der Allherrscher auch da, wo sein Gesalbter, Jesus, der Messias, von der scheinbar übermächtigen Koalition der Herodes und Pilatus überwältigt wird. Was da geschieht, hat Gottes Hand und Plan vorherbestimmt. Die betende Gemeinde ruft sich in dieser Gottesanrede die Heilsgeschichte in Erinnerung. Die festliche Gottesanrede ist – auch wenn das nicht ausdrücklich so formuliert wird – Danksagung, ist Preisung Gottes. Denn niemand kann sich ohne Dank an die Großtaten Gottes erinnern. Fachlich sprechen wir von Eucharistie und von Anamnese; von Eucharistie, wenn der Dank im Vordergrund steht, von Anamnese, wenn die Erinnerung vorbetont wird. Eucharistie und Anamnese sind voneinander nicht zu trennen, sind zwei Aspekte des Gebetes in seiner Ausrichtung auf das frühere Heilshandeln Gottes.

Im Anschluß an diesen Rückblick spricht dann die Kirche, die Gemeinde Jesu Christi in Jerusalem ihre Bitte aus: Gib uns die Kraft, dein Wort mit Freimut zu verkünden; streck deine Hand aus, damit in deiner Kirche weitergeht, was du durch den Messias, den Herrn der Kirche schon gewirkt hast. Wenn wir hinzunehmen, was die Apostelgeschichte dann sagt, daß nämlich der Ort bebte und alle mit dem Heiligen Geist erfüllt wurden, dann erscheint das Gebet hier als der klassische Fall einer Herabrufung des Heiligen Geistes, einer Epiklese. Wenn auch im Gebetstext selbst von einer Geistsendung nicht aus-

drücklich die Rede ist, das Geschehen, die Erfüllung der Bitte durch Gott, erweist dieses Gebet als epikletisch. Die anamnetische Preisung Gottes ist die Voraussetzung der Epiklese, die epikletische Anrufung Gottes ist die Konsequenz aus dem Lobpreis für Gottes stetiges Heilshandeln. Die innere Leitlinie des Gebetes der Kirche in allen Zeiten, in jeder Situation, ist der unerschütterliche Glaube an die Treue Gottes: Gott, der Vater unseres Herrn Jesus Christus, wird im Heiligen Geist uns das gewähren, worum wir ihn bitten.
Die anamnetisch-epikletische Struktur christlichen Betens ist in den nachkonziliar (wieder oder neu) ins Meßbuch aufgenommenen Hochgebeten deutlich erkennbar. Das Vierte Hochgebet soll unser Beispiel sein. Hier sind Anamnese und Epiklese besonders ausgestaltet. Die Preisung für das Heilshandeln Gottes, die Anamnese, deren erstes Stück sonst die Präfation ist, beginnt hier eigentlich erst nach dem Dreimalheilig:

> „Wir preisen dich, heiliger Vater ... Den Menschen hast du nach deinem Bild geschaffen ... Als er im Ungehorsam deine Freundschaft verlor und der Macht des Todes verfiel, hast du ihn dennoch nicht verlassen ... So sehr hast du die Welt geliebt ..., daß du deinen eingeborenen Sohn als Retter gesandt hast ... Den Armen verkündete er die Botschaft vom Heil, den Gefangenen Freiheit, den Trauernden Freude. Um deinen Ratschluß zu erfüllen, hat er sich dem Tod überliefert, durch seine Auferstehung den Tod bezwungen und das Leben neu geschaffen ..., hat er von dir, Vater, ... den Heiligen Geist gesandt, der ... alle Heiligung vollendet."

Nahtlos schließt die Epiklese sich an:

> „So bitten wir dich, Vater, der Geist heilige diese Gaben, damit sie uns werden Leib † und Blut unseres Herrn Jesus Christus ...
> ... gib, daß alle, die Anteil erhalten an dem *einen* Brot und dem *einen* Kelch, *ein* Leib werden im Heiligen Geist, *eine* lebendige Opfergabe in Christus zum Lob deiner Herrlichkeit."

Bevor wir von den Gesten sprechen, die die Bitten um Geistsendung, die Epiklese, unterstreichen, fassen wir mit Worten aus AEM 55 zusammen, worum es geht. Es heißt da zum Thema ‚Epiklese': „In besonderen Gebeten erbittet die Kirche Gottes Kraft, damit die von den Menschen bereiteten Gaben geheiligt, das heißt zum Leib und Blut Christi werden, und damit das makellose Opfer denen, die es in der

Kommunion empfangen, zum Heil gereiche." In zwei Gebetsstrophen also bittet die Kirche Gott um Sendung des Geistes. Vor dem Einsetzungsbericht ist Heiligung der Gaben die Intention, nach der Konsekration der fruchtbare Empfang dieser Heilsgaben. Fachlich spricht man von Wandlungsepiklese und Kommunionepiklese. Durch die Kraft Gottes, den Heiligen Geist, sollen Brot und Wein zum Leib und Blut Christi und damit zu einheitsstiftenden Zeichen der Kirche werden.

„Strecke deine Hand aus", hat die Urgemeinde in der Stunde der Bedrängnis zu Gott gebetet (vgl. Apg 4,30). „Strecke deine Hand über das Meer und spalte es", hatte Jahwe seinem Knecht Mose befohlen; und noch einmal hatte er geboten: „Strecke deine Hand über das Meer, damit das Wasser zurückflute und den Ägypter, seine Wagen und Reiter zudecke" (vgl. Ex 14,16.26). Strecke deine Hände aus über die Gaben zum Zeichen der Kraft von oben, der Kraft Gottes, die heiligt, die weiht, die Brot und Wein als Fleisch und Blut Christi zu Zeichen unserer Einheit macht — so trägt die Kirche dem Zelebranten der Eucharistie auf. Zum Zeichen der intensiven Bitte, der Epiklese, und zum Zeichen ihrer als untrüglich sicher geglaubten Erfüllung aus der Kraft Gottes streckt daher der Priester — bei Konzelebration auch die Konzelebranten — über Brot und Wein die Hände aus: ein Zeichen der Vollmacht und zugleich der vorbehaltlos gläubigen Bitte: „Sende deinen Heiligen Geist auf diese Gaben herab".

Vorkonziliar war diese Handausstreckung weniger sachgemäß der Annahmebitte „Nimm gnädig an . . ." (Hanc igitur) zugeordnet. Jetzt begleitet dieser Gestus auch im Römischen Meßkanon, dem Hochgebet I die Wandlungsbitte: „Schenke . . . diesen Gaben Segen in Fülle" (Quam oblationem).

Wesentlich problematischer, in der Praxis oft unerträglich, war vorkonziliar die Häufung der Kreuzzeichen während des Hochgebetes. Fünfundzwanzigmal hatte der Zelebrant über die Gaben, über Brot und Wein, über Hostie und Kelch das Kreuzzeichen zu zeichnen. Die fachliche Analyse hat die Zeichen mit beachtlichen Gründen als stilisierte Hinweisgesten gedeutet: Hinweise — in Form des Kreuzzeichens — auf „die † reine, die † heilige, die † makellose Opfergabe, das Brot † des Lebens und den Kelch † des ewigen Heiles" (vorkonziliar die fünf Kreuzzeichen bei der Oblation, im Unde et memores . . . offerimus . . .).

Das Kreuzzeichen über Brot und Wein, in der Wandlungsepiklese jetzt das einzige Kreuzzeichen überhaupt, ist jetzt der stilisierte Abschluß der Handausstreckung über die Gaben geworden, über die der

Geist Gottes herabgerufen wird. In der Kommunionepiklese des Ersten Hochgebets entspricht diesem Kreuzzeichen über die Gaben das Kreuzzeichen, mit dem sich der Zelebrant – gegebenenfalls auch die Konzelebranten – zu den Worten bezeichnet:

„... und wenn wir durch unsere Teilnahme am Altar den heiligen Leib und das Blut deines Sohnes empfangen, erfülle uns mit aller Gnade und allem Segen des Himmels."

Wie in der Messe das Eucharistiegebet und die Spendung der eucharistischen Gaben einander entsprechen, so entsprechen die Gebete zur Weihe der Öle jenen Salbungen, für die diese Öle geweiht werden. In unterschiedlicher Färbung und Dichte betet die Kirche in diesen Segensgebeten anamnetisch und epikletisch. Auch hier begegnen uns zur Epiklese die deutenden Gesten, nämlich Handausstreckung und Kreuzzeichen.
In der Chrisam-Messe betet der Bischof über das Öl für die Kranken, die im kommenden Jahr die Krankensalbung empfangen:

„Gott ... durch deinen Sohn wolltest du die Schwäche der Kranken heilen ... sende deinen Heiligen Geist, den Beistand, auf dieses kräftigende Salböl herab ... Durch deinen Segen † werde es für alle, die damit gesalbt werden, ein geweihtes Öl, das Krankheit, Schmerz und Kummer vertreibt ..., ein heiliges Zeichen deines Erbarmens."

Das Gebet über das Öl zur Katechumenatssalbung ist vor allem dann aussagekräftig, wenn man sich klarmacht, daß ursprünglich erwachsene Taufbewerber in diesem Gebet gemeint sind:

„Allmächtiger Gott ..., segne † dieses Öl und gibt den Taufbewerbern, die damit gesalbt werden, Entschlossenheit, damit sie in deiner Weisheit und Kraft das Evangelium Christi, deines Gesalbten, tiefer erkennen und hochherzig alle Mühen des christlichen Lebens auf sich nehmen."

Wie beim Gebet über das Öl für die Kranken ist hier das Segenszeichen der Gestus, der die epikletische Bitte andeutet. Eine Handausstreckung bestimmt die Epiklese beim Gebet über den Chrisam. In der Anamnese spricht die Kirche zunächst von den Zeichen im Alten Bund, die auf den Messias vorbereiteten. Dann heißt es:

„Als aber die Fülle der Zeit gekommen war, wurde das Geheimnis der Salbung einzigartig erfüllt in deinem geliebten Sohn

Jesus Christus. Ihn hast du nach seiner Taufe im Jordan gesalbt mit dem Heiligen Geiste ... Unter dem Zeichen des Chrisams teilst du seitdem den Reichtum deiner Gnadengaben aus auf deine Söhne und Töchter, damit sie — wiedergeboren im Bad der Taufe — gestärkt werden durch die Salbung des Geistes, gleichförmig werden Christus, deinem Gesalbten, und teilhaben an seinem Amt als Prophet, als Priester und König."

Die Priester, die diese Messe und die Weihe der Öle mit dem Bischof konzelebrieren, strecken nun zur Epiklese die rechte Hand über den Chrisam aus, während der Bischof betet:

„Dich also bitten wir, Herr: Durch die Kraft deiner Gnade mache dieses duftende Öl für uns zu einem heiligen Zeichen deines † Segens. Gieße die Gabe des Heiligen Geistes aus über unsere Brüder und Schwestern, die mit diesem Chrisam gesalbt werden ... Vor allem aber gib, daß durch die göttliche Kraft dieses Salböls deine Kirche wachse bis zum Maß jener Vollendung, in der du ... allen alles sein wirst mit Christus im Heiligen Geist ..."

Anamnetisch-epikletische Gebete zur Feier jener Sakramente, in denen Chrisam, Katechumenenöl oder Krankenöl das bzw. ein Heilszeichen ist; Segensgestus und Handausstreckung zur Epiklese, Zeichen der flehentlichen und in Vollmacht Gott vorgetragenen Bitte für die Empfänger und für die ganze heilige Kirche!

Ein weiteres — unser letztes — Beispiel für das epikletische Zeichen zu einem großen sakramentlichen Gebet haben wir in der Tauffeier. Im „Lobpreis und (in der) Anrufung Gottes über dem Wasser" spricht der Zelebrant — anamnetisch — zunächst davon, daß Gott „auf vielfältige Weise das Wasser dazu erwählt (hat), daß es hinweise auf das Geheimnis der Taufe": Schöpfung, Sintflut und Durchzug durch das Rote Meer sind die alttestamentlichen Paradigmen; die Taufe Jesu, sein Tod am Kreuz, als „aus seiner Seite Blut und Wasser flossen", schließlich der Taufbefehl sind der heilshafte Grund, von dem aus die Kirche ihre Bitte vorbringt (Textform: Meßbuch, Feier der Osternacht):

„Allmächtiger, ewiger Gott, schau gnädig auf deine Kirche und öffne ihr den Brunnen der Taufe. Dieses Wasser empfange die Gnade deines eingeborenen Sohnes vom Heiligen Geiste, damit der Mensch, der auf dein Bild hin geschaffen ist, durch das Sakrament der Taufe gereinigt wird von der alten Schuld und aus Wasser und Heiligem Geist aufersteht zum neuen Leben deiner Kinder."

Wenn dieser Lobpreis außerhalb der Osterzeit zur Taufe gebetet wird, berührt hier der Zelebrant das Wasser mit seiner Rechten, damit es zum heilbringenden Zeichen werde. Besonders dicht ist der epikletische Gestus in der Ostervigil. Wie Feuer vom Himmel steigt es auf dies Wasser herab, wird in diesen Brunnen das Zeichen eingesenkt, das diese ganze Nacht hindurch der Kirche das Licht ist. Einmal (oder dreimal) senkt der Priester die Osterkerze in das Wasser ein und singt dazu (einmal — hoffentlich demnächst auch wieder dreimal) die epikletische Bitte:

„Durch deinen geliebten Sohn steige herab in dieses Wasser die Kraft des Heiligen Geistes, damit alle, die durch die Taufe mit Christus begraben sind in seinen Tod, durch die Taufe mit Christus auferstehn zum ewigen Leben."

„Als sie gebetet hatten, bebte der Ort, an dem sie versammelt waren, und alle wurden mit Heiligem Geist erfüllt." Das ist Gottes Antwort auf das gläubige Gebet der Kirche Jesu Christi — damals und heute. Israel hat von den Großtaten Gottes an seinem Volk im Loblied gesungen: „Denn sie gewannen das Land nicht mit ihrem Schwert, noch verschaffte ihr Arm ihnen den Sieg; nein, deine Rechte war es, dein Arm und dein leuchtendes Angesicht" (vgl. Ps 44[43],4). Die Kirche Jesu Christi sieht im Wunder am Roten Meer das Vorbild des Ostersiegs Jesu Christi, dem das neue Volk Gottes die Rettung verdankt: „Deine Rechte war es, dein Arm und dein leuchtendes Angesicht." Wo die Kirche gläubig so betet, da geschieht auf das epikletische Wort und Zeichen hin immer neu, daß „alle erfüllt werden mit Heiligem Geist".

Schau gütig auf die Gabe deiner Kirche

Darbringungsgesten im Hochgebet und zur Gabenbereitung

Wie Zeichen entstehen, wachsen, sich entfalten, das kann – gewissermaßen exemplarisch – einem Gestus abgelesen werden, der in der Eucharistiefeier mehrfach vorkommt und jeweils etwas anders ausgeformt ist. Viermal ist vorgesehen, daß die Gaben „genommen" werden, daß der Zelebrant zu bestimmten Gebetsworten Brot und Wein bzw. die Hostienschale (die Patene) und den Kelch nimmt und sie emporhebt: zur Gabenbereitung, jeweils innerhalb des Einsetzungsberichtes und dann unmittelbar nach den Wandlungsworten, ferner zum abschließenden Lobpreis, zur sog. Schlußdoxologie. Es läßt sich zeigen, daß und unter welchen Bedingungen die verschiedenen Ausformungen dieses Zeichens aus ein und derselben Wurzel entstanden sind.

Diese Wurzel der anderen drei Gesten ist jenes Zeichen, das die Worte des Herrn, die Deuteworte über dem Brot und über dem Kelch im Einsetzungsbericht begleitet. Noch in der Zeit der frühen Kirche treffen wir auch bei der Schlußdoxologie auf die Erhebung der eucharistischen Gaben. Im Frühmittelalter entsteht der Brauch, bei der Gabenbereitung Brot und Wein emporzuheben. Das jüngste Rituselement ist das von außen her gesehen wohl markanteste Zeichen, das Erheben der Gestalten nach den Wandlungsworten.

Wenn man die vier biblischen Formen des Berichts von der Stiftung der Eucharistie aus den sog. synoptischen Evangelien des Matthäus, des Markus und des Lukas und dem Ersten Korintherbrief miteinander vergleicht, dann fällt auf: Allen ist wichtig, daß Jesus das Brot und den Kelch genommen hat; daß er die Gaben genommen hat lobpreisend, danksagend, mit Lob und Dank. Die Berichte machen durch ihre Sprachgestalt deutlich, daß das Nehmen und der lobpreisende Dank nicht nur gleichzeitig sind, sondern innerlich zueinander gehören. Der Römische Meßkanon hat das durch die Beifügung zu verdeutlichen gesucht: „Er erhob die Augen zum Himmel, zu dir, seinem Vater, dem allmächtigen Gott." Das will auch die Schrift sagen. Mit „Nehmen" ist nicht gemeint ein Irgendwie-in-die-Hand-Nehmen, weil jetzt dann das Brot für die Mahlgenossen gebrochen und der Kelch weitergereicht wird und weil das ja nicht geht, ohne daß jemand das Brot und den

Becher zur Hand nimmt. Dieses „Nehmen" hat seine eigene Qualität. Es war Tischbrauch zur Zeit Jesu, beim Sabbatmahl das Brot und nach dem Mahl den Becher zu nehmen, die Gaben zu erheben und die Preisung zu beten, bevor das Brot geteilt wurde und der Becher kreiste. Die Schrift will uns sagen, daß auch Jesus es bei seinem Abschiedsmahl so gehalten hat. Das eben verdeutlicht das Erste Hochgebet durch seine Beifügungen. Ähnlich — und noch deutlicher — sagen es frühkirchliche Hochgebete aus den östlichen Metropolen. In Antiochien, im syrischen Bereich heißt es an dieser Stelle: „Jesus nahm das Brot und zeigte es zu dir, dem Gott und Vater, hin." In der nach Markus benannten Anaphora (Hochgebet) aus der Kirchenprovinz um das ägyptische Alexandrien wurde die Stelle so ausgefaltet: „Jesus nahm das Brot *auf* seine [flachen] Hände."

Eben das wollen auch die biblischen Berichte sagen: Jesus hebt das Brot — ein flaches, fladenartiges Brot — auf seinen Handflächen empor. Er bringt es Gott, seinem Vater, dar. Und indem er Brot und Wein deutet — Das ist mein Leib; dieser Trank im Kelch ist mein Blut zum neuen und ewigen Bund —, bietet er in den Gaben sich selbst zum Opfer an, gibt er sein Leben hin in die Hand Gottes.

„Tut dies zu meinem Gedächtnis" (Lk 22,19): Diesen Auftrag hat die Kirche von den Anfängen her außerordentlich wichtig genommen. Der Nachdruck, mit dem in der Schrift gesagt ist, daß Jesus das Brot und den Becher genommen hat, und die Entfaltungen dieses Zeugnisses in den verschiedenen Formen des eucharistischen Einsetzungsberichtes in frühchristlicher Zeit zeigen an, daß hier immer schon der Zelebrant getan hat, was er gebetet hat. Er hat die Gaben genommen und sie emporgehoben, dabei aufgeschaut, wie das Erste Hochgebet es ausdrücklich sagt. Der Bischof oder Priester hat von den Anfängen her getan, wie Jesus getan hat. Er hat Jesus nachgeahmt, er hat im Zentrum des Hochgebets ausdrücklich Jesu Rolle übernommen.

Zu den liturgietheologisch besonders wichtigen Aussagen des jüngsten Konzils gehört, was über die Gegenwart Christi „in den liturgischen Handlungen" gesagt ist. Es heißt da — mit einem wörtlichen Zitat aus dem Konzil von Trient: „Gegenwärtig ist er im Opfer der Messe sowohl in der Person dessen, der den priesterlichen Dienst vollzieht, denn ‚derselbe bringt das Opfer jetzt dar durch den Dienst der Priester, der sich einst am Kreuz selbst dargebracht hat' ..." (SC 7). Wenn irgendwie, dann läßt sich im Gestus des Einsetzungsberichts am ehesten das zeigen, was das Konzil lehrt. Der Dienst des Zelebranten soll transparent sein. Das „Nehmen" soll deutlich machen: So hat der Herr getan; hier ist der Herr gegenwärtig in der Person dessen, der betend von der Stiftung dieser Feier berichtet. Der Priester leiht Jesus seinen Mund, wenn er das Brot und den Wein als Jesu Fleisch und Blut deutet; er leiht Jesus seine Hände, wenn er die Gaben darbringend Gott entgegenhebt.

„Schau gütig auf die Gabe deiner Kirche. Denn sie stellt dir das Lamm vor Augen, das geopfert wurde und uns nach deinem Willen mit dir versöhnt hat" (Hochgebet III). So bittet die Kirche im Blick auf die Darbringungsgesten im Einsetzungsbericht. Die Gabe der Kirche ist „das Lamm wie geschlachtet". Allein die Selbsthingabe des Herrn, der „sich aus freiem Willen dem Leiden unterwarf" (Hochgebet II), ist die Gott angemessene Gabe. Nichts hat die Kirche als das, was Gott selbst ihr bereitet, was Jesus ihr in die Hände gegeben hat: „Sieh her auf die Opfergabe, die du selber deiner Kirche bereitet hast, und gib, daß (wir) alle ... *eine* lebendige Opfergabe werden in Christus zum Lob deiner Herrlichkeit" (Hochgebet IV).

Der Bereitung der Gaben oder des Tisches für die Eucharistie kommt – dem Hochgebet gegenüber – „nur eine Stellung zu wie der Eröffnung gegenüber dem Ganzen der Messe" (J. A. Jungmann). Gleichwohl hat man im Frühmittelalter Motive aus dem Hochgebet im Bereich des Offertoriums vorweggenommen. Vorwegnehmend, proleptisch hat man um Geistsendung gebetet und um Annahme der Gaben, vorwegnehmend hat man den Kelch schon zur Bereitung als „Kelch des Heiles" bezeichnet, das Brot als die „makellose Hostie (Opfergabe)". Ebenso hat man den Gestus vorweggenommen. Bevor der Priester Brot und Wein auf den Altar für die Feier bereitstellt, hat er Patene und Kelch betend emporgehoben.

In unserem Zusammenhang kann von den Faktoren, die zu dieser Praxis der Vorwegnahme geführt haben, nur einer genannt werden, der die gleichsam unabdingbare Voraussetzung dafür war, daß hier in Wort und Zeichen Motive des Hochgebets vorweggenommen werden konnten. Das Tun des Zelebranten hatte sich insofern von der Aktion der Gemeinde gelöst, als nicht mehr das auf den Altar gebracht wurde, was die einzelnen Mitfeiernden von Haus zur Feier mitbrachten. Die Gaben von Brot und Wein wurden damals schon eigens für die Feier präpariert. Es gab zwar noch den Opfergang; aber von den Gaben, die die Gemeinde brachte, wurde in der Feier selbst nichts mehr gebraucht. Für die Ausbildung des Offertoriums war diese so entstandene Distanz zwischen Altar und gemeindlichem Tun eine wesentliche Vorbedingung.

In der jetzigen Reform hat die Kirche zeigen wollen: Dies ist noch nicht das Opfer; dies ist erst die Eröffnung der eucharistischen Liturgie. Die Kirche hat aber nicht schlechthin eliminiert, was sich im Frühmittelalter hier allzu üppig entwickelt hatte. Den Gestus hat sie beibehalten: „Der Priester nimmt die Schale mit dem Brot (nimmt den Kelch) und hält sie über den Altar ..."; die Gebete hat sie teilweise verändert. So wollte die Kirche deutlich machen: Vom Opfer kann hier und muß hier insofern die Rede sein, als wir Menschen uns für das Opfer Christi bereiten durch unser Gebet und durch die unserem Vermögen und der Not der Brüder angemessene Gabe. Vom Opfer kann hier aber nur die Rede sein, insofern wir Sünder mit demütigem Sinn darum bitten, von Gott angenommen zu werden. Mit Worten aus dem Prophetenbuch Daniel betet daher der Priester hier: „Herr, wir kommen zu dir mit reumütigem Herzen und mit demütigem Sinn. Nimm uns an und gib, daß unser Opfer dir gefalle" (vgl. Dan 3,39). Dafür ist das Erheben des Brotes und Weines bei der Bereitung ein Zeichen.

In eine sehr andere Richtung tendierte die Entwicklung im Zentrum des Hochgebetes einige Jahrhunderte später. Das war die Zeit, in der ein Konzil gebieten mußte, wenigstens einmal jährlich zur Hauptfestzeit müsse jeder die Eucharistie empfangen. In diese Zeit fällt die Entwicklung der sog. großen Elevation des Leibes und Blutes Christi nach den Wandlungsworten. Irgendwie ist auch sie durch die allzu scheue Zurückhaltung der Gläubigen bedingt — wobei Gleichgültigkeit partiell keineswegs auszuschließen ist. Man will zwar Gemeinschaft mit Christus, man will kommunizieren. Aber man will das nicht im Essen und Trinken des Leibes und Blutes Christi. Man begnügt sich mit der Anteilnahme, mit der Kommunikation durch das Schauen der eucharistischen Gestalten. Wenn wir den Leib des Herrn nur sehen — das genügt uns: so war im Hochmittelalter und später die Einstellung.

Nun gab es ja von alters her in der Mitte des Hochgebets ein Zeichen, die Erhebung zu den Worten: Er nahm das Brot; er nahm den Kelch. Das war eine Gelegenheit, im Schauen Anteil zu nehmen. Die Kirche hat dem widersprechen müssen. Hier seien ja die Worte des Herrn noch nicht gesagt: Dies ist mein Leib; dies ist der Kelch, mein Bundesblut. Hier dürfe also noch niemand anbeten, hier solle also die Hostie (und später der Kelch) noch nicht hoch erhoben werden. Erst jeweils nach den Herrenworten des Einsetzungsberichts sei die große Elevation angemessen, dürfe der Leib und dann das Blut geschaut und angebetet werden.

Wie vor der gegenwärtigen Reform, so heißt es an dieser Stelle auch jetzt: „Er zeigt der Gemeinde die konsekrierte Hostie; er zeigt der Gemeinde den Kelch." Die seit je zurückhaltende Formulierung der Anweisungen im Römischen Meßbuch will hier aber durchaus nicht kaschieren, daß der Leib des Herrn und sein Blut im eucharistischen Kelch wirklich emporgehoben werden, damit die Gemeinde — wie in der Kniebeuge dann auch der Priester — hier den Herrn anbete.
Anschauen und anbeten: dazu ist nötig, daß die eucharistischen Gaben hoch erhoben werden. Selbstverständlich dann, wenn der Priester — wie früher meistens — der Gemeinde nicht zugewandt ist. Aber auch wenn der Priester am Altar der Gemeinde zugewandt steht, ist es wohl geziemend, die eucharistischen Gaben so zu erheben, daß auch der Zelebrant selbst aufschaut zum Leib und Blut des Herrn — damit das Anschauen zur Anbetung werden kann. Wenn diese Erhebung und Anbetung im Bewußtsein aller durchtränkt ist von Motiven der Hingabe — „Schau gütig auf die Gabe deiner Kirche"; „Er (Christus) mache uns auf immer zu einer Gabe, die dir wohlgefällt" —, dann ist fraglos dieser Gestus wieder mit Kraft aus dem Wurzelgrund erfüllt, aus der Hingabebereitschaft des Herrn, der am Abend vor seinem Leiden das Brot und den Kelch nahm und zum Vater emporhob.
Dazu hilft auch die weitere Ausformung des Grundzeichens, die Erhebung der Gestalten zur Schlußdoxologie. Diese sog. kleine Elevation ist immer ein Zeichen der Darbringung gewesen. Bis zur Reform war sie für die Gemeinde schon insofern ein unscheinbares Zeichen, als sie verdeckt blieb, wenn der Zelebrant der Gemeinde nicht zugewandt war. Unscheinbar war das Zeichen aber auch deshalb, weil die Erhebung nur einen kurzen Moment dauerte, nur zu den Worten: „. . . alle Herrlichkeit und Ehre . . ." Zu den ersten Worten der Doxologie hatte der Zelebrant bekanntlich fünf Kreuzzeichen zu zeichnen; die Schlußformel mußte schon als der Auftakt zum Vaterunser empfunden werden. Seit der Reform erhebt der Zelebrant die Hostienschale und (der Diakon oder ein Konzelebrant oder er selbst) den Kelch zur ganzen Schlußdoxologie:

> „Durch ihn und in ihm und mit ihm ist dir, Gott, allmächtiger Vater, in der Einheit des Heiligen Geistes alle Herrlichkeit und Ehre jetzt und in Ewigkeit."

Er stellt die Gaben erst wieder auf den Altar, wenn die Gemeinde diesen abschließenden Lobpreis und damit das Hochgebet mit ihrem Amen bekräftigt hat.

In dieser Erhebung der Eucharistie, die schon aus der Zeit der frühen Kirche bezeugt ist, nimmt die Kirche das auf, was sie ihren Herrn in der Stiftung der Feier hat tun sehen, was sie berichtend als sein Tun in der Mitte des Hochgebets nachvollzogen hat: Er nahm das Brot, er nahm den Becher. Jetzt nimmt sie zu den preisenden Schlußworten den Leib und das Blut des Herrn und hält sie Gott entgegen. Denn dies Opfer ist ein Opfer des Lobes zur Verherrlichung Gottes, ist die preisende Darbringung, in der dem allherrschenden Gott alle Herrlichkeit und Ehre erwiesen wird.

Auf einem Kelch, den ein Künstler im Frühmittelalter geschaffen hat, liest man als Umschrift: Agitur haec summus per pocla triumphus – Dieser Kelch ist die Feier des höchsten Triumphes. In diesen einen Satz ist gefaßt, worum es geht bei der Erhebung der Eucharistie zum Schluß des Hochgebetes, worum es in jeder Erhebung der Gaben, worum es im ganzen Hochgebet, in der ganzen Feier geht: In der Eucharistie wird die Gemeinschaft der Glaubenden des Heils teilhaftig, das Jesus Christus gewirkt hat zur Ehre Gottes des Vaters, das er im Vergießen seines Blutes, in der Hingabe seines Leibes und Lebens gewirkt hat für alle.

Denn er selbst ist unser Friede

Handreichung als Friedenszeichen

Sind wir die steifen Deutschen? Oder geht uns unsere Innerlichkeit über alles? Oder welche Gründe mag es sonst dafür geben, daß in unserem Sprachbereich – unsere schweizerischen und österreichischen Nachbarn sind da wohl nicht auszunehmen – das „Zeichen des Friedens und der Versöhnung" nicht recht akzeptiert worden ist? Wer aufmerksam hinhört, auch bewußt danach fragt, unter Umständen auch eigene Reiseerfahrungen hat, der weiß ziemlich sicher, daß bei unseren westlichen und südlichen unmittelbaren und entfernteren Nachbarn das Friedenszeichen im Gemeindegottesdienst anscheinend selbstverständlich geworden ist. Warum nicht bei uns?

Es kann einer natürlich mit einigem Recht darauf verweisen, daß das Friedenszeichen nicht obligatorisch ist. „Der Diakon oder der Priester *kann* dazu auffordern, in einer den örtlichen Gewohnheiten entsprechenden Weise die Bereitschaft zu Frieden und Versöhnung zu bekunden", heißt es in der „Ordnung der Gemeindemesse" (vgl. auch AEM 112.136). Er kann, er muß nicht!

Nun ist das nicht alles, was unser Meßbuch dazu sagt. Im zusammenfassenden Überblick AEM 56b ist von Sinn und Formen der Friedensriten recht ausführlich die Rede: „Es folgen [auf das Gebet des Herrn] Worte und Gesten, in denen die Gläubigen um Frieden und Einheit der Kirche und der gesamten Menschheitsfamilie bitten und einander ihre Liebe bezeugen, ehe sie von dem *einen* Brot essen. Die Form des Friedensgrußes soll von den Bischofskonferenzen entsprechend der Eigenart und den Bräuchen der Völker bestimmt werden." Was unter welchen Umständen verpflichtend sei, wird hier nicht erörtert. Aber mindestens indirekt ist hier doch wohl gesagt, daß die Kirche diese Worte und Gesten, diese Zeichen des Friedens, der Einheit und der Liebe vor der Teilnahme am eucharistischen Mahl für außerordentlich wichtig hält.

Wahrscheinlich hilft zur Beantwortung unserer Frage, wenn wir das, was jetzt gilt, was geschieht oder geschehen sollte, in allen Einzelheiten mit der vorkonziliaren Praxis vergleichen. Da ist zunächst festzustellen, daß vorkonziliar die Friedensriten keine Einheit waren. Der Friedensgruß folgte unmittelbar auf das Nachwort zum Vaterunser.

Dieses Nachwort war mit der Brechung der großen Hostie verquickt. Mit der kleinen Partikel wurden zum Friedensgruß drei Kreuzzeichen über den Kelch gezeichnet. Auf die Mischung folgte noch der Begleitruf zum Brotbrechen, das Agnus Dei. Erst daran anschließend war das Friedensgebet eingeordnet, die Bitte um den Frieden Christi. In besonderen Fällen folgte dann das Friedenszeichen, der Friedenskuß.
Seit der Reform sind die Friedensriten eine geschlossene Gruppe: Friedensgebet, Friedensgruß, Friedenszeichen folgen dem Vaterunser und gehen dem Brotbrechen vorauf. So ist nicht nur die Kommunionvorbereitung insgesamt durchsichtiger geworden, so sind auch die einzelnen Riten, Gebete und Gesten aufgewertet. So wird – das scheint nicht übertrieben – auch das Friedenszeichen erst wieder möglich.
Aber die rechte Ordnung im Bereich der Kommunionvorbereitung ist nur eine Bedingung unter mehreren, die erfüllt sein müssen, damit das Friedenszeichen wieder lebendig wird. Vorkonziliar – wir erinnern uns gut – war der Friedenskuß, war die brüderliche Umarmung das Friedenszeichen. Ob das immer eine ungezwungene und herzliche Geste war, ob nicht gelegentlich der Eindruck entstehen konnte, einer der beiden Kleriker oder beide hätten das Wort an Magdalena im Sinn (vgl. Joh 20,17), mag dahingestellt bleiben.
Wichtiger: Das Zeichen war allein Sache der Kleriker. Erst ab der Feierform des Hochamts, der missa sollemnis, wurde der Friedenskuß gegeben. Der Zelebrant gab dem Diakon, dieser dem Subdiakon den Friedenskuß. Vorher hatte der Priester den Altar geküßt; er hatte vom Herrn, als dessen Sinnbild der Altar verstanden wurde, den Frieden empfangen, den er nun weitergab und weitergeben ließ. Man muß das beachten, wenn man sich an die Praxis der Weitergabe erinnert. Waren außer denen, die am Altar eine Funktion ausübten, weitere Kleriker im Chor, dann überbrachte ihnen (meist) der Subdiakon den Friedenskuß, zuerst selbstverständlich dem Ranghöchsten. Die Umarmung wurde dann – je nach der Zahl der Kleriker im Chor – durch zwei oder vier oder mehr Reihen weitergegeben, was natürlich einige Zeit dauerte, wenn man an festive Kathedralgottesdienste denkt. Zwar ist die Vorstellung, der Friede sei gleichsam subsistent, sei etwas, was man nur dann weitergeben könne, wenn man es unmittelbar vorher empfangen habe, sicher nie bewußt gefördert worden. Aber daß bei der bisherigen Praxis dieser Eindruck entstehen mußte oder mindestens konnte, das sollte man nicht bestreiten.
Selbstverständlich kann es so unter keinen Umständen sein, wenn das Friedenszeichen ein Gestus sein soll, bei dem es um alle und jeden

einzelnen in der versammelten Gemeinde geht. Daher „holt" sich der Zelebrant jetzt den Frieden nicht mehr, indem er zunächst den Altar küßt, bevor er seinen Mitbrüdern dies Zeichen gewährt. Nicht ebenso selbstverständlich ist schon geworden, daß in einer größeren Chorgemeinschaft das Friedenszeichen nicht mehr „durch die Reihen läuft", sondern sich auf den Impuls des Diakons oder des Priesters die einander Nächsten das Friedenszeichen geben. Das aber wäre eine Voraussetzung dafür, daß so auch die Gemeinde tut. Die Gemeinde kann ja in diesem Fall nur das praktizieren, was sie auf den Impuls hin die Amtsträger tun sieht.

Was nun soll die Gemeinde konkret tun? Das ist die eigentliche Frage, die freilich nicht ganz so unabhängig von den Vorfragen gestellt und beantwortet werden kann. Vorkonziliar war unter Klerikern der Kuß, war die Umarmung das Friedenszeichen. Soll das auch die Form sein, in der alle in der Gemeinde einander den Frieden bezeugen?

Aus AEM 56b und der „Ordnung der Messe" ergibt sich die offizielle Antwort. „Alle" (so ausdrücklich das Missale Romanum) „bekunden einander die Bereitschaft zu Frieden und Versöhnung in einer den örtlichen Gewohnheiten entsprechenden Weise"! „Die Form ... soll von den Bischofskonferenzen ... bestimmt werden." Das ist aus der Perspektive der römischen Zentrale selbstverständlich die einzig sachgemäße Lösung. Nur vor Ort kann entschieden werden über so sehr von den Gepflogenheiten bestimmte Gesten.

Es mag noch angehen, daß diese universalkirchliche Regelung der AEM in den landessprachlichen Büchern wörtlich wiedergegeben, ausdrücklich dokumentiert ist. Aber an der entscheidenden Stelle, in die „Ordnung der Messe" hätte hineingeschrieben werden müssen, wie denn die Bischofskonferenzen entschieden haben. Was da dem deutschsprachigen Meßbuch zu entnehmen ist, scheint anzudeuten, daß nichts entschieden wurde. Dem Diakon oder Priester wird zwar der Wortlaut des Impulses nicht vorgeschrieben; es heißt hier: „etwa" (mit folgenden Worten). Aber der einzige Vorschlag, der dann folgt, läßt eigentlich nur den Schluß zu, daß man sich über das ‚Wie' keine Gedanken gemacht hat. „Gebt einander ein Zeichen des Friedens und der Versöhnung": Das muß man lesen — oder hören —, als stünde da — oder werde da gesagt: „Gebt einander irgendein Zeichen ..." Hier scheint mir der eigentliche Grund zu liegen, warum es in unserem Sprachraum das Friedenszeichen im Gottesdienst nicht gibt. Nur wenn dort stünde, wenn in der Liturgie der Impuls gegeben würde: „Reicht einander die Hand zum Zeichen des Friedens und der Versöhnung", dann würde in der

Gemeinde etwas in Bewegung gebracht werden können. Wenn erstens der Impuls im Wort so eindeutig gegeben würde und wenn zweitens im Zeichen, das die Kleriker und ihre Helfer im Altarraum einander geben, der verbale Impuls aufgenommen und verstärkt würde! Wenn der Gemeinde gesagt wird: „Gebt einander (irgend)ein Zeichen ..." und die Kleriker umarmen einander, dann braucht niemand sich zu wundern, wenn unter den Laien nichts dergleichen geschieht.

Das übrigens ist im Meßbuch sachgemäß, daß die Aktion im Altarraum davon abhängig gemacht wird, ob der Gemeinde der Impuls zum Friedenszeichen gegeben wurde oder nicht. Wenn ja, dann auch beim Klerus: „In diesem Fall ..."; wenn nicht, dann soll das Zeichen auch im Presbyterium nicht vollzogen werden.

In anderer Hinsicht läßt unser Meßbuch einen weiteren Wunsch offen. Damit kommen wir zur Frage nach dem Sinn dieses Zeichens. Wofür soll die Handreichung ein Zeichen sein? Weil wir von dem *einen* Brot essen – so AEM 56b –, sollen Frieden und Eintracht und Liebe unsere Gemeinschaft prägen. Das Zeichen soll es uns bezeugen. Einheit und Frieden sind gewiß die Frucht der Teilhabe an der Eucharistie – entsprechend der Bitte im Hochgebet (IV): „Gib, daß alle, die Anteil erhalten an dem *einen* Brot und dem *einen* Kelch, *ein* Leib werden im Heiligen Geist ..." Aber Einheit und Frieden sind auch Vorbedingung – gemäß dem Wort Jesu von der Opfergabe und der vorherigen Versöhnung mit dem Bruder (vgl. Mt 5,23f).

Nun steht sicher nicht selten ein Mensch und Christ neben mir, mit dem ich mich zuvor versöhnen muß; aber keineswegs immer ist das der Fall. Es kann durchaus – und nicht selten – auch so sein, daß Christen einander die Hand reichen, zwischen denen es Dissonanzen nicht gibt, die einander nichts vorzuwerfen haben und auch nichts vorwerfen. Es wäre billig zu sagen, das komme nur unter Menschen vor, die sich fremd seien. Wenn denn nicht jede Handreichung Zeichen einer Versöhnung sein muß, ist also – so scheint mir – der Impuls zum Friedenszeichen nicht treffend formuliert: „Gebt einander ein Zeichen des Friedens und der Versöhnung." Das Römische Missale spricht von „Friede" (Offerte vobis pacem) bzw. von „Friede und Liebe". Darin ist Versöhnung eingeschlossen. Aber das Zeichen bleibt auch dann sinnvoll, wenn es im konkreten Fall um Versöhnung nicht geht, weil es keinen Zwist gibt. Wünschenswert wäre demnach, daß das Impulswort etwa lautete: Reicht einander die Hand zum Zeichen der Liebe (der Brüderlichkeit; der Eintracht) und des Friedens.

Eine letzte Frage: Ist das Zeichen der Handreichung zur Bekundung der Liebe und des Friedens nicht zu anspruchsvoll? Wir haben die Zeiten noch nicht ganz überwunden, in denen – zumal an Wochentagen – viele ihren Platz in der Kirche so wählten, daß sie in Andacht „für sich“ beten konnten. In dieser Hinsicht müssen wir miteinander Geduld haben. Es geht kaum an, um des Friedenszeichens willen am Wochentag alle „in die ersten drei Bänke zu bitten“. In der sonntäglichen Gemeindefeier – oder dann, wenn eine kleine Gemeinschaft im entsprechenden Raum feiert –, was spräche da gegen das Zeichen? Die Handreichung zum Zeichen der brüderlichen Verbundenheit ist nur deshalb und insofern anspruchsvoll, weil ihr eine andere Geste noch folgt, weil die zum Frieden gereichte Hand das erste ist – und das zweite die bittend zum Herrn hin sich öffnende Hand, die Hand, die nach dem *einen* Brot verlangt, „das unter Brüder geteilt wird“ (vgl. AEM 283). Letztlich verhalten sich diese beiden Gesten so zueinander wie die beiden Worte zum Thema Vergebung, die der Herr selbst uns zu beten gelehrt hat: Vergib uns unsere Schuld, wie auch wir vergeben unseren Schuldigern – Herr, gib dich in meine Hand, wie auch ich mich in die Hand meines Bruders gebe.

Darum sind wir viele ein Leib

Brotbrechen

Wer vom Brotbrechen spricht, muß vom Brot sprechen. Zur Eucharistie wird Brot auf den Altar gebracht. Auch heute noch gibt es Grund, die durchschnittliche Praxis zu fragen, für wen zur Feier der Eucharistie Brot auf den Altar gebracht wird. Brot nur für den Zelebranten? Mindestens einschlußweise hat Pius XII. in seiner Liturgieenzyklika ‚Mediator Dei' (1947) diese Praxis getadelt. Das Konzil hat sich diese Forderung des Papstes zu eigen gemacht: „Mit Nachdruck wird jene vollkommenere Teilnahme an der Messe empfohlen, bei der die Gläubigen nach der Kommunion des Priesters aus derselben Opferfeier den Herrenleib entgegennehmen" (SC 55). In jeder Feier soll Brot für alle Mitfeiernden auf den Altar gebracht werden — wobei selbstverständlich niemand daran denkt, daß es bei dieser Forderung um das sprichwörtliche i-Tüpfelchen geht. Wer hier einwendet, man könne doch nie genau die Zahl aller Kommunikanten vorhersehen, wer also hier gleichsam den Standpunkt des „alle oder keiner" vertritt, dem geht es im Grunde doch nur darum, ad absurdum zu führen, was Papst, Konzil und Meßbuch (AEM 56h) fordern. Es soll ja doch nur soweit vorhersehbar, nur nach menschlichem Ermessen für alle, die die Eucharistie empfangen wollen, Brot auf den Altar gebracht werden. Fast immer ist es leicht möglich, so oder so auszugleichen. Die „Reserve" im Tabernakel, zunächst für Sterbende und für ernstlich Erkrankte dort aufbewahrt, steht ja zur Verfügung, wenn bei der Spendung in der Feier das eucharistische Brot nicht ausreicht. Nur darf aus dieser Reserve nicht ständig eine „Konserve" werden.

Ein anderes Moment, das Voraussetzung ist für die Wiederbelebung des Brotbrechens, ist die Qualität des Brotes, das zur Eucharistie auf den Altar kommt. Das Brot soll „tatsächlich als Speise" erkennbar sein, sagt das Meßbuch. Und: „Daher soll das eucharistische Brot, auch wenn es ungesäuert ist und in der herkömmlichen Form bereitet wird, so beschaffen sein, daß der Priester bei einer Gemeindemesse das Brot wirklich in mehrere Teilen brechen kann, die er wenigstens einigen Gläubigen reicht" (AEM 283). Kein Kind soll mehr fragen müssen, ob das Plastik sei, was der Priester da in der Hand habe. Weder Augenschein noch Geschmack sollen trügen: Es ist Brot, was auf den

Altar gebracht wird; es ist wirklich Brot, was konsekriert den Gläubigen gebrochen und gereicht wird.

Brot soll gebrochen werden. Das Brot, das für die Gläubigen auf den Altar gebracht wird, soll zur Spendung der Kommunion gebrochen werden. Wo das Brotbrechen verkümmert ist, wo nur die eine für den Zelebranten bestimmte große Hostie gebrochen wird, für alle anderen aber nur die herkömmlichen kleinen Hostien bereitgestellt sind, da sind Fehlinterpretationen nicht nur nicht auszuschließen. Dem unbefangenen Beobachter drängt sich doch der Schluß geradezu auf: Der Zelebrant bricht „seine" große Hostie deswegen in zwei Hälften, weil er sie so leichter zu sich nehmen kann. Da unbefangene Beobachter meist sehr genau zusehen, fällt ihnen auch noch etwas anderes auf. Was sie da beobachten, führt fast zwangsläufig zu dem weiteren Fehlschluß, der Priester breche das Brot wohl auch deswegen, weil er ein kleines Stücklein, das dritte Stück des gebrochenen Brotes in den Kelch geben müsse.

Auf die Frage, warum es in der Eucharistie das Brotbrechen gebe und geben solle, gibt das Meßbuch selbstverständlich nicht diese Antworten, die ein unbefangener Beobachter einer defizienten Praxis möglicherweise ablesen könnte. Im Meßbuch heißt es:

> „Das Brotbrechen, das in der apostolischen Zeit der Eucharistiefeier den Namen gab, bringt die Einheit aller in dem einen Brot wirksam und deutlich zum Ausdruck. Ebenso ist es ein Zeichen brüderlicher Liebe, da dieses Brot unter Brüder geteilt wird" (AEM 283).

Nicht erst hier, wo in AEM von den „Voraussetzungen für die Meßfeier" (Überschrift zu Kap. VI) die Rede ist, wird vom Brechen des Brotes gesprochen. Bemerkenswert ist, was im Abschnitt „Die einzelnen Teile der Meßfeier" (AEM Kap. II 3) über „Die Kommunion" gesagt ist. Vom Brotbrechen ist in 56c, vom Begleitgesang dazu in 56e die Rede. Vorweg ist schon beachtenswert, daß in der Überschau, vor Nennung der einzelnen Riten unter den vorbereitenden Handlungen ausdrücklich nur „die Brotbrechung" genannt wird: „Die Brotbrechung und andere vorbereitende Handlungen sollen die Gläubigen zum Empfang dieses Mahles hinführen." Von der Bedeutung dieses Zeichens heißt es dann ausführlich:

> „Das Brotbrechen wurde von Christus beim Letzten Abendmahl vollzogen und gab in der apostolischen Zeit der ganzen Eucha-

ristiefeier den Namen. Das Brechen des Brotes hat nicht nur eine praktische Bedeutung, sondern zeigt, daß wir alle in der Kommunion von dem *einen* Brot des Lebens essen, das Christus ist und dadurch *ein* Leib werden (1 Kor 10,17)" (AEM 56c).

Fast unmittelbar anschließend geht es um das Agnus Dei:

> „Während der Brechung und Mischung wird vom Sängerchor oder vom Kantor unter Beteiligung aller das Agnus Dei in der Regel gesungen, sonst vernehmlich gesprochen. Diesen Ruf kann man so oft wiederholen, bis das Brotbrechen beendet ist. Der letzte Ruf schließt mit den Worten: Gib uns deinen Frieden" (AEM 56e).

Wie der Herr getan hat: Das ist die primäre Begründung für das Zeichen Brotbrechen. In keinem neutestamentlichen Einsetzungsbericht und aller Wahrscheinlichkeit nach kaum je in einer Feier der Christen ist der Hinweis auf dies Zeichen unterblieben: Der Herr hat beim Abschiedsmahl das Brot gebrochen. Den Stellenwert in der Tradition macht Lukas besonders deutlich: Beim Mahl am Abend in Emmaus erkannten Kleopas und sein Gefährte den Auferstandenen, „als er das Brot brach" (vgl. Lk 24,31.35). Der Ritus des Brotbrechens weist also in jeder Feier auf den Einsetzungsbericht im Hochgebet und damit auf die Stiftung Jesu zurück. „Er brach das Brot": das gehört zum unveräußerlichen Kontext des Brotbrechens.
Es scheint derzeit nötig, auf eine Fehlform einzugehen, zu der freilich das Meßbuch keine Veranlassung weder gab noch gibt. Gelegentlich wird das Brotbrechen schon im Rahmen des Einsetzungsberichtes praktiziert. Zur Begründung wird dazu vorgebracht: Der Zelebrant spricht ja hier die Worte des Herrn; er leiht also dem Herrn seine Stimme. Ferner nimmt er das Brot, wenn er spricht: „Er nahm das Brot"; er erhebt die Augen, wenn es (im Hochgebet I) heißt: „Er erhob die Augen zu dir." Er tut also, wie der Herr getan hat. Also sei es auch angemessen, das Brot zu brechen, wenn davon im Einsetzungsbericht gesprochen werde. Auch das könne ein Beitrag sein zu verdeutlichen, daß in der Person des Zelebranten Christus in der Eucharistiefeier gegenwärtig sei, wie das Konzil es ja lehre (SC 7).
Zu erwidern ist mancherlei. Bei einer derartigen Argumentation wird z. B. übersehen, daß in der Feier als ganzer realisiert wird, was im Einsetzungsbericht berichtend gebetet wird. Daß Jesus Lob und Dank sagte, verwirklicht die Kirche im ganzen Hochgebet. Dem folgt — in

der Reihenfolge des gebeteten Berichts — dann das Brotbrechen für alle und schließlich die Ausspendung der eucharistischen Gaben: Er sagte Dank, brach das Brot und reichte es seinen Jüngern. Wer hier im Einsetzungsbericht das Brot brechen wollte, müßte sich auf die Konsequenz festlegen lassen, es dann hier auch auszuteilen. Ebenso auf die Konsequenz, es hier im Einsetzungsbericht mit dem eucharistischen Kelch genauso zu halten.
Jedem ist einsichtig, daß so das Hochgebet und der Kommunionkreis mit seinen bedeutsamen vorbereitenden Riten völlig durcheinandergeworfen wird. Das will man natürlich nicht; so weit soll die Konsequenz nicht reichen, die sich aus der Forderung ergibt, während des Einsetzungsberichtes das Brot zu brechen. Die Struktur der Feier soll natürlich nicht tangiert werden. Aber dann kann man an einer anderen Konsequenz nicht vorbei. Dann bleibt es dabei, daß nur eine, die eine große Hostie für den Zelebranten gebrochen wird. Übersetzt man aber diese Praxis, die Synchronisation des Brechens der einen großen Hostie mit dem Bericht von Jesu Tun beim Abendmahl, in eine plausible Aussage, dann muß man das derart umgeformte Zeichen so lesen: Beim Abschiedsmahl nahm Jesus das Brot, das er essen wollte, und brach es, bevor er es aß. — Es ist also fraglos ein Irrweg, das Brotbrechen in den Einsetzungsbericht einbringen zu wollen, eine Fehllösung, die außerdem reichlich klerikalistisch anmutet.
Das Herrenwort zum Brot ist in der jüngsten Reform entsprechend biblischen Vorlagen wieder erweitert worden: „Das ist mein Leib, der für euch hingegeben wird." Im Blick auf das Brotbrechen ist diese Erweiterung nicht unwichtig. Hingegeben ist der Leib des Herrn in Geißelung und Dornenkrönung; der Leib des Herrn bricht unter der Last des Kreuzesholzes zusammen, ehe er am Kreuz zwischen Himmel und Erde zerbrochen wird. In einer altrömischen Version des Einsetzungsberichtes (Hippolyt, Apostolische Überlieferung 4) heißt es an dieser Stelle tatsächlich: „Der Leib, der für euch zerbrochen wird." In dieser Lesart ist das Herrenwort zum Brot noch eindeutiger in Beziehung zum Brotbrechen zu bringen, wird das Brotbrechen noch deutlicher zum Zeichen des gewaltsamen Todes Christi.
Zum Brotbrechen soll gesungen werden. Nur im Sonderfall, nämlich dann, wenn keine singfähige Gemeinde zusammengekommen ist, wird der Begleitgesang zum Brotbrechen gesprochen. Uns geht es hier um den Text des Begleitgesangs. Der Text ist ein leicht wiederholbarer Ruf. Auch daran kann man erkennen, daß das Zeichen ursprünglich ist, der Begleitgesang später hinzukam. Das Agnus Dei ist um des

Brotbrechens willen ein Stück der Feier geworden — nicht umgekehrt. „Seht, das Lamm Gottes, das die Sünde der Welt hinwegnimmt": Mit diesen Worten hat zuerst Johannes der Täufer seine Jünger an Jesus verwiesen (Joh 1,29; vgl. 1,36). Besonders häufig wird in den johanneischen Schriften des Neuen Testamentes, vor allem in Offb, vom Lamm gesprochen, vom „Lamm wie geschlachtet" (Offb 5,6.8.12.13 u. v. a.).

Wenn das Brot gebrochen wird und Christus, das Lamm wie geschlachtet, angerufen wird: „Lamm Gottes, du nimmst hinweg die Sünde der Welt", dann geht es auch und zuerst um die feiernde Gemeinde, dann geht es um unsere Schuld. Die Antwort auf diesen Ruf zeigt das ja deutlich: Erbarme dich unser! Von unserer Erlösung ist die Rede. Unsere Schuld wird von uns genommen, weil das Lamm wie geschlachtet unsere Sünden auf sich genommen hat. Was uns von Gott und den Mitmenschen trennt, von ihnen absondert, die Sünde, das wird durch den Tod des Lammes aufgehoben. Das Brotbrechen könnte nicht eindeutiger interpretiert werden als durch diesen Begleitgesang.

Wer diese Zusammenhänge zwischen Zeichen und Begleitgesang sieht, der versteht auch die Zusammenhänge zwischen dem Hochgebet und dem Brotbrechen. Dafür ist der folgende Abschnitt des Hochgebets III, die Darbringungsbitte und die Bitte um fruchtreichen Empfang — die Kommunionepiklese — ein treffendes Exempel:

> „Schau gütig auf die Gabe deiner Kirche. Denn sie stellt dir das Lamm vor Augen, das geopfert wurde und uns nach deinem Willen mit dir versöhnt hat. Stärke uns durch den Leib und das Blut deines Sohnes und erfülle uns mit seinem Heiligen Geist, damit wir *ein* Leib und *ein* Geist werden in Christus. Er mache uns auf immer zu einer Gabe, die dir wohlgefällt . . ."

Vielleicht könnte der Eindruck entstehen, das Zeichen des Brotbrechens sei zu schwach, soviel gewichtige Aussagen zu tragen, soviel an bedeutungsschwerem Inhalt — ausgesprochen im Begleitgesang und im Einsetzungsbericht, im Herrenwort zum Brot, und schließlich im epikletischen Teil des Hochgebets. Dazu muß und kann zweierlei gesagt werden. Zunächst muß man sagen, daß das Brotbrechen nur einen Teil dieses Gewichtes trägt; denn das Brotbrechen ist ja „nur" Vorbereitung, es führt weiter zur Spendung der Eucharistie, zum Empfang des Leibes Christi: Dort liegt der Hauptakzent. Alles, was wir als Kontext des Brotbrechens zu verstehen gesucht haben, kommt im Empfang der Eucharistie zur sakramentalen Realisation. Der andere

Aspekt ist nicht weniger wichtig: So bedeutsame Texte rufen nach dem entsprechend gehaltvollen Zeichen Brotbrechen. Wenn Brotbrechen nur ein flüchtiger Ritus ist, dann ist der Gestus allerdings zu schwach, so gewichtige Texte zu tragen. Wenn hingegen wirklich praktiziert wird, was die Kirche getan wissen will, dann entspricht das Brotbrechen für alle, die zum Tisch des Herrn kommen, durchaus diesen großen Gedanken des Hochgebets.

Wir müssen hier nicht erörtern, wieviel Zeit es für das Brotbrechen braucht. Allenfalls ist auf den damit angedeuteten Einwand andeutungsweise zu sagen: Zeit ist auch eine subjektive Kategorie. Die Gemeinden, denen Brotbrechen viel bedeutet, haben dafür Zeit. Außerdem kann man anmerken: Es gibt Bereiche in der Feier, die knapper gefaßt sein könnten, als das durchschnittlich der Fall ist. Darüber hinaus gilt schließlich auch noch: „Die kleinen Hostien sind jedoch keineswegs ausgeschlossen, falls die Zahl der Kommunizierenden oder andere seelsorgliche Überlegungen sie erforderlich machen" (AEM 283).

Muß man dagegen aber nicht doch einwenden, es verkürze das Zeichen, wenn nicht alle, die am Mahl teilnehmen, das eucharistische Brot als gebrochenes Brot empfangen? Mit dieser Frage kommt die Beziehung zwischen Brotbrechen und Eucharistiespendung erneut in den Blick. Ideal ist sicherlich, wenn alle in der Gemeinde gleichsam zweimal das Zeichen Brotbrechen wahrnehmen, nämlich beim Brotbrechen selbst und dann, wenn jedem einzelnen das gebrochene Brot gereicht wird. Es ist sicher eine gewisse Minderung, wenn bei großer Zahl der Kommunikanten einem Teil die Eucharistie in Form der kleinen Hostien gereicht wird. Trotzdem wird das Zeichen nicht so defizient, daß es für diese Teilnehmer nichts mehr bedeutet. Denn das Brotbrechen wurde ja schon im Vollzug von allen Mitfeiernden in seiner ganzen Bedeutung erfahren. Das wirkt sich aus bis in den Ritus der Spendung. Auch wenn ein Teil der Kommunikanten kleine runde Hostien empfängt, dann wissen doch auch sie: Das ist Teilhabe am Brot, das für uns alle zum Zeichen gebrochen wurde.

Gelegentlich kann man erleben, daß Brot auf den Altar gebracht wird, das schon in der Sakristei gebrochen worden ist. Zur Begründung hört man, so werde das Brotbrechen verkürzt und doch könne – ohne Zeitverlust – annähernd allen Kommunikanten gebrochenes Brot gereicht werden. Solche vielleicht fürsorgliche, aber ganz und gar unverständige Praxis provoziert geradezu die ironische Bemerkung, dann müsse es im Einsetzungsbericht wohl auch heißen, Jesus habe

das Brot genommen, das eine Magd vor dem Mahl schon gebrochen hatte. Nein – wenn denn schon die Zeit eine Rolle spielt, dann wird die Zeichenkraft weniger beeinträchtigt, wenn einem Teil der Gemeinde die konventionellen kleinen Hostien gereicht werden, als wenn für alle vorher gebrochenes Brot auf den Altar gebracht, also auf den Vorgang des Brotbrechens vor aller Augen, an der gemäßen Stelle verzichtet wird.
Was das Zeichen mit dem deutenden Begleitgesang auf dem Hintergrund des Hochgebetes schon gekündet hat, das erfährt der Empfänger noch einmal, wenn ihm das gebrochene Brot gereicht wird: Dies hier ist der Leib Christi, des Lammes wie geschlachtet, zur Vergebung meiner Sünden zerbrochen; dies hier, der Leib des gekreuzigten und verklärten Herrn, wird mir zum Brot des Lebens. Dazu sage ich: Amen!
Zu dieser Aussage kommt im Brotbrechen und in der Spendung des gebrochenen Brotes die andere hinzu, von der im Meßbuch ebenso nachdrücklich die Rede ist. Mit Verweis auf 1 Kor 10,17 heißt es in AEM 56c:

> „Das Brechen des Brotes ... zeigt, daß wir alle in der Kommunion von dem *einen* Brot des Lebens essen, das Christus ist, und dadurch *ein* Leib werden."

Jeder Empfangende erlebt, wie auch seinem Mitchristen neben ihm ein Stück vom eucharistischen, vom geteilten Brot gereicht wird, dem anderen ebenso wie ihm selbst: „Dies Brot wird unter Brüder geteilt" (AEM 283). Die Bereitschaft, brüderlicher zu leben, zu handeln, die Bereitschaft, den eigenen Besitz zum Reichtum zu machen, zum Gut, das dem Ärmeren brüderlich gereicht wird, diese Bereitschaft wird durch die Kraft dieses Zeichens sicher gestärkt. Nur der wird das lediglich als „psychologisch geschickt" qualifizieren, der auf den geistlichen Gehalt einzugehen selbst nicht bereit ist. Denn es ist ja nicht die Kirche, die hier etwa eine Spendenaktion durch ein liturgisches Zeichen ertragreicher zu machen suchte. Hier wirkt Gott selbst. Im Hochgebet wird ja doch Eintracht und Frieden aus der Kraft des Heiligen Geistes erbeten. Zeichen der Wirkkraft des Geistes, die Frieden und Eintracht hervorbringt, ist die gemeinsame Teilhabe am durchgeisteten Brot und Wein, am Leib und Blut des Herrn Jesus Christus:

> „Stärke uns durch den Leib und das Blut deines Sohnes und erfülle uns mit seinem Heiligen Geist, damit wir *ein* Leib und *ein* Geist werden in Christus" (Hochgebet III).

Das Zeichen bezeichnet, was es bewirkt: Der Empfang des von Gott in der Kraft des Heiligen Geistes zum Leib des gekreuzigt-verklärten Lammes geheiligten, des in Teile gebrochenen Brotes wirkt Frieden und Einheit. Die Kirche wird selbst zum Leib Christi, den der Friede Christi durchwaltet.

Das hat Augustinus in aller Dichte, gleichwohl für die einfachen Christen seines Bistums verständlich gesagt — auch deshalb verständlich, weil Brotbrechen zu jener Zeit ein selbstverständlich praktiziertes Zeichen gewesen ist:

„Höre auf den Apostel, wenn du den Leib Christi kennenlernen willst; er sagt: ‚Ihr aber seid der Leib Christi, und jeder einzelne ist ein Glied an ihm' (1 Kor 12,27). Wenn also ihr der Leib Christi, wenn ihr Glieder des Leibes Christi seid, dann seht: Euer Mysterium liegt auf dem Tisch des Herrn. Ihr empfangt das Mysterium, das ihr selbst seid. Auf das, was ihr seid, antwortet ihr: Amen. Und wenn ihr so antwortet, dann gebt ihr eure Unterschrift. Denn du hörst doch: Der Leib Christi; und du antwortest: Amen. Sei also Glied am Leib Christi, damit dein Amen die Wahrheit ist. Und warum ist Brot das Zeichen? Dazu will nicht ich etwas sagen; hören wir wieder den Apostel selbst, der von diesem Sakrament sagt: ‚Ein Brot ist es, darum sind wir viele ein Leib' (1 Kor 10,17). Versteht es, freut euch! Einheit und Wahrheit, Gottesliebe und Nächstenliebe! Ein Brot: wer ist dieses eine Brot? Die Vielen sind dieses eine Brot ... Seid, was ihr seht, nehmt, was ihr seid ... Der Herr Jesus Christus hat uns selbst zum Zeichen gemacht. Weil er wollte, daß wir zu ihm gehören, hat er das Mysterium unseres Friedens und unserer Einheit auf seinem Tisch konsekriert" (Sermo 272).

Meinen Becher werdet ihr trinken

Kelchkommunion

Wo die Eucharistie im Friedenszeichen und im Brotbrechen zum Zeichen der Einheit der Kirche Jesu Christi wird, ist der Boden für die Teilhabe am eucharistischen Kelch bereitet. Es ist sicher bemerkenswert, um wieviel mehr im Zuge der jüngsten Reform der Kelch zu einem Zeichen geworden ist. Das gilt schon unabhängig von der Frage, ob überhaupt und wie oft und unter welchen Bedingungen den Laien die Eucharistie unter beiden Gestalten gereicht wird. Das gilt selbstverständlich vor allem, insofern prinzipiell der Kelch zum Zeichen der Teilhabe vieler oder aller Mitfeiernden geworden ist.

Versuchen wir uns die vorkonziliare Praxis zu vergegenwärtigen. Da sich damals auch Eröffnung und Wortgottesdienst am Altar abspielten, schien es ganz natürlich, daß alles, was gebraucht wurde, vom Anfang an auf dem Altar stand, also auch der Kelch. Im günstigeren Fall hatte der Sakristan ihn vor Beginn dorthin gebracht, meist aber erst der Zelebrant beim Einzug. Sichtbar wurde der Kelch während des Wortgottesdienstes dann, wenn der Zelebrant an der sog. Epistel- oder Evangelienseite die wechselnden Teile „der Vormesse" las; der Kelch war aber dann noch mit dem Kelchvelum bedeckt. Wenn dann das Kelchvelum abgenommen war, verdeckte der Zelebrant fast immer den Blick zum Kelch, da er ja meist den Gläubigen nicht zugewandt war. Die Gemeinde konnte fast nur aus den Gesten des Zelebranten schließen, wann es bei der Gabenbereitung, beim Hochgebet, zur Kommunion um den Kelch ging. Lediglich bei der Erhebung zur Anbetung nach der Wandlung wurde der Gemeinde der Kelch gezeigt.

Manches ist da sehr anders geworden. Vor Beginn der Feier ist der Kelch, mit dem Kelchvelum bedeckt, zur Kredenz gebracht (AEM 80). Zur Gabenbereitung wird an der Kredenz das Velum abgenommen; ein Altardiener bringt den Kelch zum Altar (AEM 100). Der Kelch wird an der Seite des Altars bereitet – ein Diakon kann das auch schon vorher an der Kredenz tun (vgl. AEM 133). Wenn – wie meist – der Priester der Gemeinde zugewandt steht, ist während der ganzen Eucharistie der Kelch im Blickfeld der Gemeinde. Da der Kelch deutlicher wahrzunehmen ist als die meist flache Hostienschale, ist er das deutlichere Zeichen für die Gemeinde.

Zur Mitte der Feier werden die Gaben, wird der Kelch mit dem Wein selbstverständlich vor allem durch das Gebet, das über diese Gaben gesprochen wird, durch das Hochgebet. Es ist eigentlich von der Stiftung Jesu her selbstverständlich, aber eben auf dem Hintergrund unserer Praxis doch bemerkenswert, wie fraglos die Kirche immer und gleichsam ohne Zögern in einem Atemzug vom Brot und vom Wein, vom Leib und vom Blut des Herrn spricht. In der Wandlungsbitte heißt es:

> „Heilige unsere Gaben durch deinen Geist, damit sie uns werden Leib und Blut deines Sohnes, unseres Herrn Jesus Christus"

und in der Kommunionepiklese:

> „Stärke uns durch den Leib und das Blut deines Sohnes und erfülle uns mit seinem Heiligen Geist, damit wir *ein* Leib und *ein* Geist werden in Christus" (Hochgebet III).

Selbstverständlich gilt das ebenso von der Oblation und natürlich im Einsetzungsbericht: Brot und Wein, Leib und Blut Christi, im Eucharistiegebet gibt es da keine Differenz. Wer genau abwägt, wird eine Neigung feststellen zu reicheren Aussagen, wenn es um den Kelch geht.

Im Rahmen des Einsetzungsberichtes, bei dem ja insgesamt das Kelchwort deutlich reicher ausgestaltet ist, zeichnet der römische Meßkanon den Kelch aus durch das Beiwort „der erhabene Kelch" (calix praeclarus): „Er (Christus) nahm diesen erhabenen Kelch in seine heiligen und ehrwürdigen Hände ..." Dies Wort vom „erhabenen Kelch" ist auch deshalb so kostbar, weil es einer Gottesanrede des Ersten Hochgebetes wörtlich entspricht. Bald nach dem Einsetzungsbericht bringt die Kirche die eucharistischen Gaben dar mit den Worten: „So bringen wir ... dir, dem erhabenen Gott (praeclari maiestati tuae), ... das Brot des Lebens und den Kelch des Heiles dar." Dem Erhabenen, vor dem die Kirche im eucharistischen Opfer steht, entspricht einzig und allein diese Gabe, die sie in ihren Händen hält, der Leib Christi und der erhabene Kelch seines Blutes.

So selbstverständlich wie im Hochgebet spricht auch die Kirche in wechselnden Amtsgebeten in einem Atemzug von beiden eucharistischen Gaben. Im Schlußgebet am 5. Sonntag im Jahreskreis (vgl. auch den 9., 12., 28. Sonntag, den 2. Ostersonntag u. a.) heißt es:

> „Barmherziger Gott, du hast uns teilhaben lassen an dem einen Brot und dem einen Kelch. Laß uns eins werden in Christus und Diener der Freude sein für die Welt."

Fronleichnam ist in der Kalenderreform sinnvollerweise zum „Hochfest des Leibes *und Blutes* Christi" geworden. Dem entspricht, wie die Kirche in der Präfation von der Heiligen Eucharistie (I) betet:

> „Er stärkt uns, wenn wir seinen Leib empfangen, den er für uns geopfert hat. Er heiligt uns, wenn wir sein Blut trinken, das er für uns vergossen hat."

Diese unbefangene Rede vor Gott und im Namen der Gemeinde, diese Gleichordnung von Brot und Wein, vom Brot des Lebens und vom Kelch des Heiles ist eine permanente Bereitung der Gemeinde auf die Praxis der Kommunion unter beiden Gestalten.

Bevor wir davon sprechen, was das Konzil gewollt hat und was bisher verwirklicht werden konnte, kann eine flüchtige Überschau über die Entwicklung dieses Zeichens hilfreich sein. In der Frühzeit der Kirche war selbstverständlich, daß alle, die mitfeiern, unter beiden Gestalten kommunizieren. Auch für die Spendung an bettlägerig Kranke hält man nach Kräften am Doppelzeichen fest, weil der Herr ja aufgetragen hat, zu essen und zu trinken. Dann führt gesteigerte Ehrfurcht dazu, nur die Brotsgestalt in das Haus des Kranken zu überbringen, dort aber Wein zu konsekrieren durch die Beimischung eines Stückes vom eucharistischen Brot. Längere Zeit hindurch hat man es gegen Ende der Spätantike in der Gemeinde ähnlich praktiziert. Nur ein einziger Kelch sollte auf dem Altar stehen zum Zeichen der Einheit aller Teilnehmer. Weil aber alle oder viele kommunizieren wollten, werden die Kelche für die Gläubigenkommunion durch Beimischung aus dem Altarkelch oder durch Beigabe eines Hostienstückes konsekriert — eine Praxis, die wir heute theologisch nicht mehr vertreten könnten. Zu verstehen ist sie als ein Ausdruck der Ehrfurcht gegenüber dem Blut Christi.

Das ist auch das Motiv, das zu den verschiedenen Formen der Spendung geführt hat. Was seit 1965 an Spendeformen für die Kelchkommunion vorgeschlagen wird (vgl. AEM 244—252), ist im Lauf der Geschichte schon so praktiziert worden, wenn auch nicht überall gleichzeitig und ständig: Spendung durch Eintauchen der Brotsgestalt in das heilige Blut; Spendung, bei der jeder mit einem Röhrchen aus dem Kelch saugt; Spendung des Blutes Christi mit einem Löffelchen.

Für den Verzicht auf die Kelchkommunion entscheidend war in der lateinischen Kirche, daß im Mittelalter die Kommunionhäufigkeit rapide sank. Wo aber sehr selten die Eucharistie empfangen wurde, mußten die Schwierigkeiten bei der Kelchkommunion deshalb sehr schnell viel größer werden als bei der Kommunion der Brotsgestalt, weil ja die Schwierigkeit, das Übrige aufzubewahren, erheblich größer ist. Kurz gesagt: Von der Praxis der Kelchkommunion ist man mehr und mehr abgekommen, ohne daß eigentlich autoritative Maßnahmen dazu geführt hätten. Für die Frühphase der Entwicklung von einem „Entzug des Kelches" zu sprechen, wäre sachlich nicht zutreffend.

Erneuerungsbewegungen, die in der Kirche entstanden, sich aber an deren Rand drängen ließen oder auch bewußt aus der Kirche auswanderten, haben im Hoch- und Spätmittelalter immer wieder auch die Belebung der Kelchkommunion in ihr Programm geschrieben, also schon etliche Generationen vor der Reformation. Die römische Kirche hat ihren Standpunkt dazu und dagegen formuliert, zuletzt in Antwort auf die deutschen und schweizerischen Reformatoren. Gleichwohl hat der Papst nach Abschluß des Konzils von Trient den Bitten des Kaisers entsprochen und für große Teile des Reiches die Kommunionspendung unter beiden Gestalten zugelassen. Als sich herausstellte, daß auch daraus kein Impuls zur Wiedervereinigung entstand, daß die „beim alten Glauben" Gebliebenen den Laienkelch als ein wesentliches Zeichen der Neuerung und Spaltung in verschiedene Konfessionen empfanden, also die Kelchkommunion ablehnten, hat Rom derartige Erlaubnisse wieder revoziert.

Man muß diesen geschichtlichen Hintergrund sehen, wenn man die jüngste Vergangenheit und die Gegenwart recht beurteilen will. Bis 1965 — das beleuchtet die vorkonziliare Praxis schlaglichtartig — wurde den Neupriestern bei ihrer Weihe zwar Brot und Wein, Kelch und Patene zum Zeichen ihres Dienstes überreicht, sie durften in der Weihemesse auch konzelebrieren; aber die Eucharistie empfingen sie nur unter der Brotsgestalt. Keiner der Konzilsväter hatte je in seinem Leben am Gründonnerstag konzelebriert; wenn ein Priester oder Bischof nicht selbst zelebrierte, empfing er auch an diesem Tag oder Abend die Kommunion nur unter der einen Gestalt. Um so erstaunlicher ist, daß das Konzil bereit war, das Wort des Herrn wieder wörtlich zu nehmen: „Trinket alle daraus!" Verständlich, daß in SC 55 von der Kelchkommunion nur exemplarisch die Rede ist: „... so etwa den Neugeweihten in der Messe ihrer heiligen Weihe, den Ordensleuten in der Messe bei ihrer Ordensprofeß und den Neugetauften in der Messe, die auf ihre Taufe folgt". Für jeden Stand in der Kirche wollte man ein Beispiel, für die Laien, die Ordensleute, die Kleriker. Alle Einzelheiten sollten später geregelt werden.

Mehrfach ist seit 1965 der Kreis derer erweitert worden, denen die

Kommunion unter beiden Gestalten gespendet werden kann. Jetzt gilt, was in AEM 242 umschrieben ist und was die Bischofskonferenzen auf dieser Basis angeordnet haben. Die für die durchschnittliche Pfarrpraxis wichtigsten Anlässe sind die Feier der Brautmesse und der Ehejubiläen, Erwachsenenfirmung und Konversion, Feier der Messe anläßlich der Krankensalbung und zur Spendung der Wegzehrung für einen Sterbenden; meist ist die Kelchkommunion dann nicht nur für den oder die Erstbetroffenen, sondern auch für die Angehörigen gedacht. Zu wenig beachtet wird, daß in der Gemeindeeucharistie den erwachsenen Helfern der Kelch gereicht werden kann. Ebenso soll bei Exerzitien und bei Tagungen mit pastoraler Thematik die Kelchkommunion ein Zeichen der Eintracht sein. Darüber hinaus gilt die Grundregel, die 1970/71 zwischen der Deutschen Bischofskonferenz und der Gottesdienstkongregation vereinbart wurde: Kommunion unter beiden Gestalten bei Meßfeiern kleiner Gemeinschaften, wenn die volle Zeichenhaftigkeit des Mahls für das christliche Leben der Teilnehmer besonderen Wert hat; bei Meßfeiern an hervorragenden Festtagen, wenn die Zahl der Teilnehmer nicht zu groß ist. Wichtig ist auch, daß die Bischöfe wünschen, die Gläubigen sollten katechetisch und homiletisch auf den Empfang der Eucharistie unter beiden Gestalten vorbereitet werden.

Da die beste Bereitung immer der sachgerechte Vollzug ist, sollten wir zunächst danach fragen. Allmählich scheint sich der Konsens dahingehend zu verdichten, daß Saugen mittels eines Röhrchens und Spendung mit einem kleinen Löffel kaum die gemäßen Formen sind. Auch gegenüber der Kommunion unter beiden Gestalten durch Eintauchen der Hostie in das Blut Christi werden Bedenken geltend gemacht, die freilich nicht in allem und unter allen Bedingungen stichhaltig sind. Hier weisen die einen kritisch darauf hin, daß Tropfen des heiligen Blutes zu Boden fallen könnten; die anderen melden an, daß so das Zeichen des Trinkens beim festlichen Mahl stark beeinträchtigt werde. Mehr und mehr scheint sich die Praxis durchzusetzen: Wenn Kommunion unter beiden Gestalten, dann Trinken aus dem Kelch — abgesehen von Sonderfällen, wie z. B. dem, daß für einen Sterbenskranken ein Löffelchen womöglich sehr hilfreich sein könnte.

Verlangt das volle Zeichen den einen und einzigen Kelch? Beeinträchtigt es die Zeichenkraft, wenn mehrere Kelche auf dem Altar stehen, wenn von mehreren Spendern die Kelchkommunion gereicht wird? Man wird wohl differenzierend antworten dürfen, daß zwar während des Hochgebets der eine Kelch als Zeichen der Einheit verstanden werden kann (übrigens verlangt kein amtliches Dokument diese Praxis). Während der Spendung hingegen wird das Zeichen nicht dadurch beeinträchtigt, daß an mehreren Stellen im Kirchenraum, also von mehreren Amtsträgern oder Helfern wie der Leib des Herrn so auch sein Blut denen gereicht wird, die danach verlangen.

Wichtig vor allem ist, daß durch die Kommunion unter beiden Gestalten die Begegnung mit dem Herrn der Kirche, mit dem gekreuzigten und auferstandenen Christus Jesus intensiviert wird; daß in der Feier der Eucharistie deutlicher Heilsvergangenheit und Heilszukunft zur Heilsgegenwart werden. Dazu müssen alle in der Kirche auf das hören, was Jesus selbst seinen Jüngern gesagt hat, also fortwährend sagt.

Lassen wir uns vom Evangelisten Lukas leiten. Er berichtet, daß Jesus in der Nacht nach dem Abschiedsmahl wie gewohnt zum Ölberg ging, dort seine Jünger mahnte und „sich dann ungefähr einen Steinwurf weit entfernte, niederkniete und betete: Vater, wenn du es willst, nimm diesen Kelch von mir! Aber nicht mein, sondern dein Wille geschehe! Da erschien ein Engel vom Himmel und gab ihm Kraft" (Lk 22,39—43). Um diesen Kelch des bitteren Leidens, um den Kelch des im Tod vergossenen Blutes geht es auch in dem Wort, mit dem der Meister beim Abschiedsmahl den Rangstreit der Jünger schlichtet (vgl. Lk 22,24—30). Nach Matthäus und Markus ist das Wort vom Herrschen und Dienen ausgelöst durch die Bitte der Söhne des Zebedäus und ihrer Mutter, ihnen die Plätze im kommenden Reich zur Rechten und Linken zu reservieren. Der Meister antwortet darauf mit der Frage: „Könnt ihr den Becher trinken, den ich trinken werde?" Und er verheißt ihnen Anteil an der Bitternis seines Leidens, Nachfolge bis zum blutigen Tod: „Meinen Becher werdet ihr trinken" (vgl. Mt 20,24—28 par). Jeder, der sein Jünger sein will, wird den Kelch der Bitternis nicht von sich weisen dürfen.

Aber der Tod ist nicht das Ende, das Abschiedsmahl nicht der Abschied für immer. Als Jesus sich mit den Aposteln zu Tisch setzt, ist sein erstes Wort: „Wie sehr habe ich mir gewünscht, vor meinem Leiden dieses Paschamahl mit euch zu essen. Denn ich sage euch: Ich werde es nicht mehr feiern, bis es seine Erfüllung findet im Reich Gottes"; und er sagt, als er ihnen den Becher reicht: „Von nun an werde ich nicht mehr von der Frucht des Weinstocks trinken, bis das Reich Gottes kommt" (vgl. Lk 22,14—18). Auch den Rangstreit der Jünger beendet er mit dem verheißenden Wort, mit dem Blick in die Heilszukunft, mit dem Ausblick auf das eschatologische Mahl: „In allen meinen Prüfungen seid ihr bei mir geblieben. Darum vererbe ich euch das Reich, wie es mein Vater mir vererbt hat: Ihr sollt in meinem Reich mit mir an meinem Tisch essen und trinken; ihr sollt auf Thronen sitzen und die zwölf Stämme Israels richten."

Damit die Kirche Jesu Christi diese Wirklichkeit stets als die ihr eigene akzeptiert, den Tod um des Bekenntnisses willen, in der Hoffnung auf das Festmahl im Reich Gottes, braucht sie in der Feier das Zeichen, das der Herr ihr hinterlassen hat, „diesen erhabenen Kelch", den Kelch des Leidens und der Freude.

Die Rechte des Herrn wirkt mit Macht

Handauflegung bei der Feier der Sakramente

„Ich bin Jesus, den du verfolgst", hatte die Stimme aus dem Licht dem geblendeten Saulus geantwortet. „Steh auf und geh in die Stadt; dort wird dir gesagt werden, was du tun sollst ... Die Begleiter nahmen ihn bei der Hand und führten ihn nach Damaskus hinein." Zum Abschluß dieser Szene heißt es dann: „Und er war drei Tage blind, und er aß nicht und trank nicht" (vgl. Apg 9,1–9).

Jesus, der Herr im Licht des Himmels, läßt seinen früheren Verfolger nicht in der Finsternis. Er antwortet auf die Not und den Umkehrwillen des Saulus, der jetzt, da er geblendet ist, zu der Einsicht kommt, wie blindwütig er falschen Zielen nachgejagt war. Jesus hat Jünger in dieser Stadt. Hananias, einen von ihnen, schickt Jesus zu dem erblindeten Saulus; er gibt ihm als Weisung mit auf den Weg: „Er (Saulus) betet jetzt und hat in einem Gesicht gesehen, wie ein Mann namens Hananias hereinkommt und ihm die Hände auflegt, damit er wieder sehend wird." Die Furcht vor dem Mann aus Jerusalem läßt den Jünger zunächst zögern. Schließlich folgt er dem Auftrag. In der Schrift heißt es: „Da ging Hananias hin und trat in das Haus; er legte Saulus die Hände auf und sagte: Bruder Saul, der Herr hat mich gesandt, Jesus, der dir auf dem Weg hierher erschienen ist; du sollst wieder sehen und mit Heiligem Geist erfüllt werden. Sofort fiel es wie Schuppen von seinen Augen; und er sah wieder und ließ sich auf der Stelle taufen" (vgl. Apg 9,10–19: hier v 17f).

Die Handauflegung und Heilung, die Erfüllung mit Heiligen Geist, die heilende und heiligende Geistmitteilung durch Handauflegung geschieht im ausdrücklichen Auftrag des erhöhten Herrn. Der Jünger tut, wie ihn der Meister geheißen hat. Damit setzt der Jünger fort, was der Herr in seiner Erdenzeit gewirkt hat. Wo Jesus Glauben gefunden hat bei den Menschen, die sich in ihrer Not an ihn wandten, da hat er ihnen die Hände aufgelegt. Der gekrümmten Frau „legte er die Hände auf. Im gleichen Augenblick richtete sie sich auf und pries Gott" (Lk 13,13). In Kafarnaum „legte er jedem Kranken die Hände auf und heilte alle" (Lk 4,40b). Bei Betsaida „brachte man einen Blinden zu ihm und bat ihn, er möge ihn berühren" (Mk 8,22). Im Gebiet der Dekapolis „brachte man einen Taubstummen zu Jesus mit der

Bitte, ihm die Hand aufzulegen" (Mk 7,32). In seiner Heimatstadt, wo man „den Propheten nicht ehrt", „konnte er keine Wunder tun; nur einigen Kranken legte er die Hände auf und heilte sie" (Mk 6,5). Die inständige Bitte des Jairus bewegt ihn: „Meine Tochter liegt im Sterben. Komm und leg ihr die Hände auf, damit sie gesund wird und am Leben bleibt" (Mk 5,23). Den Aussätzigen, der vor ihm niederfällt und ihn gläubig um Heilung bittet: „Wenn du willst, kannst du mich rein machen", heilt er, indem er seine Hand ausstreckt, ihn berührt und ihm sagt: „Ich will es: Werde rein" (Mk 1,40f).

Was der Herr in Vollmacht gewirkt hat, geht im Dienst der Kirche weiter. Im zweiten Schluß des Markusevangeliums wird von denen, die Jesus aussendet, auch gesagt: „Sie werden Kranken die Hände auflegen und sie gesund machen" (Mk 16,18b). Daher ist der Kirche auf ihrem Weg durch die Zeit für die ernstlich Erkrankten das Sakrament der Krankensalbung mitgegeben. Wie der Name, die Bezeichnung dieses Sakramentes — jetzt eindeutiger als früher — sagt, ist die Salbung der Kranken das zentrale Zeichen. Der Salbung geht aber die Auflegung der Hände unmittelbar voraus (FKS 74. vgl. 82b.90). „Die Feier des Sakramentes besteht hauptsächlich darin, daß die Priester der Kirche den Kranken die Hände auflegen und dann ... die Kranken mit Öl, auf das der Segen Gottes herabgerufen worden ist, gesalbt werden" (FKS 5). Sind mehrere Priester anwesend, dann „können sie alle einzeln dem Kranken die Hände auflegen" (FKS 19).

Neben der Salbung ist die Handauflegung also ein wichtiges Zeichen. Darum hat die Deutsche Bischofskonferenz in ihrer „Erklärung zur Krankenpastoral" (vom 2. 7. 1979), in der sie einige Fehlentwicklungen bei der „gemeinsamen Feier der Krankensalbung" tadelt, auf die Bedeutung der Handauflegung bei jedem einzelnen Kranken hingewiesen: „Gleichfalls nicht sinnvoll und nicht statthaft ist es, bei einer größeren Zahl von Kranken die individuelle Handauflegung durch eine kollektive Handausstreckung über alle Kranken zu ersetzen... Die bei der Neuregelung endlich wiederhergestellte Handauflegung soll wie die individuelle Salbung deutlich machen, daß der Herr sich mit seiner aufrichtenden Kraft zu jedem einzelnen neigt." Wie wohltuend und lindernd für einen Kranken die helfende, liebende Hand eines Angehörigen ist, hat wohl schon jeder erfahren. Nichts anderes will der Herr Jesus Christus, der durch den Dienst seiner Jünger selbst seine heilenden Hände auflegt.

Hananias, der Jünger Jesu, legt Saul die Hände auf und so geschieht, was er dem Erblindeten verkündet hat: „Du sollst wieder sehen und mit Heiligem Geist erfüllt werden" (vgl. Apg 9,17). Heilung einer leiblichen Krankheit meint im tiefsten Heilung des in Schuld verstrickten Herzens. Jesus weiß, was die übereifrigen Männer wollen, die sogar das Dach abdecken, um ihren Patienten vor ihn zu bringen. Was er den feindseligen Pharisäern dazu sagt, macht die Zusammenhänge klar: „Ihr sollt aber erkennen, daß der Menschensohn die Vollmacht hat, auf der Erde Sünden zu vergeben. Und er sagte zu dem Gelähmten: Ich sage dir: ‚Steh auf, nimm deine Tragbahre und geh nach Hause.'" (vgl. Lk 5,17–26: hier v 24).

Müßte es nicht auch beim Sakrament zur Versöhnung der Sünder eine Handauflegung geben? Es müßte sie nicht nur geben, es muß sie geben, es gibt sie, diese Handauflegung. Zwar ist beim Bußsakrament das lösende, das erlösende Wort entscheidend. Wie es ja auch der Mann auf der Tragbahre erfährt, ist es das Wort, das Vergebung wirkt: „Mann, deine Sünden sind dir vergeben" (Lk 5,20b). Das zentrale Geschehen im Sakrament der Vergebung nennen wir Los-sprech-ung; so machen wir deutlich, daß es auf das Wort ankommt: „... Durch den Dienst der Kirche schenke er (Gott, der barmherzige Vater) dir Verzeihung und Frieden. So spreche ich dich los von deinen Sünden im Namen des Vaters und des Sohnes und des Heiligen Geistes."

Aber das Wort der Lossprechung, das uns „auf den Kopf zugesagt wird" (Balthasar Fischer), ist eben nicht alles. Die Kirche will, daß der Priester das epikletische Zeichen, die Handausstreckung über den Pönitenten mit dem Wort der Lossprechung verbindet. Auch in den letzten Jahrhunderten, in denen von einer „Liturgie" des Bußsakramentes nur wie von etwas fast vollständig Vergangenem die Rede sein konnte, hat es eine Spur dieses Zeichens immer noch gegeben. Das Römische Rituale schrieb vor: Zur Lossprechung erhebt der Priester die rechte Hand „in Richtung auf den Büßenden" (versus poenitentem). Daran knüpft die nachkonziliare Ordnung zur Feier der Versöhnung an. Nicht nur im Ausnahmefall der gemeinsamen Feier – mit allgemeinem Bekenntnis und mit genereller Lossprechung – breitet der Zelebrant seine Hände über die Büßenden aus. Auch im Normalfall der Lossprechung einzelner soll mehr geschehen, als früher im Römischen Ritenbuch vorgesehen war – und tatsächlich im Vollzug wohl noch kümmerlicher war, als die Vorschrift wollte. In der nachkonziliaren Ordnung heißt es: „... streckt der Priester seine Hände – oder wenigstens die Rechte – über das Haupt des Gläubigen aus und spricht die Absolution ..." (FB 19; vgl. 46.55). Er streckt die Hände über das Haupt aus!

Das geht ja gar nicht! Das ist ja bisher nicht gegangen – und in

Zukunft wird sich daran nichts ändern. Dieser Einwand auf dem Hintergrund der durchschnittlichen Praxis ist nur zu verständlich. Ob die bisher durchschnittliche Praxis auch für die Zukunft die Norm sein wird, das wird sich erst erweisen müssen. Nach dem neuen kirchlichen Rechtsbuch (c. 964) soll es zwar wie bisher in jeder Kirche auch Stätten für das Bußsakrament geben, an denen ein Gitter den Spender des Sakraments vom Empfänger trennt. Der Beichtende könnte sich also für die ältere Praxis entscheiden. Er muß es aber nicht. Denn dem Sinn des c. 964 entspricht, daß es auch den Beichtraum gibt, in dem das Zeichen der Handauflegung zur Lossprechung – von einem Gitter nicht behelligt – voll zur Geltung kommt.

Wahrscheinlich ist es nicht immer in erster Linie um den Ritus gegangen, wenn in den letzten Jahren für „Beichtzimmer" gesorgt worden ist. Man kann wohl im Blick auf die eine oder andere derartige Lösung auch sagen: Leider hat hier niemand bedacht, daß es auch um den Ritus gehen muß, daß es das Zeichen Handausstreckung über dem Haupt der Gläubigen bei der Feier der Versöhnung jetzt wieder geben soll. Aber immerhin, es gibt da und dort „Beichtzimmer" und es gibt durchaus auch Formen der Gestaltung des Beichtraumes, die dem Zeichen entsprechen, das die Kirche hier vorsieht: Handausstreckung zur Lossprechung!

Man wünschte sich hinsichtlich der Handausstreckung zum Bußsakrament ein ebenso entschiedenes Wort der Bischöfe wie zur Krankensalbung. Was in der Formel zur Lossprechung jetzt gesagt wird: „Gott ... hat durch den Tod und die Auferstehung seines Sohnes die Welt mit sich versöhnt und den Heiligen Geist gesandt zur Vergebung der Sünden ...", ist schon in sich eine Aufwertung des Zeichens, durch das die Geistsendung zur Vergebung der Sünden hier und jetzt dem reuigen Sünder angezeigt wird.

Wenn die Praxis durch den Vollzug des Zeichens der Handausstreckung diesen Zusammenhang aufdeckt, wird künftig noch deutlicher, daß auch für das Sakrament der Versöhnung Christus das Ursakrament ist, daß der Herr selbst es ist, der „durch den Dienst der Kirche" sich der Sünder annimmt und ihnen im Heiligen Geist erneut Gemeinschaft gewährt.

Saulus, den der Herr durch die Handauflegung des Hananias geheilt und mit Heiligem Geist erfüllt hatte, „ließ sich auf der Stelle taufen" (Apg 9,18b). Wenn wir Taufe von der Grundform her verstehen, als die Eingliederung Erwachsener in die Gemeinschaft derer, die an Jesus Christus glauben, dann wird zweierlei deutlicher: Deutlicher wird die

Nähe von Taufe und Firmung, den Sakramenten der Eingliederung, und des Bußsakraments zueinander; deutlicher wird ferner der Stellenwert, den die Handauflegung im Zeichengefüge der Initiationssakramente bis heute hat oder haben sollte.

Wenn dem Erwachsenen nach seiner Taufe die ausdeutenden Zeichen, zuletzt die brennende Kerze, überreicht sind, wird er unmittelbar anschließend durch Handauflegung und Chrisamsalbung gefirmt. Zwar heißt es in den nachkonziliaren deutschsprachigen Büchern hier nicht „Handauflegung", sondern „Ausbreiten der Hände". Aber das der Übersetzung zugrunde liegende universalkirchliche Buch sagt „impositio manuum", also „Handauflegung" — getreu übersetzt. „Ausbreiten der Hände" gibt nur vage wieder, was hier gemeint ist. Diese Übersetzung ist zustande gekommen im Blick auf die durchschnittliche Firmpraxis. Da physischer Kontakt zur Handauflegung nicht unabdingbar scheint, verzichtet der Spender auf die Handauflegung bei jedem einzelnen Empfänger; nur zur Salbung kommt er mit den einzelnen in Kontakt. Denn die Feier solle ja nicht unnötig in die Länge gezogen werden, wird argumentiert. Die Konsequenz dieser Normalpraxis — und der von ihr geprägten amtlichen Terminologie — ist dann freilich, daß auch in den Fällen, in denen nur einer oder nur wenige (Neu-)Getaufte die Firmung empfangen, die Handauflegung unterbleibt, weil ja im Liturgiebuch nur vom „Ausbreiten der Hände" gesprochen wird.

Dabei beruft sich die Kirche für die Firmung ausdrücklich auf die Handauflegung der Apostel. In der Apostolischen Konstitution zur Neuordnung der Firmung hat Paul VI. (am 15. 8. 1971) dazu geschrieben: „Von da (von der ersten Geistsendung am Pfingstfest) an vermittelten die Apostel den Neugetauften gemäß dem Willen Christi durch Auflegung der Hände die Gabe des Geistes zur Vollendung der Taufgnade." Hier ist zuerst Apg 8,15—17 gemeint: Petrus und Johannes legen in Samaria denen die Hände auf, die sich auf die Predigt des Diakons Philippus hin bekehrt hatten und von ihm getauft worden waren. Gemeint ist auch Apg 19,5f, wo wir lesen, daß Paulus denen, die sich auf den Namen Jesu taufen ließen, die Hände auflegte „und der Heilige Geist kam auf sie herab". Paul VI. hat diesen Anfang der Firmpraxis im Auge, wenn er in der Apostolischen Konstitution abschließend festlegt: „Das Sakrament der Firmung wird gespendet durch die Salbung mit Chrisam auf der Stirn unter Auflegen der Hand und durch die Worte: Sei besiegelt durch die Gabe Gottes, den Heiligen Geist."

Im Ritenbuch für die Firmung ist denn auch ausdrücklich gesagt: „Das Ausbreiten der Hände über (lat.: Die Handauflegung auf) die Firmlinge ... ist ... von großer Bedeutung für die Integrität des Ritus und das vollere Verständnis des Sakramentes. Der gesamte Ritus hat doppelte Zeichenkraft [in Handauflegung und Chrisamsalbung]: Das Ausbreiten der Hände (lat.: Die Handauflegung) geht auf einen biblischen Gestus zurück, durch den auf eine von der Gemeinde leicht zu verstehende Weise bezeichnet wird, daß die Gabe Gottes, der Heilige Geist, herabgerufen wird ..." (FF V 4).

Auch bei der Firmung wünschte man sich in der Praxis das entschiedene Ja zum vollen Zeichen, zur Handauflegung — ähnlich entschieden, wie die Deutsche Bischofskonferenz für die Handauflegung bei der Krankensalbung plädiert hat. Immerhin ist die Handauflegung zur Eingliederung in die Kirche, die Handauflegung zur Firmung noch zentraler, als es die Handauflegung bei der Krankensalbung ist. Mindestens in den Feiern, in denen die Zahl der Firmbewerber nicht übermäßig groß ist, sollte dies Zeichen wieder werden, was es von der Wurzel her ist: nicht nur Ausbreiten der Hände, sondern Handauflegung.

Gemeinsamer Nenner für die Handauflegung, die Handausbreitung, die Handausstreckung bei den drei Sakramenten ist uns gewesen: So hat der Herr getan, so hat er seinen Jüngern aufgetragen. Wenn durch Handauflegung der Heilige Geist herabgerufen wird — auch zur Krankensalbung heißt es (FKS 6): „Dies Sakrament gewährt dem Kranken die Gnade des Heiligen Geistes" — dann ist es letztlich der Herr, dessen Hand die Liebe verströmt, dem Menschen zum Heil. Die Einsicht, daß es der Herr sei, der seine Liebe verströmt, der seinen Heiligen Geist ausgießt, kann auch das Zeichen Handauflegung bei der Ordination (der Bischöfe und Priester und Diakone) aufschließen, nicht weniger auch die segnende Gebärde der ausgebreiteten Hände beim Segen über die Brautleute, beim feierlichen Segen am Schluß jeder Eucharistie.

Im letzten Bericht über das Damaskusereignis, in der Rede vor Agrippa und Festus versucht Paulus, den Heilsplan des erhöhten Herrn Jesus Christus in Worte zu fassen. So hat der Herr zu Paulus gesagt: „Ich will dich vor dem Volk und den Heiden retten, zu denen ich dich sende, um ihnen die Augen zu öffnen. Denn sie sollen sich von der Finsternis zum Licht und von der Macht des Satans zu Gott bekehren und sollen durch den Glauben an mich Vergebung der Sünden empfangen und mit den Geheiligten am Erbe teilhaben" (Apg 26,17f). Alle, die in der Handauflegung erfahren, was Saul in Damaskus zuteil wurde, Heilung und Heiligung im Heiligen Geist, dürfen mit dem Wort des österlichen Psalms 118(117) bekennen: „Frohlocken und Jubel erschallt in den Zelten der Gerechten: Die Rechte des Herrn wirkt mit Macht! Die Rechte des Herrn ist erhoben, die Rechte des Herrn wirkt mit Macht!" (v 15f). In der Handauflegung durch Jesu Jünger hat Saul es in Damaskus erfahren; in den Sakramenten der Kirche erfahren wir alle: Machtvoll wirkt an uns die Rechte des Herrn.

Sie legten ihnen die Hände auf

Handauflegung bei den drei Ordinationen

„Sie legten ihnen die Hände auf": Mit diesen Worten schließt der erste Bericht der Apostelgeschichte über eine Ordination, eine Amtsübertragung. Als die Zwölf erfahren müssen, daß sie durch die wachsenden Aufgaben in Verkündigung und Diakonie mehr und mehr überfordert sind, entschließen sie sich, ihren Dienst mit anderen zu teilen. „Der Vorschlag fand den Beifall der ganzen Gemeinde, und sie wählten Stephanus ..., Philippus und Prochorus, Nikanor und Timon, Parmenas und Nikolaus ... Sie stellten sie vor die Apostel, und diese beteten und legten ihnen die Hände auf" (Apg 6,5f).
Handauflegung zur Amtsübertragung: An diesem Ritus läßt sich besonders deutlich machen, daß immer auch zu beachten ist, wer ein Zeichen vollzieht. Es kann für die Deutung eines Zeichens durchaus erheblich sein, kann gegebenenfalls der eigentliche Schlüssel sein für das betreffende Zeichen, daß eben dieser, nicht jener Mitwirkende den Ritus vollzieht. Sicher gibt es Zeichen, die ihre Qualität gleichsam in sich selbst haben. Ob ein Katechet oder ein Diakon, ein Priester oder ein Bischof tauft, es ist immer ein und dasselbe Heilsgeschehen. Mit einem Wort des hl. Augustinus sagt das die Kirche in SC 7 in einem liturgietheologisch wichtigen Gedankengang so: „Gegenwärtig ist er (Christus) mit seiner Kraft in den Sakramenten, so daß, wenn immer einer tauft, Christus selber tauft." Andererseits bedeutet es aber z. B. eben doch etwas, daß nicht irgendwer aus der Verwandtschaft oder dem Bekanntenkreis, sondern – wenn immer möglich – der Vater bei der Taufe seines Kindes die Taufkerze an der Osterkerze entzündet. Daran zeigt sich, welches Gewicht die Kirche dem Glauben und christlichen Leben des Vaters beimißt für die Entfaltung der Taufgnade seines Kindes. Der eine wie der andere Aspekt ist auch bei der Handauflegung zur Amtsübertragung wichtig. Immer ist es Christus, der das Weihesakrament spendet. Doch ist für die Theologie der Ämter durchaus von Belang, wer bei welcher Ordination wem die Hände auflegt.

Zunächst ist zu sagen, daß die gegenwärtige Reform der Handauflegung zur Amtsübertragung erst möglich wurde, weil Pius XII. 1947 entschieden hatte: Handauflegung und Gebet sind das zentrale Zeichen sowohl bei der Bischofsweihe als auch bei den Weihen der Priester und Diakone; kein anderes Zeichen ist diesem zentralen Zeichen vergleichbar. Diese Frage nach dem wesentlichen Ritus war bis in die jüngste Vergangenheit von der theologischen Forschung unterschiedlich beantwortet worden. Andere Riten wie beispielsweise die Hauptsalbung bei der Bischofsweihe, bei der Priesterweihe die Händesalbung oder die Überreichung von Patene und Kelch, bei der Diakonenweihe die Überreichung des Amtszeichens, der Querstola, und des Evangeliars, also eine Fülle von Riten, die sich im Lauf der Jahrhunderte herausgebildet hatten, waren in der Praxis und dementsprechend in der Theorie der theologischen Lehre als wichtiger erschienen. Seit der Erklärung Pius' XII. ist klar: Wesentlich für alle Ordinationen ist das Zeichen, das uns seit der Zeit der Apostel überliefert ist: „Sie beteten und legten ihnen die Hände auf" — also Handauflegung und Gebet.

In gewisser Weise kann man die Modifikation des Zeichens Handauflegung schon in den neutestamentlichen Schriften beobachten. Verschiedentlich ist davon die Rede, daß nicht nur ein einzelner Amtsträger, sondern daß ein Kollegium zur Bestellung anderer Amtsträger die Hände auflegt. Es scheint allerdings fast ausgeschlossen, jeweils zu sagen, wie die Angaben in den einzelnen Schriften zu werten sind. Die Ämterstruktur deutet sich in neutestamentlicher Zeit zwar schon an, ist aber noch nicht in Einzelheiten für uns erkennbar entwickelt.

Die Apostel, die den Sieben, also Stephanus und seinen Gefährten, die Hände auflegen (Apg 6,1—6), handeln als Kollegium. Auch die Aussendung des Barnabas und Saulus zur ersten Missionsreise von Antiochien aus erfolgt durch eine kollegiale Handauflegung: „Da fasteten sie und beteten sie, legten ihnen die Hände auf und ließen sie ziehen" (Apg 13,3). In den Gemeinden, die auf dieser Missionsfahrt entstehen, bestellen Paulus und Barnabas gemeinsam die Presbyter, die Ältesten. Sie setzen sie ins Amt ein, indem sie miteinander die Hände auflegen (vgl. Apg 14,23).

Die Briefe an Timotheus bezeugen die Praxis, wie sie vielleicht eine Generation später üblich war. Bemerkenswert ist, daß wir in diesen sog. Pastoralbriefen sowohl von der Handauflegung als einem kollegialen Akt lesen als auch von der Handauflegung durch einen einzelnen, den erstverantwortlichen Leiter des Gemeindelebens und ihres Gottesdienstes, also den Bischof. Nach 1 Tim 4,14 ist Handauflegung ein kollegialer Akt: „Vernachlässige die Gnade nicht, die in dir ist und dir mit prophetischen Worten verliehen wurde, als die Ältesten dir die Hände auflegten." 2 Tim 1,6 stellt Handauflegung als ein Zeichen dar, das ein einzelner vollzieht: „Entfache die Gnade Gottes wieder, die in dir ist, seit ich dir die Hände aufgelegt habe."

Im Prinzip ist es hinsichtlich der Handauflegung bei diesen beiden Möglichkeiten geblieben. Entweder legt der Bischof allein die Hände auf oder Handauflegung wird von einem Kollegium vollzogen, vom Kollegium der Bischöfe oder vom Kollegium, das die Presbyter unter Leitung ihres Bischofs bilden. Jede dieser Formen hat ihre eigene Qualität, hat ihren Stellenwert; jede dieser Formen macht Aussagen über den geistlichen Gehalt des Geschehens, prägt die Eigenart der Weihe zum Amt entweder des Diakons oder des Priesters oder des Bischofs.

„Bei der Bischofsweihe dürfen alle anwesenden Bischöfe die Hände auflegen", hatte das Konzil in SC 76 bestimmt. Diese Bestimmung steht selbstverständlich im Zusammenhang mit den Lehraussagen des Konzils über die Kollegialität der Bischöfe. Lehre und Praxis sollen übereinstimmen. Was sich bei der Bischofsweihe anders entwickelt hatte, sollte in der nachkonziliaren Reform korrigiert werden. Vor der Reform hatten, ob auch zehn oder zwölf oder mehr Bischöfe zur Feier der Weihe gekommen waren, nur drei Bischöfe dem Kandidaten die Hände aufgelegt, der Hauptkonsekrator und seine beiden Assistenten. Jetzt ist die frühkirchliche Ordnung wiederhergestellt: Alle mitfeiernden Bischöfe legen kollegial ihrem künftigen Amtsbruder die Hände auf.

In der Liturgiekonstitution ist auch deshalb von der Handauflegung nur bei der Bischofsweihe die Rede, weil die zeitweilige Fehlentwicklung bei der Priesterweihe — nur zwei oder drei Priester wirken bei der Handauflegung mit — längst korrigiert war und weil sich bei der Diakonenweihe im Prinzip nie etwas geändert hatte. Zur Diakonenweihe war in der Reform lediglich in Ordnung zu bringen, was man als einen Schönheitsfehler bezeichnen könnte: der Bischof legt nicht nur eine Hand auf, sondern beide Hände. Es war nie als Unterscheidungsmerkmal gedacht gewesen, daß dem künftigen Diakon nur eine Hand aufgelegt wird. Theologisch relevant ist allein, wer bei welcher Weihe die Hände auflegt. Dazu will das Zeichen seine Aussagen machen.

Wenn man versucht, das Zeichen Handauflegung in seinen Variationen bei den drei Weihen zum Sprechen zu bringen, dann zeigt sich zunächst folgendes: Die drei Ordinationen lassen sich in zwei Gruppen gliedern; zu jeder der beiden Gruppen gehören — auf den ersten Blick etwas merkwürdig — zwei Weihestufen. Charakteristisch sowohl für die Diakonenweihe wie für die Priesterweihe ist, daß der Ortsbischof eindeutig die Leitung dieser Feier hat. Bischofsweihe und Priesterweihe hinwiederum sind dadurch gemeinsam charakterisiert, daß bei diesen Feiern Handauflegung ein kollegiales Geschehen ist. Diese ersten Beobachtungen müssen wir entfalten, um ihre Aussagen voll zu verstehen.

Ist ein Bischofssitz freigeworden — die Tradition rechnet in Praxis und Theorie damit, daß der Tod dafür die Ursache ist —, dann ist die Ortskirche nicht aus sich selbst in der Lage, den Nachfolger ihres verstorbenen Bischofs zu bestellen. Selbst wenn die Ortskirche ihn ohne Interventionen von anderer Seite wählt, dann müssen doch die Bischöfe der benachbarten Bistümer zusammenkommen, um den Gewählten ins Amt einzusetzen. Nicht etwa die Priester der eigenen Diözese, und wären sie noch so angesehen, haben dazu die Vollmacht, sondern nur die Mitglieder des Bischofskollegiums. Nur sie können ein neues Mitglied ihres Kollegiums durch Handauflegung bestellen, nur sie können durch Gebet und Handauflegung den Kandidaten zum Oberhaupt der verwaisten Ortskirche bestellen und ihn so zugleich in ihr Kollegium aufnehmen. Die Bischöfe der Nachbardiözesen werden also nicht etwa in erster Linie aus Gründen der Höflichkeit und des Taktes eingeladen, und sie kommen nicht primär, um gute Beziehungen zu dokumentieren. Sie werden geladen und folgen dem Ruf, weil da eine Ortskirche ohne Bischof ist und sich nach der Verfassung der Kirche ihr Haupt nicht selbst bestellen kann.

Manchmal wird diese grundlegende Konzeption in unseren Breiten und in unserer Zeit dadurch beeinträchtigt, daß ein Bistum Weihbischöfe hat, auch dadurch, daß der Vorgänger aus Altersgründen den Bischofsstuhl für den Nachfolger freimachen soll. Dann wird nicht selten der Kandidat seinen Vorgänger und einen oder mehrere Weihbischöfe aus dem betreffenden Bistum bitten, ihm vor allen anderen anwesenden und mitfeiernden Bischöfe die Hände aufzulegen. Der Verfassung der Kirche, dem ursprünglichen Konzept wäre entsprechender, wenn der Metropolit, der Bischof des Hauptsitzes der Provinz, oder an seiner Stelle der dienstälteste Bischof dieser Kirchenprovinz, die Bischofsweihe leitete, also als erster die Hände auflegte. Dies eben soll im Zeichen deutlich werden: Die verwaiste Kirche kann sich nicht selbst den Bischof geben; sie ist nicht autark, nicht von anderen Ortskirchen unabhängig. Und weiter bedeutet das: Wer Mitglied im Bischofskollegium ist oder wird, ist nie nur für die eigene Diözese verantwortlich, sondern ist als Glied des Bischofskollegiums verantwortlich auch über die Grenzen seines Bistums hinaus.

Ganz anders ist der Dienst des Diakons geprägt. Die Handauflegung allein durch den Bischof zeigt es. Von den Anfängen her sind die Diakone unmittelbar dem Bischof unterstellt; sie sind ihm direkt zugeordnet. In größeren Bistümern, in größer gewordenen Gemeinden hat sich später der Akzent etwas verschoben. Nicht alle Diakone sind mehr in direkter Unterordnung unter den Bischof in der Bistumsleitung tätig. Wohl ist es von Anfang an so gewesen und dabei geblieben, daß die Diakone nicht zum Leitungsamt bestimmt sind. Auch das will die Handauflegung allein durch den Bischof sagen. Ob die Diakone nun überpfarrlich — im unmittelbaren Bistumsdienst oder in einer Region des Bistums — oder ob sie in einer Pfarrei tätig werden: ihr Amt ist der Dienst; sie sind Diakone, nicht Leiter einer Gemeinde. Besonders klar wird das in der Eucharistie dokumentiert. Nie hat die Kirche Diakonen die Leitung der Eucharistie anvertraut. Das Zeichen Handauflegung nur durch den Bischof deutet diesen Aspekt mindestens an. Allerdings erst dann wird das richtig deutlich, wenn man die Handauflegung bei der Priesterweihe damit vergleicht.

Die Handauflegung bei der Priesterweihe macht diese Ordination sowohl mit der Bischofsweihe als auch mit der Diakonatsweihe vergleichbar. Der Ortsbischof setzt insofern allein Presbyter in ihr Amt ein, als er dazu nicht die Mitwirkung anderer Bischöfe braucht. Insofern sind Priesterweihe und Diakonenweihe miteinander zu vergleichen. Zum Unterschied von der Bischofsweihe, bei der ein Kollegium von Bischöfen tätig wird, ist ein Bistum, von einem Bischof geleitet, aus Eigenem in der Lage, den Kreis der Presbyter zu ergänzen. Der fundamentale Unterschied zwischen Diakonenweihe und Priesterweihe besteht aber darin, daß bei der Priesterweihe zusammen mit dem Bischof das Kollegium der Priester tätig wird. Denn der Kandidat wird ja in das Kollegium der Presbyter, in das Presbyterium aufgenommen, an dessen Spitze selbstverständlich kraft seines Amtes der Bischof steht.

Man wird also sagen müssen: Das Verhältnis des Bischofs zu den Priestern des Bistums ist anders als das zu den Diakonen. Der Unterschied liegt selbstverständlich nicht im Grad der Herzlichkeit, mit der sich der Bischof der einen oder anderen Gruppe seiner Mitarbeiter zuwendet. Der Unterschied liegt in der sakramentlichen und damit rechtlichen Gegebenheit, daß die Priester auf jenes Amt geweiht sind, das dem Bischof im Bistum kollegial verbunden ist, während für die Diakone sakramentsrechtlich von einer solchen kollegialen Gruppierung um den Bischof nicht die Rede sein kann.

Was in der Beteiligung der Priester an der Handauflegung bei der

Weihe eines künftigen Amtsbruders sichtbar wird, das wird auf eine andere Weise dadurch deutlich, daß die Priester als Kollegium um den Bischof und mit ihm die Eucharistie feiern und daß der Bischof die Priester in den Teilgemeinden des Bistums mit der Leitung der Eucharistie beauftragt. Daher sind auch die Priester, insofern sie Mitglieder des Presbyteriums sind, zur Mitsorge mit den Anliegen und Sorgen des Bischofs besonders verpflichtet. Längst fordert ja die Lage — bei uns und in vielen Ländern dieser Welt — die Absage an jeden Egoismus, der an den Grenzen der eigenen Pfarrei haltmacht. Wer vom Bischof und von den Kollegen im Ältestenamt die Handauflegung empfangen hat, muß sich daher für das Ganze immer verantwortlich wissen.

Die Differenzierung des zentralen Zeichens, der Handauflegung, zeigt deutlich die Differenzierung der drei Ämter im Klerus. Daß darüber hinaus eine Vielzahl von Feierelementen die Bischofsweihe von der Priesterweihe und diese wiederum von der Diakonenweihe unterscheidet, versteht sich. Hier geht es uns um das *eine* Zeichen in seinen Spielarten, um die Handauflegung. Bei allen Ordinationen ist es dasselbe Zeichen — ein Hinweis darauf, daß das Einende wichtiger ist als das Unterscheidende. Allen wird der Geist Gottes erbeten für den Dienst in der einen Kirche Jesu Christi. Die Sorge um die Einheit aller Amtsträger im Bistum ist darum für den Bischof vordringlich, entsprechend dem Wort, das ihm bei seiner Weihe gesagt wird: „Alle, die Gott dir anvertraut hat, liebe wie ein Vater und wie ein Bruder, besonders die Presbyter und Diakone, deine Mitarbeiter im Dienst Christi." Die Priester und die Diakone hinwiederum antworten auf diese Zuwendung des Bischofs mit der Versicherung, ihm, ihrem Bischof, Ehrfurcht und Gehorsam zu erweisen.

Mit Gottes Hilfe bin ich bereit

Handlegung beim Treueversprechen zur Ordination

Wer ein Spiel mitspielt, muß mit den Spielregeln einverstanden sein. Wer einen Vertrag schließt, bekennt sich vorweg zu dessen Bedingungen und Konsequenzen. Wer einen Dienst übernimmt, verspricht Treue in diesem Dienst; erst dann wird ihm das entsprechende Amt übertragen.

So hält es die Kirche bei der Bestellung von Bischöfen, von Priestern und Diakonen. Bevor den Kandidaten durch Handauflegung und Gebet die Weihe erteilt wird, geben sie angesichts der versammelten Kirche ihr Weiheversprechen. Bei der Priesterweihe und bei der Diakonenweihe ist ein eindrucksvolles Zeichen damit verbunden. Dieses Zeichen, das bei der Priesterweihe seit Jahrhunderten praktiziert wurde, ist jetzt in der Reform beträchtlich aufgewertet worden. Bevor uns das Zeichen selbst beschäftigt, ist vom Stellenwert zu sprechen, den es seit der Reform hat.

Das Versprechen der Ehrerbietung und des Gehorsams ist zu einem Element des Priesterweiheritus geworden in einer Zeit, als die Ordinationsliturgie schon relativ fest gefügt war. Entsprechend den Wachstumsgesetzen liturgischer Feiern im Früh- und Hochmittelalter war es nicht möglich gewesen, diesen Ritus sinnvoll in das Ritual einzubauen; man hat sich nur dazu verstehen können, den damals neuen Ritus an den Schluß des Rituals zu plazieren. Dabei ist es jahrhundertelang geblieben. In einer von der Haupthandlung abgesprengten, erst nach der Kommunionspendung eingeordneten Ritengruppe stellte der Bischof dem Neugeweihten die Frage: Versprichst du mir und meinen Nachfolgern Ehrfurcht und Gehorsam? Promitto — Ich verspreche es: antwortete der Neupriester. Jahrhundertelang war also dies Versprechen gleichsam ein Nachwort, ein Anhang der Feier geblieben — und hätte doch von der Sache her einen anderen Platz gebraucht.

Diesen anderen Platz hat man dem Zeichen und Wort in der jüngsten Reform endlich gegeben. Jetzt hat sich die Einsicht ausgewirkt, daß das Versprechen ein Element der Vorbereitung ist, wie die Vorstellung der Kandidaten, die Ansprache des Bischofs und das Gebet der Gemeinde, die Litanei. Bevor der Bischof in Vollmacht dem Kandidaten die Hände auflegt und um die vom Geist gewirkte Amtsgnade bittet, begegnen sich der Konsekrator und der Kandidat beim Amtsversprechen.

Ein zweites Moment, das die jüngste Reform kennzeichnet, ist die Übernahme des Treueversprechens auch für die Ordination von Diakonen. Bislang war es nur bei der Priesterweihe praktiziert worden — eigentlich folgerichtig insofern, als die Diakonenweihe in der lateinischen Kirche zu einer reinen Vorstufe der Priesterweihe geworden war. Dieser problematischen Entwicklung, die nahezu dies zweite Jahrtausend geprägt hatte, hat das Konzil durch das Votum entgegengewirkt, es solle ‚in Zukunft der Diakonat als eine eigene und beständige hierarchische Stufe wiederhergestellt werden' (LG 29). Da es nun den Diakonat als eigenständiges Amt in der Kirche wieder gibt, ist es mindestens sehr angemessen, daß auch die zu diesem Dienst Berufenen vor ihrer Weihe ihre Treue versprechen.

Charakteristisch für die nachkonziliare Reform der Ordinationsliturgie in diesem Bereich ist schließlich, daß das Treueversprechen dem Bischof gegenüber in eine umfassende Bereitschaftserklärung eingebunden ist. „Vor der ganzen Gemeinde", sagt der Bischof ausdrücklich, sollen die Kandidaten bekunden, daß sie ihr Amt als Priester oder als Diakon so ausüben wollen, wie er, der Bischof, und mit ihm die Gläubigen es verstanden wissen wollen. So war es von der Frühzeit her bei der Bischofsweihe der Brauch, so soll es jetzt auch bei den anderen Ordinationen sein. Die zur Feier versammelte Ortskirche soll wissen, wozu diese Männer bereit sind, für die sie mit dem Bischof die Gabe des Heiligen Geistes erfleht.

Fünf Fragen stellt der Bischof den Kandidaten zum Priesteramt. Die drei ersten skizzieren den Priesterdienst als Teilhabe am dreifachen Amt Jesu Christi. Zusammen mit dem Bischof und unter seiner Leitung sind die Priester berufen zum Dienst der Führung, zum Dienst in der Liturgie und zum Dienst am Wort, also zur Teilhabe am Amt dessen, der zugleich Hirt und Priester und Prophet ist, Jesus Christus. Die vierte Frage zur Priesterweihe wird auch den künftigen Diakonen, wird auch dem Kandidaten der Bischofsweihe gestellt: „Seid ihr bereit/ Bist du bereit, den Armen und Kranken beizustehen, Heimatlosen und Notleidenden zu helfen?" Daß jedem künftigen Amtsträger diese Frage gestellt wird, ist so bemerkenswert wie selbstverständlich. Welches Amt auch immer einer in der Kirche übernimmt, die Sorge für die im Schatten lebenden Mitmenschen gehört zu dessen vordringlichen Aufgaben — gemäß dem Auftrag des Herrn: „Was ihr für einen meiner geringsten Brüder getan habt, das habt ihr für mich getan" (Mt 25,40b).

In der letzten Frage an die Kandidaten der Priesterweihe werden die vorausgehenden Fragen gleichsam zusammengefaßt und überhöht. Die letzte Frage klingt so, als wolle sich der Bischof jetzt selbst einschließen, als seien die Kandidaten nicht mehr nur sein Gegenüber. Er, der Bischof, wie sie, die künftigen Priester, müssen vor „unserem Hohenpriester" ihr Leben je neu in Frage stellen: „Seid ihr bereit, euch Christus, unserem Hohenpriester, täglich enger zu verbinden und mit ihm Opfergabe zur Ehre Gottes und zum Heil der Menschen zu werden?" Auf jede der vorhergehenden Fragen hatten die Kandidaten mit dem knappen Wort geantwortet: Volo — Ich bin bereit. Vor dieser letzten Frage, in der es um nicht weniger geht als um das vorbehaltlose Ja zur Nachfolge dessen, der sein Leben ausgegossen hat wie ein Opfer, um das Ja zum Kreuz Jesu Christi, scheint die Antwort zu stocken. Die Antwort ist hier wie eine Bitte, eine Bitte an den Herrn der Kirche, in dessen Namen ja all diese Fragen gestellt werden: „Mit Gottes Hilfe bin ich bereit." In dieser Antwort klingt auch die nüchterne Einschätzung der eigenen Kraft mit, die Einsicht in die Wahrheit des Apostelwortes: „Wir tragen diesen Schatz in irdenen Gefäßen, damit das Übermaß der Kraft von Gott und nicht von uns kommt" (2 Kor 4,7).

Diese Bereitschaftserklärung, angesichts der Gemeinde dem Bischof und seinem Bistum gegeben, ist gleichsam der erste Teil des Zeichens, das im Versprechen der Ehrfurcht und des Gehorsams seinen Höhepunkt hat. Darin wird all das bekräftigt, was bisher zur Sprache gekommen ist. Jeder Kandidat kniet dazu vor dem Bischof und legt seine gefalteten Hände in die des Bischofs. Dies Zeichen der ineinandergelegten Hände umgreift alles, was in den ersten Fragen ins Wort gebracht worden ist. Ehrfurcht und Gehorsam dem Bischof gegenüber, das meint die uneingeschränkte Treue zum Dienst, Gott zur Ehre und den Menschen zum Heil.

Jeder Kandidat legt seine Hände in die des Bischofs. Jedes Kandidaten Hände nimmt der Bischof an und umfängt sie mit den seinen. Die Hände sprechen ihre eigene Sprache. Ich binde mich, sagen die gefalteten, hingegebenen Hände; ich lasse mich binden. „Als du jung warst", hat der Auferstandene dem Petrus bei der Amtsübertragung gesagt, „hast du dich selbst gegürtet und konntest gehen, wohin du wolltest. Wenn du aber alt geworden bist, wirst du deine Hände ausstrecken, und ein anderer wird dich gürten und führen, wohin du nicht willst." Und der Evangelist fügt erläuternd hinzu: „Dies sagte Jesus, um anzudeuten, durch welchen Tod er Gott verherrlichen sollte" (Joh 21,18f). Der zum Priesterdienst Erwählte mag noch so jung sein, jetzt wird er ein Presbyter, ein „Älterer". In der Priesterweihe läßt er sich binden; dazu streckt er wehrlos seine Hände hin.

Das Zeichen der Handreichung ist aus dem mittelalterlichen Lehnswesen zuerst in die Priesterweihe übernommen worden. Der Vasall – so war es das Recht – verspricht dem Lehnsherrn treue Gefolgschaft. Dafür erhält er sein Lehen und die Versicherung des Lehnsherrn, Treue mit Treue zu vergelten. Fraglos ist der Bischof nicht Lehnsherr und ein Priester oder Diakon nicht Vasall des Bischofs. Gleichwohl gilt, was die Hände von gegenseitiger Treue sagen. Nicht nur der künftige Mitarbeiter, auch der Bischof selbst ist aktiv. Er läßt nicht nur zu, daß ihm der Kandidat seine Hände reicht, er nimmt dessen Hände nicht nur entgegen. Nein, er umfängt mit seinen Händen die ihm dargebotenen Hände; er nimmt den Menschen an, der sich unter seiner Leitung ganz dem Dienst in der Kirche zur Verfügung stellt. Die Hände des Bischofs sagen dem künftigen Priester und Diakon: Ich werde auf eine neue Weise künftig dein Bischof sein. Da du mein Mitarbeiter wirst, werde ich für dich als meinen Mitarbeiter wo immer nötig mit Herz und Hand einstehen.

Das letzte Wort des Bischofs, das Schlußwort in diesem Ritus, ist gleichsam die Zusammenfassung dessen, was im Wort und dann im Zeichen zur Sprache gekommen ist. Es ist Ermutigung und ist zugleich Gebet. Aus der eigenen geistlichen Erfahrung soll und kann der Bischof sagen, was ihm nun noch zu sagen aufgetragen ist. Ihm selbst ist es so bei seiner Bischofsweihe gesagt worden – und so kann er in Demut vor Gott und zugleich voll Vertrauen auf Gottes gnädigen Beistand seinem künftigen Mitarbeiter versichern: „Gott selber vollende das gute Werk, das er in dir begonnen hat."

Der Herr wird ihn aufrichten

Der zentrale Ritus der Krankensalbung

Das Anliegen vieler Seelsorger schon seit Generationen hat auch die Väter des jüngsten Konzils beschäftigt – und zwar intensiv beschäftigt, wie man in den Konzilsakten nachlesen kann: Was muß die Kirche tun, damit das Sakrament für die Kranken wieder seiner Stiftung entspricht? Daß die Thematik auch noch im Plenum des Konzils erheblich kontrovers gewesen war, deutet der entsprechende Konzilsbeschluß immer noch spurenhaft an:

> „Die ‚Letzte Ölung', die auch – und zwar besser – ‚Krankensalbung' genannt werden kann, ist nicht das Sakrament derer, die sich in äußerster Lebensgefahr befinden. Daher ist der rechte Augenblick für ihren Empfang sicher schon gegeben, wenn der Gläubige beginnt, wegen Krankheit oder Altersschwäche in Lebensgefahr zu geraten" (SC 73).

Nicht kontrovers war, daß weithin in der Praxis dies Sakrament zum Sakrament der Sterbenden, zum Sakrament im Todeskampf geworden war und daß man hier entschieden auf eine Änderung dringen müsse.

Seit wir die Krankensalbung gemäß dem erneuerten Ritus feiern können – im deutschen Sprachgebiet seit 1975 –, ist mancherorts ein anderes Problem akut geworden: Unter welchen Bedingungen kann dies Sakrament der Krankensalbung in Gemeinschaft gefeiert werden? Kann es Kranken gespendet werden, die noch zur Kirche kommen können? Soll es gar alten Menschen von einem bestimmten Alter an gespendet werden?

Überzeugend lassen sich all diese Fragen – die alten und die neuen – wohl nur beantworten, wenn man aufmerksam nach dem zentralen Zeichen dieses Sakramentes fragt; wenn man dazu bedenkt, wie dieses Zeichen in der gegenwärtigen Reform verändert wurde, eben damit es wieder dem entspreche, was von der Stiftung dieses Sakraments her intendiert war. Die Behauptung scheint nicht zu kühn: Die Erneuerung des Sakramentes in seinem Kern ist die Voraussetzung für die rechte Theorie und für den rechten Vollzug.

Unter der Überschrift „Heilige Salbung" heißt es im neuen Ritenbuch:

„Dann nimmt der Priester das heilige Öl und salbt den Kranken auf der Stirn und auf den Händen.
Er spricht bei der Salbung auf der Stirn:
Durch diese heilige Salbung helfe dir der Herr in seinem reichen Erbarmen, er stehe dir bei mit der Kraft des Heiligen Geistes.
Alle: Amen.
Bei der Salbung auf den Händen:
Der Herr, der dich von Sünden befreit, rette dich, in seiner Gnade richte er dich auf.
Alle: Amen" (FKS 76).

Auch wer früher nie eine Spendung der „Letzten Ölung" miterlebt hat, erinnert sich wahrscheinlich irgendwie doch an die damalige Form des Vollzugs. Vor der Reform war die Spendung ja vor allem dadurch charakterisiert, daß alle Sinnesorgane gesalbt wurden. Ob jetzt die Salbung nur der Stirn und der Hände demgegenüber eine Verarmung ist, wird eine unserer Fragen sein.
Man könnte das ja zunächst so empfinden: Jetzt nur noch Stirn und Hände! Eine Verarmung! Früher war die Salbung der Stirn die Form im äußersten Notfall. Normalerweise wurden die Augen gesalbt, dann die Ohren, die Nase und der Mund und dann die Hände. Wenigstens ältere Menschen wissen noch, daß es auch eine Salbung der Füße gegeben hatte. Übrigens ist diese Salbung der Füße eigentlich nie „abgeschafft" gewesen; nur war den Priestern empfohlen worden, sie auszulassen, wenn ein vernünftiger Grund dafür spreche.
Weniger geläufig als die Tatsache der sechs oder fünf Salbungszeichen waren die deutenden Worte, die sakramentale Formel. Wie bei allen Sakramenten war es vorkonziliar auch bei der „Letzten Ölung" Praxis, die wesentlichen Worte lateinisch zu sprechen. Um zu wissen, was diese lateinischen Worte besagten, mußte man schon nachschlagen, etwa im Diözesangebetbuch oder im Katechismus. Im Katechismus der deutschen Bischöfe von 1955 z. B. war der volle Text zur Salbung der Augen wiedergegeben:

„Durch diese heilige Salbung und seine mildreiche Barmherzigkeit vergebe dir der Herr, was du gesündigt hast durch Sehen. Amen."

Daß zu den anderen Salbungen der Text jeweils etwas anders lauten mußte, verstand sich von selbst. Die Katechismen deuten es aber auch ausdrücklich an. So heißt es in einem Katechismus, der 1969 erschienen ist: „Ähnlich betet er auch, wenn er den Kranken an den Ohren, der

Nase, dem Mund und den Händen salbt." Weiter geht man dann auf Einzelheiten nicht ein.
Aber erst dann, wenn man hier in die Einzelheiten geht, zeigt sich das eigentliche Problem. An sich sind die angedeuteten Ähnlichkeiten naheliegend. Wenn es zur Salbung der Augen heißt, der Herr möge vergeben, „was du gesündigt hast durch Sehen", dann wird es ja zur Salbung der Ohren wohl heißen: „... was du gesündigt hast durch Hören". Auch ist nicht schwer zu erraten, wie die Formel zur Salbung des Mundes und die zur Salbung der Hände lautete. Nicht einmal die Salbung der Füße entzieht sich diesem Schema der Aussagen. Es braucht ja auch nicht sonderlich viel Phantasie zu der Vorstellung: Die Füße haben mich diesen und jenen Weg geführt, der nicht zum Heil war.
Was aber soll in dieser Abfolge von Salbungen und Deuteworten denn die Salbung der Nase, dazu die Bitte, der Herr möge vergeben, „was du gesündigt hast durch Riechen. Amen (... quidquid per odoratum deliquisti)"?
Hier mag zunächst der Verdacht aufkommen, durch die Zuspitzung auf diese fragwürdigste Teilformel der „Letzten Ölung", eingekleidet in etwas kleinliche Kritik, werde das Ganze in die Nähe des Lächerlichen gezogen. Darum kann es natürlich nicht gehen. Es geht darum, durch diese Zuspitzung das Problem selbst möglichst deutlich zu machen: Salbung der Sinnesorgane, mit der Aussage verbunden, Gott möge infolge dieser Salbung Sünden vergeben. Inwiefern ist das problematisch?
Ein erster Einwand gegen diese frühere Praxis könnte auf das verweisen, was Jesus dem Volk und dann seinen Jüngern zum Thema „Rein und Unrein" gesagt hat. Der Herr macht entschieden Front gegen die Pharisäer, die ihm vorwerfen, daß seine Jünger die kultischen Waschungen nicht beobachten, z. B. „mit unreinen Händen essen". Auf diese Vorwürfe antwortet Jesus so: „Hört mir alle zu und begreift, was ich euch sage! Nichts, was von außen in den Menschen hineinkommt, kann ihn unrein machen, sondern nur, was aus dem Menschen herauskommt, das macht ihn unrein." Und deutlicher sagt er dem Kreis seiner Jünger: „Was aus dem Menschen herauskommt, das macht ihn unrein. Denn von innen, aus dem Herzen der Menschen, kommen die bösen Gedanken, Unzucht, Diebstahl, Mord, Ehebruch, Habgier, Bosheit, Betrug, Ausschweifung, Neid, Verleumdung, Hochmut und Unvernunft. All dieses Böse kommt von innen und macht den Menschen unrein" (vgl. Mk 7,1–23). Ist es nicht angesichts einer solchen Lehre

Jesu ein Rückfall, wenn Kranke gesalbt werden zur Vergebung der Sünden an Augen, Ohren, Nase, Mund, Händen, Füßen; und wenn das dann auch noch ausdrücklich so gedeutet wird: ‚Was du gesündigt hast durch Sehen, Hören, Riechen usw.'? Nicht das, was von außen hineinkommt, macht unrein, nicht die Augen und Ohren bedürfen der Salbung, möchte man dazu sagen!

Aber gegen dieses Argument ist doch immer noch folgende Widerrede möglich: Wie anders könnte sich das Innere äußern als durch die Lippen, die Worte des Betrugs und des Neids, der Unzucht und der Verleumdung formen? Gewiß, aus dem Herzen steigt Bosheit auf — aber der Mund ist ein williges Werkzeug! Wenn es um die Salbung von Auge und Ohr, von Hand und Fuß geht, könnte man ähnlich argumentieren.

Nur wenn man wieder an die Salbung der Nase denkt, zeigt sich das Problem deutlich von seiner anderen Seite. Die Nase ist so entschieden nur ein Organ, das empfindet, das Eindrücke aufnimmt, das als völlig passiv erscheint — ob nun einer „eine gute Nase" hat oder nicht —, daß sich hier die Frage wieder pointiert stellt: Wieso durch Salbung Vergebung der Sünden, die „durch Riechen" begangen wurden? Ist das nicht doch gegen den Geist der Jüngerschaft Jesu, gegen Jesu erklärte Position, die ihn vom Gebaren der Pharisäer so himmelweit trennt?

Ist die Frage so zugespitzt, dann ist das Verständnis bereitet für einige Hinweise zur Geschichte dieses Sakraments, ohne die die vorkonziliare Form der Spendung nicht erklärbar ist. Wer nach den Anfängen der Krankensalbung fragt, den verweist die Kirche auf den Jakobusbrief; dort heißt es:

> „Ist einer von euch krank? Dann rufe er die Ältesten der Gemeinde zu sich: Sie sollen über ihn (für ihn) beten und ihn im Namen des Herrn mit Öl salben. Das gläubige Gebet wird den Kranken retten, und der Herr wird ihn aufrichten; wenn er Sünden begangen hat, werden sie ihm vergeben" (Jak 5,14f).

Gebet über den Kranken und Salbung — als Wirkung wird verheißen, der Herr werde ihn aufrichten, ihn retten; wenn der Kranke Schuld auf sich geladen habe, werde der Herr im Zeichen des Gebets und der Salbung ihm diese Schuld vergeben.

Das ist der Rahmen, innerhalb dessen im Lauf der Jahrhunderte dies Sakrament vollzogen wurde. Irgendwie ging es dabei immer um das Heil, um das Heil für den ganzen Menschen, für Seele und Leib. Öl hat ja Heilkraft. Das weiß jeder Mediziner und jeder Laie, jeder Apotheker und jeder, der seine kleine Hausapotheke verwaltet. Heilendes Öl ist ein Grundelement dieses Sakraments. Andererseits ist selbstverständlich – und das muß man mitbedenken, wenn man von der Heilkraft des Öls spricht: Das Öl, mit dem zur Feier des Sakraments gesalbt wird, stammt nicht aus einer Zauberwurzel; es wirkt nicht magisch. Auch der Baum, von dem Oliven geerntet werden, ist nicht das sprichwörtliche Kraut, das gegen den Tod gewachsen wäre. Über den so skizzierten Rahmen hinaus hat sich selbstverständlich das Sakrament nie entwickeln können. Heilendes Öl, aber nicht das Kraut gegen den Tod: diese Spannung hat immer bestanden und bleibt immer bestehen.

Eine der Spielarten der Krankensalbung war, daß das Gebet, von dem der Apostel Jakobus spricht, nur bei der Weihe des Öls gebetet wurde. Zur Salbung gab es dann kein offizielles Gebet der Kirche. Die Christen haben damals das vom Bischof gesegnete Öl mit nach Hause genommen und haben es bei Krankheiten wie eine Medizin, wie eine Salbe angewandt. Sie haben es auf Körperteile aufgetragen, die verletzt waren oder die schmerzten, oder dort angewandt, wo man den Herd der Krankheit vermutete. Wir sind versucht, solcherlei Praxis für ein wenig naiv zu halten. Jedenfalls erzählen es so die Quellen, durchaus glaubwürdige Quellen.

In der weiteren Entwicklung hat man dann diese Salbungen – ursprünglich der erkrankten Stellen des Leibes – mehr und mehr stilisiert, bis schließlich genau geregelt war, an welchen Stellen der Kranke gesalbt werden mußte. Zeitweise hat man eine Fülle von Einzelsalbungen gekannt, sehr viel mehr als in unserer unmittelbaren und mittelbaren Vergangenheit, in der man ja schließlich nur noch die Sinnesorgane gesalbt hat – ein vorläufig letzter Schritt auf dem Weg der Stilisierung.

Mehr oder minder unabhängig von der Frage, wie oft und an welchen Stellen man den Kranken salben sollte, entwickelt sich das Sakrament zur „Letzten Ölung". Weil vor dem Empfang anderer Sakramente zunächst das Sakrament der Buße gespendet werden, die Lossprechung erteilt werden sollte, andererseits aber die Bußleistungen zeitweise so schwer waren, daß man sie aufschob bis ans (fast) sichere Ende des Lebens, wurde auch die Salbung des Kranken zu einem Sakrament, das praktisch nur Sterbende dann empfingen, wenn sie die Bußleistung übernommen und die Lossprechung erhalten hatten.

Wenn aber die Salbung praktisch immer erst in der Todesstunde gespendet wurde, wenn das Sakrament, von dem Jakobus geschrieben hatte, daß der Herr den Kranken aufrichten werde, somit zur „Letzten Ölung" geworden war, was konnte das Heilszeichen dann noch bedeuten und bewirken? Das Heilszeichen „Salbung des Kranken" war zum Zeichen ausschließlich der Sündenvergebung geworden. Von einem Sterbenden sagen, der Herr werde ihn retten und aufrichten, das konnte unter diesen Umständen nur noch so gedeutet werden: Über den Tod hinaus wird der Herr ihn retten und aufrichten – durch die Vergebung der Schuld wird der Herr ihn aufrichten und retten. Hier hat die vorkonziliare Formel zur Salbung, die ausschließlich von Sündenvergebung spricht, ihren Ursprung: „... vergebe dir der Herr, was du gesündigt hast durch Sehen (Hören usw.)."

Dem widersprach aber stets, daß zu einem solchen deutenden Wort mit heilendem Öl gesalbt wurde. Was soll aber das Zeichen, das von seiner Zeichenkraft her auf Heilung von leiblicher Krankheit ausgerichtet ist, wenn fast prinzipiell nur noch unrettbar dem Tod verfallene Menschen so behandelt wurden?! Die Entwicklung war an den äußersten Rand jenes Rahmens gelangt, der vom Wort des Apostels markiert ist. Die Zeichenhandlung, die Salbung mit heilendem Öl, und die Worte, die das Zeichen deuteten, standen zueinander im Widerspruch. Genauer wird man vielleicht sagen müssen: Die Zeichen und die Worte waren irgendwie auseinandergelaufen. Nur mühsam wurden sie dadurch zusammengehalten, daß vom Sehen die Rede war, wenn die Augen gesalbt wurden, vom Hören bei der Salbung der Ohren. Am deutlichsten zeigte sich die Spannung, zeigte sich der Widerspruch bei der Salbung der Nase und beim Hinweis auf „Sünden durch Riechen".

Es ging also in der Reform darum, Zeichen und Wort wieder so zusammenzubringen, daß beides als plausibler Kern einer Feier für ernstlich erkrankte Menschen erscheinen könne, eines Sakraments, das aber auch in äußerster Todesgefahr nicht ohne Sinn ist. Selbstverständlich war eine Rückkehr zur Praxis, schmerzende Körperstellen zu salben, völlig ausgeschlossen. Andererseits mußte die Formel zur Salbung aber so weit sein, daß sie auch Heilung bei kritischer Erkrankung auszusagen vermochte.

Dazu werden jetzt die Stirn und die Hände gesalbt. So ist der ganze Mensch gemeint. Haupt und Hände stellen ihn in seiner ganzen Existenz dar, in all seinen Lebensäußerungen. Was ihn quält und was er verschuldet, dafür können Antlitz und Hände am ehesten die Zeugen sein. Der Kontakt mit der Hand, die heilendes Öl aufträgt, die im Zeichen des Öls Linderung andeutet, macht im Glauben die

Nähe des Herrn Jesus Christus erfahrbar, der sich der Kranken angenommen und sie geheilt hat.

Das Zeichen in sich selbst bleibt allerdings vieldeutig. In der Reform hat man daher das Wort des Apostels, das erste, das ursprüngliche Zeugnis für dieses Sakrament, zum deutenden Wort gestaltet:

> „Der Herr helfe dir in seinem reichen Erbarmen, er stehe dir bei mit der Kraft des Heiligen Geistes. Der Herr, der dich von Sünden befreit, rette dich, in seiner Gnade richte er dich auf."

Was der Apostel intendiert hat, ist der primäre Inhalt der deutenden Formel zur Salbung. Die Bitte, der Herr möge retten und in Gnaden aufrichten, wird aber selbstverständlich immer auch durch die Situation des Kranken ausgelegt werden. Ist jegliche Hoffnung auf Heilung der Krankheit ausgeschlossen, dann scheint die eschatologische Komponente dieser Bitte deutlicher durch: Der Herr wird den Sterbenden erretten vor dem ewigen Tod. Da aber die Rettung jenseits der Grenze des Todes nicht der erste Sinn dieses Sakramentes ist, sondern die Aufrichtung des Erkrankten, „damit er — gesund an Leib und Seele — sich wiederum seinen Aufgaben widmen kann" (so lautet ein Gebet nach der Salbung: FKS 77), kommt viel auf die rechtzeitige Spendung an, auf die Salbung des Kranken in kritischer, aber nicht aussichtsloser Lage.

Auf verschlungenen Wegen ist das sakramentale Zeichen, sind die Salbungen und ihre Deuteworte zu dem geworden, was seit langem reformbedürftig schien. Durch entschiedene Rückwendung zu den Anfängen hat der Kern der Krankensalbung jetzt die Gestalt bekommen, in der das Zeichen wieder zu sprechen beginnt. Das ist die erste und wichtigste Einsicht, die sowohl die Unterweisung als auch und vor allem die Feier dieses Sakramentes bestimmen muß. Von dieser Mitte her werden dann auch die Fragen lösbar, die im ersten Überschwang seit der Reform so vordringlich schienen: Was heißt rechtzeitig, was heißt Feier; wie ist das in Gemeinschaft zu praktizieren? Über einen ernstlich erkrankten Mitchristen beten und ihn im Namen des Herrn mit Öl salben: Wo das in gläubiger Gemeinschaft geschieht, da wird der Herr dem Kranken sein Heil nicht versagen.

Als Zeichen der Liebe und Treue

Handreichung und Ringübergabe zur Trauung

Es ist ja nicht unwahrscheinlich, daß auch bei Hochzeiten gefilmt wird. Dann ist es ebenso wahrscheinlich, daß dieser Schmalfilm zu den kostbaren Erinnerungen der Eheleute an den Tag und die Feier ihrer Trauung gehört. Wir stellen uns vor, wir sähen als Ausschnitt den zentralen Ritus der Trauung. Wir stellen uns weiter vor, daß wir nur sehen: das Bild, die Handlung, die Zeichen. Die deutenden Worte sollen uns erst später beschäftigen.

Kurz bevor der zentrale Ritus vollzogen wird, beginnt unser Streifen. Die Brautleute, die bislang dem Priester zugewandt waren, wenden sich nun zueinander. Sie schauen einander an. Der Bräutigam nimmt von einer Schale den Ring, den er seiner Braut anstecken wird. Dann spricht er sie an. Er streift ihr den Ring über den Ringfinger der rechten Hand und sagt ihr dazu ein weiteres Wort. Ebenso dann die Braut: auch sie gibt ihrem Bräutigam ihr Wort und steckt ihm dann — mit einem deutenden Wort — den Trauring an.

Nun wendet sich der Priester wieder an die Brautleute. Auf sein Wort hin reichen die beiden einander die rechte Hand. Die ineinandergelegten Hände umwindet der Priester mit seiner Stola. Darüber legt er seine eigene Rechte. Er wendet sich in einem kurzen Wort an das Paar und blickt dann in die Runde, spricht alle Umstehenden an, die Zeugen dieses Geschehens sind.

Die Brautleute haben einander die Hand gereicht. Ein alltägliches Zeichen — jedenfalls für unser Empfinden. Nicht überall in der Welt ist es so selbstverständlich wie in unseren Breiten, daß man zum Gruß am Morgen, zum Abschied am Abend den Bekannten, Mitarbeitern, Angehörigen die Hand reicht. Auch da und dort in Europa ist man in dieser Hinsicht zurückhaltender als bei uns. Mehr noch in einigen Ländern Ostasiens, soweit man dort nicht diplomatischen Gepflogenheiten entsprechend die eigenen Bräuche dem in Europa Üblichen anpaßt. Freilich, wie oft auch immer Menschen einander die Hand reichen mögen, miteinander einen Pakt schließen und ihn auch durch Handschlag bekräftigen — vor allem ist im Leben dann ein entscheidender Augenblick, wenn eine Frau und ein Mann vor aller Augen einander die Hand zum Bund reichen.

Ich reiche dir meine rechte Hand. Ich reiche dir die Hand, die ich selbst bin, in der ich mich darstelle, die rechte Hand, die ja der Inbegriff meiner Kraft und Geschicklichkeit ist, der Ausdruck meiner Fähigkeit, mich in Auseinandersetzungen zu behaupten. Ich gebe mich in deine Hand. Ich biete dir meine Hand. Nimm meine Hand, nimm mein Leben, nimm mich in deine Hand — so wie ich dich annehme, wie meine Hand die deine nimmt, wie meine Hand die deine in sich birgt, indem sie sich in der deinen birgt.

Daß hier ein Bund geschlossen wird, macht vor allem die Handreichung deutlich. Die Handreichung ist das primäre Zeichen der Trauung, wie die Analyse der Ritusgeschichte deutlich zeigt. Zur Erklärung des Ehewillens reichen die Brautleute einander die rechte Hand: so war es in unseren Breiten in der vorkonziliaren Ordnung; so ist es im Modellbuch der römischen Kirche auch nachkonziliar geordnet.

Wie wichtig die Handreichung ist, zeigen die Gesten des Zelebranten, des Leiters der Feier. Er umwindet mit seiner Stola, dem Zeichen seines Amtes, die ineinandergelegten Hände. Er legt seine eigene rechte Hand bekräftigend darauf. Es mag sein, daß gelegentlich auf das Zeichen mit der Stola verzichtet wird, weil es nicht gut möglich ist. Der Diakon, der ja auch die Trauungsfeier leiten kann, trägt als Amtszeichen die Querstola; damit kann er unmöglich die Hände der Brautleute umwinden. Ähnlich ist es, wenn der Priester in der Messe die Stola unter dem Meßgewand trägt. Wie der Vergleich der Traditionen zeigt, ist der Stolaritus das weniger wichtige Detail. Die römischen Bücher kennen ihn nicht; in die Praxis mancher deutschen Diözese ist er erst 1950 eingebracht worden. Primär ist hingegen die Bestätigung der Eheschließung durch die dritte Hand, durch die Hand des Zelebranten, der auf diese Weise „im Namen Gottes und seiner Kirche" den Bund bekräftigt, den das Brautpaar geschlossen hat. Damit ist erstmals auf ein Wort angespielt, das im zentralen Bereich der Trauung gesprochen wird. Zur „Bestätigung der Vermählung" sagt der Zelebrant:

> „Im Namen Gottes und seiner Kirche bestätige ich den Ehebund, den Sie heute geschlossen haben."

Wägt man die in diesem Satz enthaltenen Aussagen gegeneinander ab, dann sieht man, wie hier das Wort die Zeichen gelten läßt, sie unterstreicht und deutet. Wie die Handreichung zeigt, liegt die eigentliche Aktivität bei den Brautleuten. Der Vorsteher der Feier hat hier zunächst nur die Aufgabe, die Rechtmäßigkeit zu bestätigen. Daß die Brautleute sich einander die Hand reichen, sich einander in die Hand

geben, sich einander voll und ganz anvertrauen, das ist das Wesen dieses Bundes. Daß der Zelebrant seine Hand darüber legt, das kommt hinzu, verändert aber den Bund seinem Inhalt nach nicht.
Man kann das den Worten, die das Ritenbuch als Alternativen zur Bestätigung der Vermählung vorsieht, womöglich noch deutlicher entnehmen. Der Zelebrant muß nicht einmal ausdrücklich sagen, daß er den Ehebund bestätigt. Er kann sich und seine Aktivität in diesem Bereich der Feier noch mehr zurücknehmen, noch deutlicher auf Gott verweisen, auf den „Herrn, unsern Gott", der der eigentlich Dritte im Bunde ist: „Der Herr, unser Gott, festige den Ehebund, den Sie vor ihm und seiner Kirche geschlossen haben"; oder: „Gott, der Sie zum Ehestand berufen hat, ist getreu. Er wird zu Ihnen stehen und das Gute, das er begonnen hat, auch vollenden."
Auch die letzte Aktion im Kernbereich des Trauungsrituals zeigt irgendwie an, daß der Leiter der Feier zwar deren Vorsteher ist, daß aber er, der Zelebrant, hier eben nicht der Haupthandelnde ist. Er spricht die Versammelten an, er nimmt alle zu Zeugen. Er selbst ist der erste und der vor allen anderen qualifizierte Zeuge. Mit ihm bezeugen alle, die mit ihm Glieder der Kirche sind, dieses Geschehen; mit ihm bekräftigen alle, was die Brautleute getan haben: „Euch alle aber, die ihr zugegen seid, nehme ich zu Zeugen dieses heiligen Bundes: Was Gott verbunden hat, das darf der Mensch nicht trennen."
Wir haben uns zunächst vom Zeichen der Handreichung sagen lassen, was der Inhalt des heiligen Bundes ist. Jetzt hören wir, was die Brautleute einander erklären. Im sog. Großen Vermählungsspruch sagen sie einander:

> „Monika/Michael, ich nehme dich an als meine Frau/als meinen Mann und verspreche dir die Treue in guten und in bösen Tagen, in Gesundheit und in Krankheit. Ich will dich lieben, achten und ehren, solange ich lebe."

Ich nehme dich an und verspreche dir die Treue, solange ich lebe: Was die Handreichung gezeigt hat – Übergabe und Annahme –, das sagen die Worte zur Vermählung. Du bist so mein, wie ich dein bin. Das soll gelten. Solange ich lebe, will ich dich, meinen Ehepartner, lieben, achten und ehren. Hochzeit ist, wie das die deutsche Sprache treffend sagt, eine vor vielen anderen Zeiten des Lebens ausgezeichnete Zeit. Die Brautleute sind gesund, die Tage, in denen sie jetzt leben, sind gut, wenn nicht ein Sonderfall gegeben ist. Aber was jetzt ist, muß nicht so bleiben. Irgendwann einmal wird diesem Leben – meinem zuerst oder deinem – ein Ende gesetzt. Meist ist eine Krankheit die Ursache. Was jetzt in gesunden Tagen gilt, soll auch dann gelten. Jetzt scheinen die Tage gut. Wie schnell sich aber die Lage zum Schlechteren ändern kann, wie sich die wirtschaftlichen, sozialen, politischen, also die öffentlichen Dinge zu bösen Tagen entwickeln können, haben alle Generationen in unserem Land und in anderen Ländern allein schon in diesem Jahrhundert zur Genüge erfahren. Der Bund, der heute geschlossen wird, soll von all dem unberührt bleiben. Ja, er soll die Weise sein, in der die Eheleute ihr Leben, dies Leben in dieser Zeit bestehen wollen. Sie wollen einander lieben, achten und ehren, bis der Tod sie scheidet. Zeichen dieses ihres Entschlusses ist die Handreichung, die ihre Willenserklärung zum Ausdruck bringt.

Die Überreichung der Ringe ist das weitere zentrale Zeichen. Im Ritual des deutschen Sprachgebiets ist dies Zeichen jetzt noch mehr in die Mitte gerückt als früher. Bis zur jüngsten Reform überreichten unserem Brauchtum entsprechend die Brautleute einander die Ringe vor der Ehewillenserklärung. Gemäß römischer Praxis folgt die Übergabe der Trauringe erst nach dem Vermählungswort und der Bestätigung durch den Zelebranten. Das gilt nach diesem Modell auch noch nachkonziliar – wie schon seit Jahrhunderten. Nur mit dem einen, allerdings sehr bemerkenswerten, für uns freilich befremdlichen Unterschied: Gemäß der vorkonziliaren römischen Praxis wurde nur der Braut ein Ring angesteckt. Diese beiden (zwar jetzt überholten) Einzelzüge des Ringbrauchtums – Überreichung der Ringe vor der Ehewillenserklärung, Ringübergabe nur an die Braut – sind für uns insofern von Interesse, als sie zusammengenommen und miteinander verglichen sowohl einander erklären als auch helfen, das Ringbrauchtum als solches zu verstehen.

Jemandem vorweg ein Zeichen geben, von jemandem vorweg eine Gabe nehmen, das bedeutet, sich einander auf Zukünftiges hin verpflichten. Junge Leute geben einander auch heute solche Zeichen. Was früher – und oft auch noch heute – die „Verlobung", das Eheversprechen, die Zusage künftiger Eheschließung war, wird heute nicht selten von manchen mit einem gewissen Understatement als „Freundschaft" bezeichnet. Ein solches Versprechen „freundschaftlicher Treue" wird aber mit demselben Zeichen der Bindung besiegelt, mit der Übergabe eines Rings. Unsere Praxis vor der Reform, in der Trauungsfeier die Ringe schon zu übergeben, bevor noch die Ehewillenserklärung ausgesprochen war, läßt demnach die Ringe als Unterpfand des künftigen Bundes, als Verlobungsringe, als Vorausgabe erscheinen.

Aus derselben Sicht läßt sich verstehen, daß gemäß römischer vorkonziliarer Praxis allein der Braut ein Ring überreicht wurde. Das Mädchen nahm auf Zukunft hin den Ring und gab damit ihr Einverständnis zu dieser beabsichtigten Eheschließung.
Der eine wie der andere Sonderfall des Ringbrauchtums — Ringe vor der Vermählung/Ring nur an die Braut — lassen sich aus der (freilich schon im römischen Recht überholten) Praxis erklären: Der Bräutigam erwirbt von der Familie der Braut durch seine Gaben an die Familie und an die Braut das Recht, zu gegebener Zeit diese Tochter und Schwester als seine Frau heimzuführen. „Brautkauf" wäre selbstverständlich eine reichlich plumpe, jedoch eine in der Sache nicht ganz unzutreffende Bezeichnung für diese Praxis. So erklärt sich, warum es ein Trauungsritual gab, bei dem nur der Braut ein Ring angesteckt wurde; so erklärt sich, warum es bei uns üblich war, die Ringe zu tauschen, bevor noch das entscheidende Wort gesprochen war.
Wäre das alles Vergangenheit, brauchte es uns nicht zu beschäftigen. Es ist sicher auch Vergangenheit — und die jüngste Reform hat diese beiden Details ja auch geändert. Aber die Vergangenheit ragt in die Gegenwart hinein. Unsere Praxis ist ja vom Ringbrauchtum immer noch und sehr nachdrücklich bestimmt. Überreichung der Ringe ist nach wie vor ein Zeichen der Vermählung, ein Zeichen, das die Handreichung um eine wichtige Dimension ergänzt.
Hören wir zunächst, was der Zelebrant den Brautleuten sagt. Nach der Ordnung im deutschsprachigen Trauungsbuch sagt er zu den Brautleuten, wenn er in den zentralen Teil einführt:

> „Da Sie also beide zu einer christlichen Ehe entschlossen sind, so schließen Sie jetzt vor Gott und der Kirche den Bund der Ehe, indem Sie das Vermählungswort sprechen. Dann stecken Sie einander den Ring der Treue an."

‚Den Ring der Treue': damit ist die Dimension gekennzeichnet, die im Ringtausch zum Ausdruck kommt. Die Willenserklärung hatten die Brautleute dargestellt durch die Handreichung: Wie unsere Hände sich ineinanderschlingen, so werden wir in diesem Bund ein Paar. Aber die Hände müssen sich auseinander lösen. Miteinander und nebeneinander müssen beide Händepaare das Leben anpacken, es zu meistern suchen, um ihre Ehe und Familie zu bauen, müssen auch bereit sein für andere in Kirche und Welt. Auch danach hatte ja der Zelebrant die beiden gefragt, auch das zu sehen scheint am Hochzeitstag wichtig.

Die Hände lösen sich auseinander. Das bleibende Zeugnis sind die Ringe, die zueinander gehören, die einer dem anderen gegeben, von ihm empfangen hat. Es lohnt sich, die Deuteworte zu vergleichen, die in den verschiedenen Trauungsritualien vorgesehen sind oder waren. Im Vergleich zeigt sich noch deutlicher, was die Ringübergabe sagen soll.
Vorkonziliar hieß es im deutschen Sprachraum dazu:

„Im Namen des Vaters und des Sohnes und des Heiligen Geistes:
Trag diesen Ring als Zeichen *deiner* Treue."

Du trägst den Ring, den ich dir gab; daß du ihn trägst, ist ein Zeichen dafür, daß du mir treu bist.
Im nachkonziliaren Rituale für die Weltkirche ist die Perspektive anders gewählt. Da sagen die Partner zueinander:

„Nimm diesen Ring als Zeichen *meiner* Liebe und Treue.
Im Namen des Vaters und des Sohnes und des Heiligen Geistes."

Dieser Ring ist mein Geschenk an dich; dir sei er ein Sinnbild dafür, daß ich dir meine Liebe und Treue schenke. Immer, wenn du den Ring an deiner Hand siehst, dann denk an diese Stunde. Ich habe dir diesen Ring übergeben und mich mit diesem Ring an dich gebunden.
Bevor wir weiterfragen, wie diese Deutungen zu werten sind, sollte auch das jetzt in unserer Ordnung geltende Wort noch einmal zitiert werden. Die Brautleute sagen einander zur Ringübergabe:

„Trag diesen Ring als Zeichen der Liebe und Treue.
Im Namen des Vaters und des Sohnes und des Heiligen Geistes."

Aus dem nachkonziliaren Modell hat man bei uns also den Doppelausdruck übernommen. Im Ring sind Liebe und Treue symbolisiert. Wer will, kann darin eine Akzentverschiebung sehen hin zu einer deutlicher personalen Sicht der Ehe. Nicht nur Treue („zum Vertrag", wie man in dieser Abwägung der Texte jetzt zu sagen geneigt ist), nicht nur Treue, sondern Liebe und Treue, von Zuneigung und Hingabebereitschaft durchwaltete Treue wird hier versprochen. Wie es ja auch im Vermählungswort gesagt ist: „Ich will dich lieben, achten und ehren, solange ich lebe."
Unentschieden aber bleibt unser deutschsprachiges Ritual in der Frage, ob der Ring für den, der ihn trägt, das Zeichen seiner Bindung an den Partner ist oder das Zeichen, durch das der Partner sich an ihn gebunden hat. Wird damit indirekt Kritik angemeldet an der Formu-

lierung des nachkonziliaren Modells? Sollte es nicht tatsächlich besser (wie im früheren deutschsprachigen Ritual) heißen: „Trag diesen Ring als Zeichen *deiner* Treue"?

Zur Beantwortung dieser Fragen hilft es wohl, wenn man weitere Momente ins Spiel bringt, ins Bewußtsein hebt. Ein Ring ist rund, ohne Anfang und Ende. Er umschließt den Finger ganz: er bindet den ganzen Menschen. Der Ring an deiner Hand — das Zeichen deiner Treue!

Andererseits: Immer ist der Ring kostbar. Selbst in Notzeiten sind die Trauringe vergleichsweise kostbar, wenn auch anders als in Zeiten des Überflusses. Ich gebe dir ein kostbares Zeichen — der Ring an deiner Hand: das Zeichen meiner Liebe und Treue!

In dieser Frage ist wohl doch der Aspekt entscheidend, der sich aus dem Akkord der beiden Grundzeichen ergibt, der Handreichung und der Ringübergabe. Die Hände, die ineinander verschlungen waren, müssen sich lösen. Das bleibende Zeichen sind die Ringe. Was alle Mitfeiernden in dieser Stunde erlebt haben, daß nämlich Bräutigam und Braut in der Handreichung sich einander anvertraut haben, das zu zeigen übernehmen fortan die Ringe. Nicht zuerst die Partner brauchen dies Zeichen. Selbstverständlich brauchen auch sie es. Aber primär ist das Zeichen des Rings die Kundgabe an andere: Ich bin gebunden; ich habe mich gebunden; ich habe mich binden lassen. Ich lebe in einem Bund mit meinem Ehegatten.

„Was Gott verbunden hat, soll der Mensch nicht trennen." Damit hat der Zelebrant das Wort an die Zeugen, an alle Umstehenden beschlossen. Er zitiert hier das Evangelium Jesu Christi, das seinerseits an den Schöpfungsglauben des Alten Testaments zurückgebunden ist. Dort heißt es: „Darum verläßt der Mann Vater und Mutter und bindet sich an seine Frau, und sie werden ein Fleisch" (Gen 2,24). Jesus nimmt im Streitgespräch um die Ehescheidung dieses Wort auf und führt es weiter: „Sie sind also nicht mehr zwei, sondern eins. Was aber Gott verbunden hat, das darf der Mensch nicht trennen" (Mt 19,6).

„Trag diesen Ring als Zeichen der Liebe und Treue": zu dieser Aufforderung, die zugleich Versprechen ist, sagt jeder der Partner dem andern hinzu: „Im Namen des Vaters und des Sohnes und des Heiligen Geistes". Nur im Namen Gottes, der die Liebe ist, der so sehr die Liebe ist, daß sich sein Wesen dreipersönlich entfaltet, nur in diesem Namen ist ungeteilt möglich, was die Eheleute in dieser Stunde begründen. Nur in der Kraft Gottes können sie den Bund der Liebe und Treue bewahren für das ganze lange Leben.

Register der Schriftstellen und Perikopen

GEPRÄGTE ZEITEN

ZEIT IM JAHRESKREIS

Sonntage

Wochentage